管理学学术文库·工商管理卷

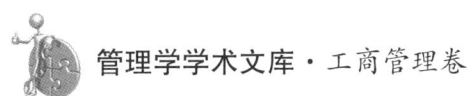

管理学学术文库·工商管理卷

企业绩效视阈下
绿色供应链管理实践研究

———————— 张劲松　何东辰　易　旋◎著 ————————

华中科技大学出版社
http://press.hust.edu.cn
中国·武汉

内 容 提 要

新质生产力驱动的产业发展降低了自然资源和能源投入，使经济增长摆脱了要素驱动的数量型扩张模式。绿色供应链管理通过优化资源配置、提高资源利用效率，能够显著提升全要素生产率，进而提高企业绩效。本书系统梳理了绿色供应链管理的研究成果及相关理论。在此基础上，对实施绿色供应链管理的影响因素进行深入探究，全面分析了供应链绿色实践、低碳经济压力和制度压力等因素与企业绩效的关系，旨在为绿色供应链管理提供一定理论和实践指导。

图书在版编目（CIP）数据

企业绩效视阈下绿色供应链管理实践研究 / 张劲松，何东辰，易旋著. -- 武汉：华中科技大学出版社，2025.6. --（管理学学术文库）. -- ISBN 978-7-5772-1787-1

Ⅰ. F274

中国国家版本馆 CIP 数据核字第 2025MD0099 号

企业绩效视阈下绿色供应链管理实践研究　　　　　张劲松　何东辰　易　旋　著
Qiye Jixiao Shiyuxia Lüse Gongyinglian Guanli Shijian Yanjiu

策划编辑：宋　焱
责任编辑：刘　凯
装帧设计：原色设计
责任校对：张汇娟
责任监印：曾　婷
出版发行：华中科技大学出版社（中国·武汉）　　　电话：(027) 81321913
　　　　　武汉市东湖新技术开发区华工科技园　　　邮编：430223
录　　排：华中科技大学惠友文印中心
印　　刷：武汉科源印刷设计有限公司
开　　本：787mm×1092mm　1/16
印　　张：13.25
字　　数：312 千字
版　　次：2025 年 6 月第 1 版第 1 次印刷
定　　价：98.00 元

前言

2023年9月，习近平总书记在东北考察时首次提出了新质生产力这一概念，为我国实现高质量发展指引了全新的方向。与传统生产力对比，新质生产力具有颠覆性创新驱动、发展质量高和产业链条新等显著特征，是由革命性的技术突破、创新性的生产要素配置和产业深度转型升级催生出的先进生产力质态，具有极为强大的发展动能，能够引领创造新的社会生产时代。以云计算、物联网、大数据和人工智能等为代表的新一代数字技术迅猛发展，推动新质生产力呈现出数字化和绿色化等时代特征。

工业时代的生产和生活主要依靠化石能源，在加工、燃烧、使用过程中会产生大量污染，造成不可逆的环境损失，严重影响人类持续生存和发展。为应对这一问题，世界主要国家共同签署了《巴黎协定》，为减少二氧化碳排放并控制累积排放量而努力，诸多国家制定了碳达峰、碳中和的时间表和路线图。随着经济与工业技术的持续进步，我国迈入了以绿色化、生态化为主旋律的发展时代。面对经济社会快速发展带来的环境问题，国家明确提出了优化结构、质量优先、绿色发展的方针，致力于实现社会的可持续发展，并加快推动绿色创新发展战略。企业作为经济社会发展的主体，其应对当前环境形势的举措备受关注。近年来，学者普遍认为推动企业实现绿色创新发展是促进环境保护和绩效提升的重要途径。在传统的生产模式下，企业往往注重的是单一要素的生产率。在绿色供应链管理框架下，企业开始关注整个生产过程中的资源消耗和环境影响，通过精细化管理、流程优化和技术创新，企业能够提高能源和原材料等多种要素的利用效率，进而提升全要素生产率。随着各类先进生产技术的逐步应用，最终将形成全新的产品、生产资料、零部件和原材料，人类可以利用的生产要素的范围极大地拓展，产业结构、增长动力、发展质量发生重大变革，为绿色供应链的管理实践提供了全新的发展契机。

基于此，本书从多个维度对绿色供应链管理实践问题进行深入分析。具体来看，第一章从整体上介绍了绿色供应链管理实践的研究现状，阐述了新质生产力背景下开展绿色供应链管理实践的理论和实践意义。第二章介绍了绿色供应链管理的相关概念、理论及其与企业绩效、企业社会责任的关联，从多个视角审视了绿色供应链的重要性。第三章聚焦于绿色供应链中的利益相关者，分析了不同利益相关者的角色、参与程度和协调机制，在此基础上探究不同利益主体对绿色供应链管理绩效的影响。第四章整合并构建了绿色供应链模型，提出了相应的协调策略与动力机制，并分析了大数据时代下绿色供应链管理的特点与挑战。第五章从消费者的角度出发，探讨了企业环境行为的消费者感知评价响应机制，通过实证分析揭示了消费者对企业环境行为的感知过程及其影响因素，进而提出了提高消费者积极响应的对策。第六章深入剖析了绿色供应链实施的各类影响因素，通过实证分析验证了不同因素对低碳供应链实施的具体影响，并从政府、社会和企业等层面提出了具体措施。第七章和第八章分别探讨了绿色供应链实践、低碳经济压力与企业经营绩效的关系，通过构建研究模型并进行实证分析，揭示了对企业经营绩效的影响，在此基础上提出了具体的应对策略。第九章从制度压力的视角出发，以汽车行业为例研究了绿色供应链管理实践与企业绩效的关系，通过实证分析验证了制度压力对绿色供应链管理实践和企业绩效的作用。

本书由张劲松拟定篇章结构并统筹全书撰写工作，在朱则、易旋、沈洁、闫明浩、熊青、王沁昀等人硕士学位论文的基础上，张劲松、何东辰和易旋共同负责完善、修改以及统稿工作。其中，张劲松负责第一、四、七章，何东辰负责第二、三、六章，易旋负责第五、八、九章。在书稿撰写方面，除三位主要作者外，朱则参与撰写第五章文本，沈洁参与撰写第七章文本，闫明浩参与撰写第八章文本，王沁昀参与撰写第九章文本。本书的出版获得了中南民族大学拔尖研究生科研项目"企业绩效视阈下绿色供应链管理实践研究"（3212025yjshq046）资助。另外，本书的出版获得了国家民委人文社会科学重点研究基地"民族地区数字化发展与治理研究中心"和中南民族大学"大数据赋能管理决策与创新"学术团队的大力支持。课题组研究生舒双捷、钱婧琳、蔡铭涛、肖婧怡和马梦如也参与了本书的整理工作，感谢他们付出的辛苦努力。

本书建立在大量学者研究成果的基础之上，没有他们深入细致的研究，本书难以取得理论和方法等方面的新进展。由于笔者水平所限，本书可能会存在诸多不足，恳请赐教，欢迎批评指正。

2025 年 6 月
于中南民族大学

目 录

第一章 绪论

自党的十八大以来，我国将生态文明建设放在国家发展的战略高度，从而使得"绿水青山就是金山银山"的环保理念逐渐成为全国人民的共识，营造出一种积极向上的环保社会氛围。在这一时代背景下，绿色供应链管理作为一种创新的企业管理模式得到重视，其在实现企业经济效益与环境保护双赢目标中的关键作用，日益受到社会各界的广泛关注和高度认可。

第一节 研 究 背 景

绿色供应链是将生态环境保护的要求融入供应链建设的全过程和各环节，引导供应链上下游企业共同发力，构建绿色生产和绿色消费体系。绿色供应链强调通过供应链上下游企业的合作，以及企业各部门内部进行有效的沟通，在供应链的全生命周期内考虑环境因素，实现供应链经济、社会以及环境效益最优化。从长远来看，绿色供应链的建立可以帮助企业降低成本，提高长期受益，同时供应链绿色实践活动也可以帮助企业提升企业形象，履行社会责任，提高企业的远期效益。同时，企业在内部聚焦于绿色理念的同时，也开始在供应链伙伴间进行各种绿色合作实践，这逐步成为企业发展的新趋势。

一、全球绿色转型趋势下的供应链可持续发展

工业革命以来，人类的工业化进程对地球的生态环境造成了严重的损害，引发了诸如全球气候变暖等一系列大规模的、不可逆的环境问题。全球气候变化和环境恶化的问题日益严重，导致自然灾害频发、生物多样性丧失和资源枯竭等。各国政府和国际组织纷纷提出减排目标和可持续发展战略，全球正逐渐从传统的高污染、高能耗的发展模式向绿色低碳的可持续发展模式转型。在这一背景下，绿色供应链管理成为企业响应全球

绿色转型、实现可持续发展的重要手段。通过采取绿色采购、绿色生产、绿色物流等措施，企业可以减少能源消耗和污染排放，提高资源利用效率，从而降低对环境的负面影响。

全球绿色转型是一个不可逆转的趋势，企业需要迅速适应这一变化并将环保理念融入供应链管理。随着全球环保意识增强，绿色供应链管理将成为国际贸易的重要影响因素。对国家发展来说，推动供应链的绿色管理有助于提升国家在全球环保领域的形象和影响力，促进国际贸易合作，同时也有利于国内生态环境的保护和可持续发展。

二、绿色供应链管理理念获得广泛支持与认可

党的十八大以后，"绿水青山就是金山银山"的环保理念深入人心，形成了良好的社会氛围；党的十九大报告进一步明确了供应链在我国未来发展中的重要地位，提出要在绿色低碳、现代供应链等新兴领域培育新的经济增长点，形成推动经济社会持续健康发展的新动能。这一战略部署不仅为我国绿色供应链管理的发展指明了方向，也为实现经济与环境和谐共生的可持续发展目标奠定了坚实的基础。企业逐渐认识到绿色供应链管理不仅能够提升企业的市场竞争力，降低运营成本，而且能够显著减少对环境的负面影响，实现真正意义上的可持续发展。国家也对供应链管理工作给予了前所未有的重视和支持。

党中央、国务院站在国家发展战略的高度，将供应链建设纳入供给侧改革等一系列重大政策部署中，通过政策引导和制度保障，推动我国供应链管理体系向更加绿色、低碳、循环的方向发展。政府正致力于构建一个以政府为主导、企业为主体、社会组织和公众共同参与的环境治理体系。这一体系将充分调动各方力量，形成全社会共同参与环保的良好局面，从而推动我国绿色供应链管理水平的不断提升，为建设美丽中国、实现中华民族伟大复兴的中国梦贡献力量。

三、中国绿色供应链管理实践的机遇和挑战并存

进入 21 世纪，绿色供应链建设步伐明显加快，在发达国家的绿色供应链实践日趋成熟时，作为全球第一制造大国的中国加快推进相关制度建设及试点示范工作，在供应链管理过程中开展大量绿色实践，推动了大量试点示范工作。

从国家整体战略角度出发，2014 年以来，我国对绿色供应链管理实践的重视程度显著提高，加快了相关政策的制定速度，出台了一系列引导企业打造绿色供应链的政策文件，如《工业绿色发展规划（2016—2020 年）》等，不仅为企业提供了明确的指导方向，也为开展绿色供应链管理提供了有力的政策支持。与此同时，各地也积极响应，结合当地产业发展区域实际情况和绿色转型需求，开展了一系列富有地方特色的绿色供应链实践。尽管我国在绿色供应链管理方面取得了显著的进展，但仍面临诸多挑战。与发达国家相比，我国企业的绿色供应链管理实践起步较晚，整体仍处于起步阶段。由于对绿色供应链管理的认知存在不足，加之实践过程中存在多种困难，部分企业未能较好地

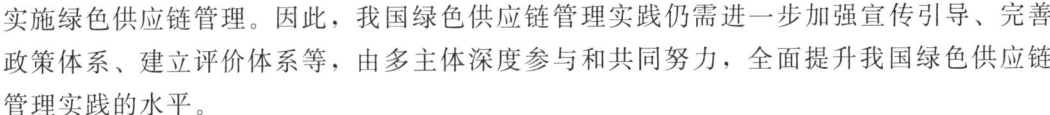

实施绿色供应链管理。因此，我国绿色供应链管理实践仍需进一步加强宣传引导、完善政策体系、建立评价体系等，由多主体深度参与和共同努力，全面提升我国绿色供应链管理实践的水平。

四、绿色供应链管理是培育新质生产力的重要环节

习近平总书记关于加快形成和发展新质生产力的一系列重要论述，指明了新发展阶段激发新动能的决定力量，明确了重塑全球竞争新优势的关键着力点，为新时代加快科技创新、推动高质量发展提供了科学指引。绿色供应链管理实践与新质生产力在核心理念上具有契合性，能够通过整合资源、优化流程等途径向更加绿色、低碳、高效的生产方式转变，与新质生产力具有内在一致性。

绿色供应链管理是培育新质生产力的重要环节，其实质在于通过一系列的绿色理念和实践，推动传统生产力向更加环保、高效和创新的生产力转型。绿色供应链管理通过高效整合资源、优化生产流程，助力制造业降低成本，提升市场竞争力；同时能够推动采用更加环保的材料和技术，从产品设计到销售服务的全过程均贯彻环保理念，实现经济与环境双赢的目标。绿色供应链管理不仅推动了生产方式向更加绿色、低碳、循环的方向转变，同时强化了上下游企业之间的协同与整合，共同致力于可持续发展。绿色供应链管理通过推动实施绿色转型、智能化发展、服务化转型、开放性合作以及可持续发展等策略，能够极大地培育并促进新质生产力，从而实现高质量发展。

第二节 研究目的与意义

一、研究目标

在全球化日益加速的今天，企业面临着前所未有的竞争与挑战，全球绿色转型是一个不可逆转的趋势，企业需要迅速适应这一变化并将环保理念融入管理实践。绿色供应链管理作为一种重要的管理实践模式，旨在将环保理念融入企业的供应链管理中，从而实现经济效益和环境效益的双重提升。尽管绿色供应链管理的理念已经在较大范围内被企业接受，但在实际运营中仍存在诸多问题和挑战。因此，本书旨在全面、深入地探究绿色供应链管理的理论基础、实践策略、影响因素及企业绩效之间的内在联系，从而为企业提供科学、实用的绿色供应链管理指南。

具体来看，本书通过对绿色供应链管理的核心理念、原则和方法进行深入阐述，帮助读者更好地理解绿色供应链管理的内涵和根本要求。在此基础上，探究并整合出一个系统、完善的绿色供应链模型，将现有理论和实践案例相结合，提供一种全新的绿色供应链管理视角。通过详细分析各国或各企业的绿色供应链管理实践的成功案例，提炼出绿色供应链管理的方法与实践经验，从采购、生产、物流和销售等环节探讨如何协调供

应链中的各个环节，进而实现整体效率和环境效益的最大化。此外，为了直观体现绿色供应链管理对企业绩效的影响，本书将基于实证研究进一步揭示绿色供应链管理和企业绩效的内在联系，运用定量分析方法精准量化绿色供应链管理对企业财务绩效、市场绩效以及环境绩效的具体影响。

二、研究意义

（一）推动绿色转型与可持续发展

当今世界，绿色发展已经成为一个重要议题，绿色转型成为时代发展的必然趋势。对绿色供应链管理的基本模型、协调策略和动力机制进行深入探讨，为企业提供行之有效的绿色转型参考方案，不仅能够帮助企业更好地应对全球绿色转型压力，还能够帮助企业在激烈的市场竞争中提升核心竞争力。采用绿色供应链管理优化供应链流程、采用环保材料和技术，企业活动将会显著减少对环境的负面影响，同时提高各类资源的利用效率，从而真正实现经济与环境的双赢局面。推动绿色转型与可持续发展是企业应承担的社会责任和使命，开展绿色供应链管理实践不仅能够提升环保形象，还能够为社会可持续发展做出贡献。

（二）提升绿色供应链管理实践的水平

在全球经济迅猛发展的今天，企业之间的竞争愈发激烈，绿色供应链管理逐步成为企业获取竞争优势的新途径。通过详细分析行业领先企业的绿色供应链实践策略与措施，结合物联网、人工智能、大数据和区块链等新兴技术的创新应用，能够为企业提供切实可行的绿色转型之路，进而提高行业整体的绿色供应链实践水平。此外，随着消费者对环保产品的偏好日益增强，实施绿色供应链管理已成为企业提升市场竞争力的关键，有助于促进产业链绿色协同发展，鼓励产业链上下游企业共同参与绿色供应链管理实践，最终提升我国绿色供应链管理实践的整体水平，实现绿色可持续发展。

（三）有利于助力培育新质生产力

在大力发展新质生产力的时代背景下，绿色供应链管理在保护环境、实现可持续发展的基础上，通过创新驱动，能够引领企业探索和开发新的绿色产品、服务和市场，培育核心竞争力；有助于帮助企业识别全新的商业机会，进而催生新的经济增长点；不仅能推动企业自身升级转型，也能为社会经济发展注入新动能。绿色供应链管理通过优化资源配置、提高资源利用效率，从而显著提升全要素生产率。在传统的生产模式下，企业注重的往往是单一要素的生产率。在绿色供应链管理框架下，企业开始关注整个生产过程中的资源消耗和环境影响。通过精细化管理、流程优化和技术创新，企业能够提高能源、原材料、水资源等多种要素的利用效率，进而提升全要素生产率，不仅有助于降低企业成本、增加利润，还能够减少对环境的负面影响，最终实现经济与环境的双赢。

第三节　绿色供应链管理实践现状

党的十八大以来，中国经济发展进入了新常态。在新常态下，国际经济环境日趋复杂、国内资源日渐紧张、生态保护要求越发严格，实现我国制造业的转型升级和绿色发展尤为重要。近年来，我国在绿色供应链管理实践领域进行了广泛研究。

一、我国绿色供应链管理实践的现状

随着全球环境保护意识日益增强，绿色供应链管理逐渐成为可持续发展的重要组成部分，我国从政府和企业等层面，展开了诸多绿色供应链管理实践。

（一）政府层面的绿色供应链管理实践

我国政府通过制定并推进相关政策法规，明确绿色采购和绿色生产的标准和要求，为区域和企业发展提供了明确的指导方向；积极加强与国际社会的合作与交流，汲取全球先进的绿色供应链管理经验，推动国内企业与国际接轨。此外，政府还大力支持绿色技术的研发与创新，鼓励企业采用先进的绿色技术，提高供应链的环保性能和效率，并不断加强环境监管与执法力度，确保相关法律法规的严格执行，从而推动整个供应链的绿色化。

现阶段我国政府层面的绿色供应链管理实践研究主要集中在大力发展绿色制造、积极推行绿色物流和构建逆向物流体系等方面。在绿色制造方面，政府制定了严格的环境保护标准，积极推广先进的环保技术，加强环保监管执法，从源头上推动制造业的绿色转型，确保企业在生产过程中降低能耗、减少废弃物排放，实现资源的高效利用。在绿色物流方面，我国政府不仅倡导使用节能环保的运输方式和材料，还充分利用新兴信息技术进一步提升物流效率，从而实现整个物流运输过程中的节能环保。在构建逆向物流体系方面，我国建立了完善的回收网络，通过指定出台相关政策并鼓励社会广泛参与，确保了废弃物的回收利用，实现资源最大化利用和环境最小化污染。上述一系列举措共同构成了我国绿色供应链管理实践的基本布局，为推动社会可持续发展奠定了坚实的基础。

（二）企业层面的绿色供应链管理实践

近年来，我国企业积极开展绿色供应链管理实践探究，诸多企业采取绿色发展策略，提升绿色供应链管理水平，通过优化运输和仓储等环节降低能源消耗和减少排放，推动包装材料的减量化和环保化。企业通过开展绿色营销活动，积极宣传绿色消费理念，引导消费者培养环保意识与消费习惯，进一步推动绿色市场的构建、形成与发展。在这一过程中，企业、政府、行业协会和科研机构的紧密合作起到了关键作用，共同推动整个行业的绿色转型。

以华为、海尔、北汽和联想为代表的国内著名企业围绕绿色采购、绿色供应商管理、绿色生产、绿色产品和绿色回收等方面进行了大量实践。在绿色采购方面，企业会制定明确的绿色采购政策，设立专门的绿色采购部门负责寻找并评估供应商与产品；同时，通过建立供应商环保绩效评估体系，对供应商进行定期评估。在绿色供应商管理方面，企业具有严格的评估标准和完善的供应商选择系统，通常会选择具有环保认证的供应商并与其建立长期合作关系，共同推动供应链的绿色化；同时为提升供应商的环保意识，企业会对其进行相关培训，并定期对其环保绩效进行审计分析，确保其持续符合绿色供应链和绿色发展理念的要求。在绿色生产和绿色产品方面，企业对既有的生产工艺和流程进行了优化，通过引入先进的生产技术和设备降低能耗和废弃物排放；同时使用环保材料和可再生资源制造产品，以降低对环境的影响。在绿色回收方面，企业建立了完善的回收体系，对废旧产品进行拆解分类，将废旧产品转化为新的资源或产品，从而实现资源的循环利用。

二、国外绿色供应链管理实践的现状

（一）美国

美国在绿色供应链领域的管理实践呈现出显著的多元化和综合性特征。政府通过多种市场激励措施（如经济刺激或税收政策），积极引导企业采取更加环保的行为，推动可再生能源的使用率并提高企业运转效率；同时，美国政府要求企业披露供应链的环境信息，通过"有害物质排放清单"和自愿环境报告制度，增强企业的环保责任感并提高透明度。

作为绿色供应链管理的发起者和推动者，美国政府针对绿色供应链管理制定了一系列科学、灵活、有效的法律法规，并建立了有效的监督基础。美国政府推出多项刺激经济和改善税收的政策，包括增加补贴、无息贷款、投资新能源等。为鼓励企业主动进行企业环境信息的披露，美国政府采取了多项措施，包括要求企业披露有毒化学物质释放的信息、建立自愿环境信息报告制度、监控相关企业的证券财务报告等。美国政府为了确保绿色供应链政策的有效实施，制定了有效的监督和控制政策，政府会定期对企业的环境行为进行检查和评估，确保其符合相关政策法规的要求，对于违反环保法规的企业，政府将会给予相应的惩罚；同时，美国政府鼓励公众参与监督企业的环境行为，对违反规定的企业进行举报和监督。

（二）欧盟

欧盟在绿色供应链领域开展了诸多实践，早在 1992 年便已启动了生态标签计划，用以鼓励和促进私营部门积极开发和推广环保的产品与服务，得到了挪威、冰岛、列支敦士登等 27 个国家的广泛认可。

在立法与政策制定方面，欧盟制定并通过了一系列具有里程碑意义的环保法规，如《报废电子电器设备指令》（*Waste Electrical and Electronic Equipment Directive*，WEEE 指令）、《危害性物质限制指令》（*Restriction of Hazardous Substances Directive*，RoHS）等，严格限制了企业使用有害物质的数量，推动废弃物的回收和再利用，从源头上消除环境污染。同时，欧盟将绿色公共采购作为可持续发展政策的核心，鼓励公共部门和采购机构优先采购环保、节能和可回收的产品和服务，进一步推动供应链的绿色化。在国际合作与交流方面，欧盟积极与世界上其他国家和地区进行合作交流，探讨绿色供应链管理的经验和最佳实践，开展了一系列绿色低碳合作项目，涉及能源绿色转型、节能降碳增效等诸多领域，这不仅促进了技术创新和绿色产业发展，还推动了国际绿色供应链的合作。在技术创新与金融支持方面，欧盟也取得了显著成果。在大力发展绿色技术研发创新的同时，它还积极发展绿色金融体系为绿色转型提供支撑，通过财政补贴、税收优惠等激励措施促进绿色供应链的发展和壮大。

（三）日本

日本在绿色供应链领域的管理实践呈现出全面深入的发展局面，在政府引领和财政支持下，各企业将绿色理念融入产品设计、生产、物流等多个环节。特别是在绿色物流和绿色采购方面，日本取得了显著成效，通过建立完善的绿色物流体系和推广绿色采购观念，有效降低了运营成本，提高了绿色供应链的可持续性。同时，日本还注重绿色技术研发与创新，在氢能等新能源领域取得重要突破，为绿色供应链发展提供了技术支撑。

得益于政府、产业、技术多方联动的模式，日本在绿色供应链管理实践中取得多项重要突破，为全球绿色供应链的发展提供了有益借鉴。在这一过程中，日本政府起到了重要的推动作用，制定了《绿色增长战略》等一系列综合性政策法规，促进了环境和经济的良性循环发展。此外，以丰田、松下为代表的日本企业逐步调整其战略以适应绿色供应链的发展趋势，积极探索绿色产品和服务，减少运营和供应链中的碳排放。在产业转型与优化布局方面，日本政府通过优化调整经济发展的布局，将智能制造、节能减排、社会共享等理念融入全产业和全领域，加速形成全方位的绿色化，推动绿色供应链的发展；同时，日本政府和企业还积极参与国际合作与交流，将本国的节能环保行业推向市场，实现全球共享。总体而言，日本正通过政策支持和产业界积极响应全力推动绿色供应链领域的持续发展，为其他国家提供了宝贵的经验和启示。

第四节　绿色供应链管理相关研究现状分析

经济的快速发展以及人民物质生活水平的不断提高，使得人类活动造成的环境污染和资源匮乏问题随之加深。鉴于此，协调发展与环境之间的关系成为当前社会生产活动的重要内容。供应链是产业活动中的重要组成部分，2017 年，国务院办公厅印发《关于积极推进供应链创新与应用的指导意见》，指出供应链具有创新、协同、共赢、开放、绿色等特征，推进供应链的绿色发展有利于建立覆盖生产、流通、回收等各环节的绿色产业体系。

Beamon（2013）认为，绿色供应链是指在传统供应链的基础上增加再制造、回收和再利用等活动流。绿色供应链在传统供应链的基础上兼顾经济发展与环境效益，是社会可持续发展的重要推动力。国内对绿色供应链的研究时间开始得较晚，且国内外学者对绿色供应链尚未形成统一的观点，但均认为绿色供应链在发展过程中应以环境因素作为核心考量，思考如何减少污染并优化资源配置（顾志斌和钱燕云，2012）。近年来，国内学者关于绿色供应链的研究在深度和广度上取得了重大突破，具有代表性的研究观点层出不穷。为准确把握绿色供应链研究的发展历程和研究动态，本节对绿色供应链的相关研究进行系统梳理，旨在为该领域的研究学者发现新的方向和议题提供参考，同时为后续研究的开展奠定理论基础。

为明晰我国绿色供应链发展的研究现状和研究趋势，本书利用文献计量学相关方法，以中国知网的相关文献为研究对象，借助相关工具对绿色供应链领域的文献数量、文献作者、研究主题、研究热点以及研究演进脉络进行可视化分析。

一、发文数量分析

为了解绿色供应链相关主题文献的数量，本书对 2000 年以来中国知网收录的绿色供应链相关主题的发文数量进行可视化分析。研究发现，2000 年以来，绿色供应链相关主题的研究文献数量为 6366 篇，总体发文量保持较高水平；2002 年以后，年度发文量大幅度增加，这印证了部分研究人员的观点，即绿色供应链理念变得更为普遍。2000—2023 年样本文献数量分布如图 1-1 所示。

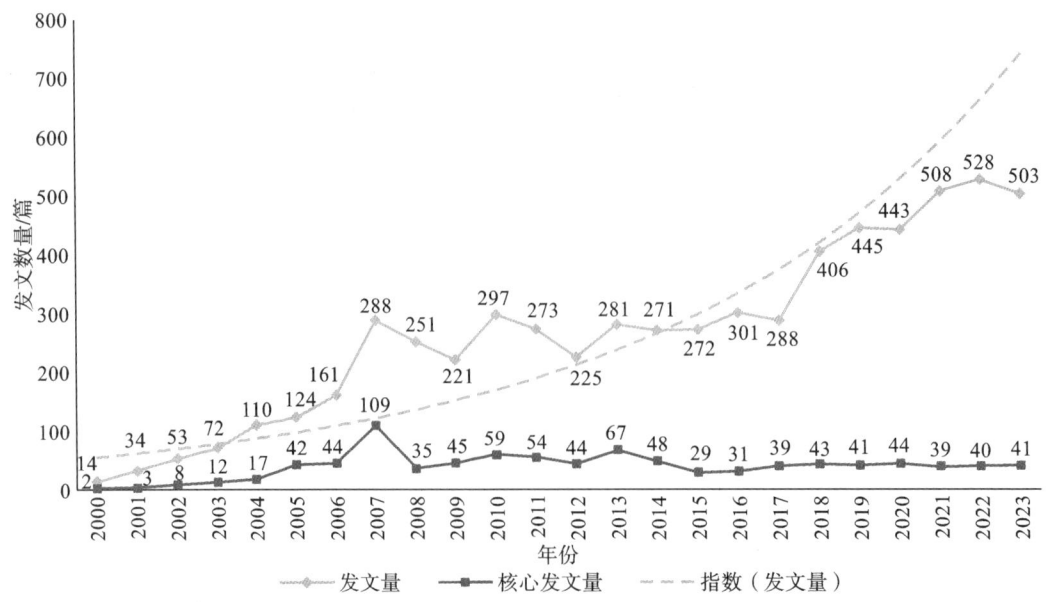

图 1-1　2000—2023 年绿色供应链相关主题研究文献数量分布

由图 1-1 可以看出，2000—2023 年，绿色供应链相关主题研究的文献数量呈现指数形式的增长，体现了绿色供应链管理相关研究不断兴起的过程。从发文数量来看，绿色供应链相关研究可明显分为四个阶段：初步发展阶段、快速发展阶段、稳定发展阶段和繁荣发展阶段。

（一）初步发展阶段

2000—2004 年为绿色供应链研究的初步发展阶段，发文数量较少，增长速度较为平稳。随着全球供应链管理研究的逐步发展，绿色供应链理念逐步传入，我国开始了绿色供应链的相关研究，但此时相关研究的关注度并不高，主要集中在绿色供应链管理的体系结构和概念方面。

（二）快速发展阶段

2005—2007 年为绿色供应链研究的快速发展阶段，发文数量迅速增长。2005 年是绿色供应链研究的关键转折点，中共中央发布了《关于制定国民经济和社会发展第十一个五年规划的建议》，提出建设资源节约型和环境友好型社会，要延长产业链，加强资源综合利用能力，扩大非资源性产业在经济中的比重，促进经济社会转型，形成绿色供应链发展模式。

（三）稳定发展阶段

2008—2016 年是绿色供应链研究的稳定发展阶段，发文数量呈现平稳增长的特点，国内外学者尝试将绿色供应链应用于不同领域或交叉学科研究，相关研究覆盖绿色物流、农产品和制造业等多个领域。

（四）繁荣发展阶段

2017—2023 年是绿色供应链研究的繁荣发展阶段，发文数量持续稳定增长。在这一阶段，绿色供应链主题的相关研究集中在低碳经济、博弈研究、政府补贴等方面。产品绿色度和博弈模型成为绿色供应链研究的重点。十九大报告和《关于积极推进供应链创新与应用的指导意见》推动了 2017 年相关研究小高峰的形成。在这一时期，政企博弈或政府、企业和消费者三方利益博弈研究成为热点。2018 年，商务部等联合发布《关于开展供应链创新与应用试点的通知》，2020 年，各地积极践行"绿水青山就是金山银山"理念，相关研究发文数量进一步增加。

二、核心作者与机构分析

中国知网收录的以"绿色供应链"为主题的相关文献，来自 200 余所机构，主要为高校、科研院所及党校等。其中发表核心文献（CSSCI 或北大核心）数量在 5 篇以上的作者共有 20 余位。2000 年以来，在绿色供应链领域研究发表 6 篇以上文献的学者有 9

位，分别是朱庆华（23篇），张智光（9篇），林志炳和白世贞（各8篇），吴绒和刘彬（各7篇），杜建国、关志民和毛涛（各6篇），具体如表1-1所示。机构发文10篇以上的有20余个，其中大连理工大学最多，累计发文量达28篇；中南大学位列第二，累计发文量为20篇；东北大学和哈尔滨工业大学并列第三，累计发文量为19篇；天津大学位列第四，累计发文量为18篇；江苏大学、福州大学和西安交通大学并列第五，累计发文量为15篇。

表 1-1　"绿色供应链"领域研究发文情况

序号	作者	累计发文量	研究领域
1	朱庆华	23	企业经济；宏观经济管理与可持续发展
2	张智光	9	林业；农业经济；工业经济
3	林志炳	8	企业经济；环境科学与资源利用；贸易经济
4	白世贞	8	企业经济；宏观经济管理与可持续发展
5	吴绒	7	企业经济；宏观经济管理与可持续发展
6	刘彬	7	企业经济；宏观经济管理与可持续发展
7	杜建国	6	电力工业；企业经济；环境科学与资源利用
8	关志民	6	企业经济；宏观经济管理与可持续发展
9	毛涛	6	环境科学与资源利用；工业经济；企业经济

我国绿色供应链主题的相关研究呈现出"大分散、小集中"的特征，主要形成了以朱庆华、刘彬和耿勇等为核心的绿色供应链管理研究团队，以李海燕、但斌和张旭梅等为核心的关联绿色供应链研究团队，以张华伦、冯田军和董红果等为核心的绿色供应链绩效评价团队。具体来看，以朱庆华等为代表的研究团队主要聚焦于绿色供应链实施过程中的管理问题，认为在绿色供应链管理中政府与供应商的决策具有重要的参考价值和实践指导意义（刘彬和朱庆华，2009）；以李海燕等为核心的研究团队聚焦于供应链关联的相关问题，指出关联供应链应通过供应链与供应链之间的协同合作实现废物的再利用，进而实现绿色发展（李海燕等，2006）；以张华伦等为核心的研究团队则聚焦于绿色供应链实施绩效评价领域，该团队根据供应链绿色实践的相关内容，结合实际环境管理标准，提出了绿色供应链管理绩效评价指标体系与评价方法（张华伦等，2006）。但是，当前在绿色供应链管理延伸领域尚未形成完整的研究成果，相关研究单位和学者间的合作交流不够紧密。

三、研究热点与主题演进分析

关键词是对研究内容的高度凝练和概括，通过对高频关键词的分析可探究绿色供应链领域的研究热点。通过对"绿色供应链"及其相关主题参考文献的系统梳理，归纳出我国绿色供应链领域的主要研究方向为绿色物流、绿色供应链、供应链管理、低碳经济、绿色实践与影响、新技术的应用及其政府角色与作用，代表性关键词包括绿色供应链、绿色物流、绿色供应链管理、可持续发展和绿色发展等。具体如表1-2所示。

表 1-2 绿色供应链领域高频关键词

序号	关键词	序号	关键词
1	绿色供应链	11	产品绿色度
2	绿色物流	12	政府角色
3	绿色供应链管理	13	演化博弈
4	可持续发展	14	绿色创新
5	循环经济	15	绩效评价
6	绿色发展	16	供应链管理
7	风险规避	17	物流
8	低碳物流	18	低碳经济
9	全球供应链	19	逆向物流
10	补贴机制	20	绿色智能

（一）绿色供应链管理研究热点分析

1. 物流发展视角下的绿色供应链管理实践

我国政府提出了"以政府法制和行政手段为主导、以经济手段为抓手、以生产者责任延伸制度为辅助"的绿色物流制度发展规划（刘怡君和彭频，2013），随着物流供应链企业不断贯彻绿色发展理念、加速加快相关产业结构调整、不断创新提高物流服务模型，我国物流整体产业结构已逐渐呈现出绿色化、现代化发展；与此同时，绿色发展理念推动着物流产业的技术创新，并持续向绿色化方向迈进（连捷，2021）。

绿色供应链能够将传统的单向供应链拓展延伸为循环立体的供应链体系，但是当前的企业及其相关管理人员尚未深入理解物流管理中的绿色实践内涵，对其理解仍然停留在概念层面。李利辉（2014）基于绿色供应链框架分析了逆向物流运作过程中的核心企业问题、信息失真问题和外部效应问题，明晰了逆向物流运作过程中的关键问题与核心步骤。周云等（2016）以农产品冷链物流企业为例指出，我国农产品冷链物流产业发展不够规范，企业与经济社会可持续发展利益存在冲突，对生态环境造成了严重破坏。随着全球局势的发展变化，我国的绿色供应链管理实践也面临着全新的挑战，杜宇迪（2018）分析了"逆全球化"背景下我国供应链管理面临的多重障碍，主要包括供应链管理缺乏清晰的定位和标准、相关技术支持不足、物流成本较高以及专业人才缺乏等。随着以大数据、互联网和人工智能为代表的信息技术的蓬勃发展，物流产业发展步入"互联网＋"时代，信息流通速度进一步加快，我国物流与供应链产业发展面临着全新的机遇和挑战。在这一背景下，高鹏和孙智君（2021）以农产品供应链为例，指出我国农产品绿色供应链发展具有信息不对称性强、供应链效率低下和物流基础设施不完善等特点。苏欣（2021）指出我国绿色供应链框架下的物流企业运作仍存在较多问题，主要包括产业链各环节协同能力不足、产业布局失衡和绿色逆向物流进入壁垒难以打破等。毛涛

（2023）基于双碳目标系统分析了我国制造业绿色物流发展存在的问题，将其归纳为制度不够完善、产业链条尚不完善和成本效率制约三方面。

随着全球气候变化和环境问题的日益严重，物流行业越来越认识到自身在环境保护中的责任和作用。企业不再仅仅追求物流效率和成本控制，开始将环保理念深刻融入日常运营，这种转变不仅体现在国家及行业发展政策中，同时也显著反映在企业管理层的决策中。为全面推动物流行业的绿色供应链管理实践发展，物流企业纷纷加大在绿色物流技术方面的研发投入，大力推广绿色运输方式，通过引入先进的物流信息系统，实现运输、仓储等环节的智能化管理，提高物流效率的同时降低能耗；此外，部分企业使用无人机、自动驾驶等前沿技术进行配送，以进一步减少人力成本和碳排放。在绿色供应链管理的推动下，诸多物流企业开始探索新的合作与共享模式，实现资源、信息和技术共享，降低运营成本并提高资源利用效率，实现整个行业的绿色转型和可持续发展。

2. 博弈演化视角下的绿色供应链管理实践

从"博弈演化"的视角来看，我国绿色供应链管理实践研究现状呈现出一种动态、复杂且不断演进的态势，政府、企业、研究机构和社会组织等多方参与者基于环境、经济和可持续发展等维度展开了复杂的演化博弈。针对这一主题，国内外学者展开了大量研究，主要包括风险规避、风险控制、信息不对称和风险评估等内容。江世英等（2016）首次以绿色供应链上下游的组织成员为研究对象，开展了定价决策研究，并将风险规避和消费者偏好等因素纳入了决策过程，建立了集中决策模型和 Stackelberg 博弈模型；在此基础上，针对两种博弈模型进行了比较，总结归纳出不同博弈模型中的差异与变化情况。张红等（2018）以制造商、零售商和政府组成的三级绿色供应链为研究背景，基于公平偏好、产品绿色度和政府补贴建立了 4 种不同的博弈模型，通过研究发现，只有在特定情境中，政府补贴才能减弱零售商公平偏好对供应链的消极作用。

在创新驱动和绿色发展两大国家战略背景下，部分学者将低碳发展纳入供应链研究与实践。兰梓睿等（2019）基于内部管理视角，对供应链中上下游企业绿色创新活动的影响因素进行了研究，并将低碳绿色创新纳入博弈演化模型；唐慧玲基于纳什均衡理论和演化博弈理论探究了在绿色供应链实践过程中，政府和企业之间基于碳减排问题的行为博弈，并创新性地用社会福利函数对政府目标进行代替表征。在碳交易规制背景下，王依婷和李芳（2022）构建了绿色供应链之间绿色技术创新的演化博弈模型，根据双方的复制动态方程和 Friedman 理论进行了分析，并以此探究得出了碳交易价格阈值。此外，政府主导的绿色供应链管理实践研究也受到多位学者的关注。杨浩雄等（2022）从研发补贴和价格补贴两个视角出发，构建了二级双渠道绿色供应链博弈演化模型，揭示了不同补贴策略的效果差异。林强和刘名武（2022）采用博弈论和数值仿真模拟结合的方式对不同决策情境下的绿色供应链决策影响与效果展开了研究，揭示了政府补贴与企业成本分担对绿色供应链决策的关联与影响。冯鲍和冯春凤（2022）基于政府补贴视角，构建了绿色中小企业、核心企业、金融机构和政府之间的四方博弈演化模型，并基于数值仿真进一步模拟了相关参数变化对博弈系统演化的影响。

3. 科学技术应用视角下的绿色供应链管理实践

在科学技术应用的推动下，我国近十年来的绿色供应链研究与实践取得了显著进展，通过技术创新与绿色理念的深度融合，不断优化供应链的环保性能和运营效率，积极应对全球可持续发展挑战，展现出我国在绿色供应链管理领域的先进性和前瞻性。伴随着计算机技术的革新、新科技的广泛应用以及数字化、智能化转型的推进，绿色供应链研究领域已经上升到国家战略地位。在全球可持续发展与碳中和的大背景下，科学技术应用驱动的绿色供应链实践日益受到学者的持续关注与研究（刘振中，2019；吴玉萍等，2022）。潘锡杨和李建清（2014）将绿色创新看作新的发展范式，立足于绿色供应链中的各个环节，从理论和实践双重层面深入分析了技术创新规制的必要性，结合国内外多个绿色供应链的创新实践案例，提出了针对性发展路径。刘春香和张智光（2016）围绕设计、资源、生成、营销以及末端物流等环节，构建了生态文明驱动下的绿色科技供应链模型，揭示了绿色科技与生态文明的内在联系。胡劲松等（2021）基于技术创新视角，利用随即停止模型探究技术创新对供应链运营的影响，研究发现边际利润及绿色度或溯源商誉衰减率有关；同时政府合理的成本补贴政策有利于企业获得更高的收益。

现有研究表明，物联网、区块链、人工智能和大数据等技术的引入显著提升了绿色供应链的透明度和效率，通过实时监控与管理，企业能够精确追踪货物流转状态并及时调整策略，以减少资源浪费和环境影响。具体来看，互联网和大数据技术为供应链管理提供了海量实时数据，使得企业能够基于数据进行精准的决策，通过对供应链各环节数据的实时监控和分析，企业可以及时调整生产、库存和物流策略，以适应市场需求的快速变化。同时，互联网技术促进了供应链各环节之间的信息共享和协同工作。

通过物联网、区块链、人工智能和大数据等先进技术的应用，企业能够实现供应链的透明化、智能化和绿色化，从而提升资源利用效率，减少环境污染，并优化决策过程。科学技术的不断进步和创新，正推动着绿色供应链向更加高效、环保的方向发展，为企业的可持续发展和环境保护做出了重要贡献。

4. 经济管理视角下的绿色供应链管理实践

在经济与管理的研究领域中，绿色供应链管理（Green Supply Chain Management，GSCM）已经成为核心的研究对象之一，从理论深化、实践探索、挑战与机遇、政策建议与未来研究方向、跨学科整合以及全球化背景等多个方面对绿色供应链管理实践的相关问题展开了研究。

绿色供应链管理的理论探讨已经超越了传统的供应链管理范畴，结合了生态学、经济学和管理学等多重理论，形成了一个更加综合与深入的管理理念。这一理念不仅关注供应链的经济效益，更将环境保护和可持续发展置于核心地位，旨在通过优化流程、提升资源效率、降低环境负荷，以实现经济、环境与社会的和谐发展（顾志斌和钱燕云，2012；钟榴和郑建国，2014；毛蕴诗等，2019）。在实践层面，绿色供应链管理实践范畴已经拓展至供应链管理的各个环节，从物流优化、绿色采购到生态产品设计、可持续包装均体现了企业的环保责任。供应链管理的绿色实践不仅提升了企业环保形象，更带来了诸多经济效益，并进一步强化了绿色供应链管理的实施效果。毛涛（2021）认为，绿色供应链管理作为一种创新型的环境管理方式，在企业供应链绿色化水平提升方面发挥着重要作用。他进一步指出我国供应链管理的绿色实践存在认知不足、缺乏内在动力及信息公开不充分等问题，并提出一系列改进措施。颉茂华等（2019）以伊利集团为案例展开了纵向研究，围绕绿色供应链成本管理信息化作用与继承路径两个主题分析了绿色供应链成本管理信息化的实施路径。陈秋俊等（2021）基于制度理论和资源基础理论探究了制度压力对绿色供应链管理实践的影响，研究发现社会和商业环保压力均对绿色供应链管理实践具有促进作用，并对绿色供应链管理实践提出了理论指导与管理启示。刘海建等（2023）将供应链创新与应用试点工作视为准自然实验，对供应链数字化的绿色创新效应进行了研究，发现供应链数字化能够显著提高企业的绿色创新水平。田一辉等（2024）以汽车制造业为例，对企业实施绿色供应链管理实践的驱动因素进行了分析，进一步指出世界范围的环境变化以及资源和能源的短缺是驱动企业绿色实践的根本因素，企业以及与竞争对手利益密切相关的内部因素则为直接因素。

绿色供应链管理在经济与管理视角下的研究已经取得显著的成果与进展，为深入研究相关理论提供了良好的基础，更为绿色供应链管理实践研究提供了有力支持与指导。从现有研究来看，绿色供应链管理相关研究呈现出显著的跨学科特点，通过对环境科学、生态学、工程学、管理学、经济学等多个学科的知识进行整合，为绿色供应链管理的研究与实践提供了更为全面的视角与解决方案，不仅丰富了绿色供应链管理的理论体系，也为其在实践中的应用提供了更多可能。

（二）绿色供应链管理研究主题演进分析

1. 第一阶段（2000—2005 年）：理论探索与行业实践的融合

2000—2005 年，绿色供应链的研究逐渐兴起并受到广泛关注。这一阶段的研究主要集中在绿色供应链的基础理论引进和验证，以及对其内涵和概念的深入探讨。随着环境问题的日益突出，绿色供应链管理作为一种新兴的管理理念，逐渐受到学者的关注。在这一时期，学者对绿色供应链的内涵和概念进行了深入的剖析和阐述，从环境保护、资源利用、废弃物处理等多重维度对绿色供应链进行了界定分析；同时从可持续发展、生态经济学、环境管理等角度出发，探讨了绿色供应链管理的核心理念、基本原则和实施路径，为后续实践应用研究提供了有力的理论支撑（王洪刚和韩文秀，2002）。

在这一时期，学者围绕"绿色供应链中关键要素与机制研究"和"政策与市场因素对绿色供应链的影响分析"等主题开展了大量研究。首先是绿色供应链中关键要素与机制研究。学者基于绿色采购、绿色生产和绿色物流等内容对绿色制造与供应链管理的关系进行了探究，并提出了一系列融合策略。为了更加深入地探究绿色供应链中多方参与者的决策过程，学者将博弈论和决策分析方法应用于这一时期的研究中，通过构建不同的博弈模型明确了政府、企业和消费者在绿色供应链中的策略互动与利益分配机制。与此同时，随着企业社会责任意识的不断提高，企业社会责任与绿色供应链的协同发展也逐步成为研究热点。其次是政策与市场因素对绿色供应链的影响分析。这同样是这一时期的研究热点，学者深入分析了补贴政策对企业采用绿色供应链管理策略的激励效果，并提出了对应的政策设计和优化策略。

2. 第二阶段（2006—2012年）：绿色供应链管理评价体系的深入探索

在2006—2012年，绿色供应链的研究逐渐从理论引入和验证阶段过渡到更具体、更实用的绩效评价研究。这一阶段的研究重点是如何对绿色供应链管理实践活动进行科学、有效、规范的量化和评价。在全球化和低碳经济发展的背景下，这一转变既反映了企业提高供应链环境绩效的内在需求，也体现了社会各界对可持续发展和社会责任的高度关注。在这一时期，一方面学者对绿色供应链管理实践的评价体系进行了深入探索。在传统能源消耗和碳排放等环境绩效指标的基础上，将经济绩效和社会绩效纳入绿色供应链管理实践的评价体系，使得企业能够更准确地评估自身在环境、经济和社会等方面的综合表现，为制定更具针对性的改进措施提供了有力支持。另一方面，学者将层次分析法（AHP）、模糊综合评价法和TOPSIS法等方法应用于绿色供应链管理实践的评价，进一步提高了评价的准确性和客观性。

在全球化背景下，企业供应链往往跨越多个国家和地区，形成错综复杂的全球网络。绿色供应链的研究在这一阶段取得了显著进展。学者提供了更全面的环境绩效评价方法，进一步制定出相应的改进措施，并探讨如何建立全球统一的绿色供应链标准和评价体系。此外，企业社会责任被更加深入地融入绿色供应链研究，学者对企业社会责任与绿色供应链管理实践之间的内在联系和互动机制展开了大量研究，提出了企业社会责任与绿色供应链协同发展的实践指导策略。

3. 第三阶段（2013—2017年）：基于实践区域场景的深化与拓展

在2013—2017年，全球环境问题受到多方广泛重视。随着全球气候变化加剧和资源日渐紧缺，绿色供应链管理实践研究成为企业和社会可持续发展的重要议题，各国政府对环境保护和可持续发展的关注不断提高，持续推动着绿色供应链领域的深入研究和广泛应用。国内绿色供应链的管理实践研究更加重视情境因素和区域发展因素。在这一阶段，学者深入研究了不同区域和文化背景下的绿色供应链管理实践问题。在"一带一路"倡议下，中国企业与沿线国家的合作日益增多，如何在合作中融入绿色供应链理念，实现经济与环境双赢成为一项重要课题，诸多学者通过案例分析和实证研究，探讨了绿色供应链管理实践在不同地域的适用性和可持续性；同时结合国内"供给侧改革"和"低碳经济"的政策背景，学者对绿色供应链的政策导向进行探究，分析了政策法规对绿色供应链管理实践的影响效果，并探讨了如何在现有政策框架下实现绿色供应链的快速发展。另外，产品绿色度在这一时期得到了广泛关注，学者围绕材料选择、设计、生产、包装等环节开展了大量研究，并将节能减排技术和资源循环利用技术纳入绿色供应链管理实践的相关研究。

随着以互联网、人工智能和大数据为代表的信息技术的蓬勃发展发展，智能物流管理成为绿色供应链实践和绿色物流的重要创新方向。如何基于大数据和物联网等先进技术实现物流过程的智能化管理、提高物流效率、降低环境影响成为这一时期的重要研究

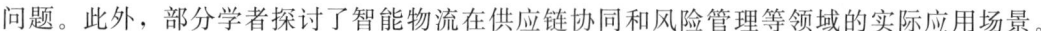

问题。此外，部分学者探讨了智能物流在供应链协同和风险管理等领域的实际应用场景。

4. 第四阶段（2018年至今）：技术创新与绿色发展深度融合

全球气候变化问题日益严峻，可持续发展理念深入人心，绿色供应链管理创新成为学术界的研究重点，尤其是在疫情时期，全球供应链的稳定性和可持续性受到了前所未有的挑战，这使得绿色供应链的研究和实践更加迫切和关键。在这一阶段，"绿色创新"成为引领企业发展的关键词，不再局限于单一的环保举措，而是覆盖产品设计、生产过程、供应链管理等多个方面的全面绿色化；同时，"绿色消费"观念的普及正逐步改变着消费者购买行为，消费者更加倾向于选择环保、可持续的产品，从而推动企业加快绿色供应链的建设；"绿色金融"的快速发展提供了资金支持，进一步促进了绿色供应链的实践发展。

在技术创新层面，以互联网、人工智能和大数据为代表的新兴信息技术的融合应用对绿色供应链的实现起到了关键的推动作用。通过引入自动化、信息化技术，大大提高了生产效率，同时降低了能源消耗和废弃物排放；物联网和大数据技术则加强了供应链各环节之间的信息共享与协同，提高了供应链的透明度和效率，使企业能够更精确地分析市场需求、优化库存管理、提高物流效率，更加科学地制定绿色供应链策略，减少资源浪费和环境污染。此外，高质量发展理念的提出也使得绿色供应链建设更加符合当前经济发展的要求，企业在追求经济效益的同时，更加注重环境保护和社会责任，实现经济、社会、环境的协调发展。

四、当前研究评述

绿色供应链管理作为一种先进的管理理念和实践模式，近年来受到了广泛的关注。随着全球环境问题的日益严峻和企业社会责任意识的提升，绿色供应链管理逐渐成为学术界和企业界关注的焦点。学者从物流发展、博弈演化、科学技术应用和经济管理等视角分别展开了研究。

从物流发展视角看，绿色供应链管理主要体现在优化物流路径、减少运输排放、提高物流效率等方面，现有成果表明在物流领域的绿色供应链管理已经取得了显著的成效。当前，随着多元化供应链和数字化供应链的发展成为趋势，物流行业正面临着转型升级的压力。绿色供应链管理通过引入先进的物流技术和管理模式能够有效降低物流成本，提高物流效率，减少环境污染。此外，物联网、云计算和大数据等技术的应用为绿色供应链管理带来了新机遇，能够帮助企业实时监控货物的运输状态和位置，确保货物在物流时效内送达目的地，大幅度提高了物流的透明度和效率，确保物流过程的安全性和可靠性。

从博弈演化视角看，博弈论在供应链管理中的应用为理解和解决供应链中的复杂问题提供了新的思路。在绿色供应链管理实践中，各参与方之间存在着复杂的博弈关系，通过博弈演化模型可以深入分析供应链中各方的策略选择和行为模式，以及如何达到相对稳定的均衡状态，有助于理解绿色供应链管理中的合作与竞争机制，为供应链的优化提供理论支持。近年来，多位学者聚焦于绿色供应链管理中的博弈演化研究，通过建立博弈模型详细分析了供应链中各主体的互动策略，基于多种不同情境分析了达到相对稳定状态的条件；同时学者还探讨了绿色供应链中的合作与竞争机制，通过深入研究供应链中各方博弈关系，能够更加明确不同主题的策略选择和行为模式，为绿色供应链的实践与发展提供了针对性建议，为绿色供应链管理实践提供了新的思路和方法。

从科学技术应用的视角来看，科学技术的应用（尤其是新兴信息技术的应用）为绿色供应链管理的实现提供了有力支持。智能制造、物联网、大数据、人工智能等技术的应用，使得绿色供应链管理的效率和效果得到了显著提升。智能制造技术的广泛应用使得生产流程更加自动化和智能化，进而大幅提高了生产效率和资源利用效率，大幅减少了物料和能源浪费，降低了生产成本，为企业实施绿色供应链管理提供了强有力的技术支持。大数据分析为市场需求预测和库存管理带来了革命性的变化，通过大数据分析，企业可以精准预测市场需求，从而合理安排生产计划，减少库存积压和浪费。此外，人工智能和区块链等技术的应用也为绿色供应链的管理实践提供了历史性的机遇。现有研究充分论证了科学技术在绿色供应链管理中的积极作用，物联网、大数据、人工智能等技术应用极大地提升了生产效率，减少了资源浪费。

从经济管理的视角来看，绿色供应链管理已经远远超越了单纯的经济效率考量，更深层次地触及了企业的社会责任和长期战略发展。在当今社会，企业不再只是追求短期的经济利益，而是更加注重可持续发展和长期市场竞争力。上述转变在企业的实践中得到了显著体现，越来越多的企业开始将绿色供应链管理作为战略规划的重要组成部分。企业通过实施绿色采购策略，降低对环境的负面影响，进而树立绿色环保的品牌形象。此外，政府和社会各界在推动绿色供应链管理的发展上也起到了至关重要的作用，政府通过制定一系列政策标准，引导企业采用更加环保的生产方式和供应链管理策略，对不符合环保标准的企业进行处罚，形成有效的约束机制。现有研究充分论证了绿色供应链管理实践对企业经济利益、社会责任和长期发展具有积极影响，但同时也存在诸多问题和挑战，例如，部分企业缺乏环保意识、管理成本较高等。因此，只有通过全社会的共同努力，才能实现绿色供应链管理的广泛应用和持续改进，从而推动经济的可持续发展。

2000 年以来，绿色供应链管理的实践和研究可以分为四个阶段。第一阶段（2000—2005 年）是理论探索与行业实践的融合期，这一阶段主要对绿色供应链管理的理念和模式进行初步探索和实践。第二阶段（2006—2012 年）是对绿色供应链管理评价体系进行深入探索的时期，这一阶段的研究重点在于如何科学有效地评价绿色供应链管理的绩效。第三阶段（2013—2017 年）是基于实践区域场景的深化与拓展期，这一阶段的研究和实践更加注重结合具体行业和区域的特点进行定制化的绿色供应链管理方案的设计和实施。第四阶段（2018 年至今）是技术创新与绿色发展深度融合的时期，随着科技的飞速发展，绿色供应链管理也迎来了前所未有的发展机遇和挑战。未来，绿色供应链管理研究将聚焦于数字化与智能化技术的应用，通过大数据、物联网和人工智能等先进技术，实现供应链的透明化、可追溯性和环境绩效评估，应对日益严峻的环境挑战，推动实现可持续发展目标。

第五节　本书主要研究内容与篇章结构

一、本书主要研究内容

在全球化日益加速和可持续发展成为主旋律的时代背景下，如何实现绿色发展已经成为国际社会普遍关注的焦点。绿色供应链管理作为绿色发展中的重要内容，将绿色发展理念融入企业的供应链管理过程中。本书深入探讨了绿色供应链管理实践中的利益相关者、绿色供应链模型与动力机制、消费者对企业环境行为的感知与评价以及绿色供应链管理实施与企业绩效的关系等研究问题，以期为企业提供有益的参考与借鉴。

（一）绿色供应链管理实践中的利益相关者研究

绿色供应链管理实践涉及多方利益相关者，包括供应商、客户和政府机构等。各方利益相关者扮演着不同角色，有着不同的利益诉求和实践影响力。本书对绿色供应链管理实践中的不同利益相关者进行了深入分析和研究，明确其在绿色供应链管理中的定位和作用。此外，本书探讨了如何有效地协调不同利益相关者的关键利益，并提出了建立信息共享机制和设计激励机制等一系列协调策略，促进绿色供应链的高效运作和可持续发展。

（二）绿色供应链模型与动力机制研究

为了更深入地理解绿色供应链的运行机制，本书整合并构建了一个全面的绿色供应链模型，并对模型中的关键要素和结构进行了详细介绍。此外，本书深入探讨了绿色供应链发展的动力机制：市场需求对绿色供应链发展的拉动作用、政策激励对绿色供应链发展的推动作用和技术创新对绿色供应链发展的驱动作用。此外，本书还介绍了如何通过信息共享、风险共担和利益分配等机制制定协调策略，从而更好地开展绿色供应链管理实践。

（三）消费者对企业环境行为的感知与评价

在绿色供应链管理过程中，消费者的感知和评价至关重要。本书从消费者视角出发，深入探究了消费者对企业环境行为的关注度和期望值，通过构建消费者对企业环境行为的感知评价响应模型，分析了消费者对不同类型企业环境行为的感知差异和评价标准，为制定更加符合消费者期望的环保策略提供了有益的参考。

（四）绿色供应链管理实施与企业绩效的关系研究

绿色供应链管理实施不仅会受到企业内部因素影响，同时还会受到外部环境的制约。

本书分析了低碳经济压力和制度压力对绿色供应链实施的影响，通过实证数据分析，揭示了外部压力与供应链企业绩效之间的关系；同时探讨了不同外部压力下，企业绿色供应链管理的优化与调整策略。此外，本书还介绍了绿色供应链管理的核心理念和实践情况，深入剖析了企业三重绩效（经济绩效、环境绩效和社会绩效）的影响。通过实证数据分析明确了绿色供应链管理实践与企业绩效之间的正相关关系，为企业实施绿色供应链管理提供了理论支撑。

二、本书的篇章结构

本书旨在全面深入分析绿色供应链管理的理论与实践策略，特别是在大力培育新质生产力的背景下，如何提升我国绿色供应链的管理实践水平。全书共分为九章，第一章为绪论，第二章为绿色供应链管理实践相关概念与理论研究，第三章为绿色供应链的利益相关者理论研究，第四章为绿色供应链模型、协调策略与动力机制研究，第五章为企业环境行为消费者感知评价响应模型，第六章为绿色供应链实施的影响因素，第七章为绿色供应链实践与企业经营绩效的关系，第八章为低碳经济压力与供应链企业绩效的关系，第九章为制度压力视角下绿色供应链管理实践与企业绩效关系研究。本书的篇章结构如图 1-2 所示。

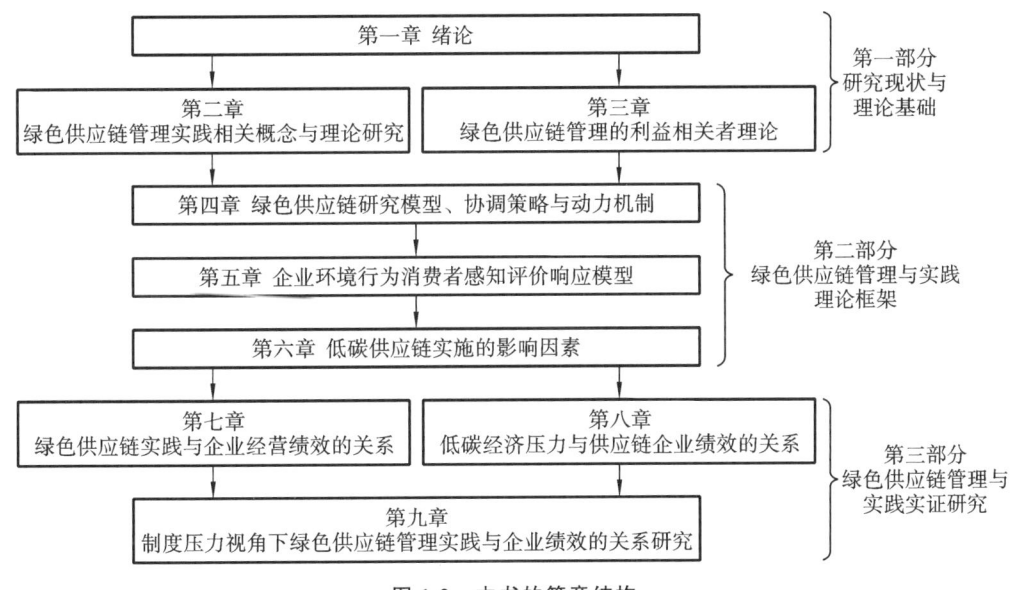

图 1-2　本书的篇章结构

具体来看，第一章从整体上介绍了绿色供应链管理实践的研究现状，阐述了在大力培育发展新质生产力背景下开展绿色供应链管理实践的理论和实践意义，并对全书篇章结构进行了介绍。第二章介绍了绿色供应链管理实践相关概念与理论研究，包括绿色供应链与企业绩效、企业社会责任的关联以及低碳经济视角下绿色供应链管理相关研究，从多个视角审视了绿色供应链的重要性。第三章聚焦于绿色供应链中利益相关者（政府、企业、消费者等），分析了不同利益相关者的角色、参与程度和协调机制，在此基础上探究不同利益主体对绿色供应链管理绩效的影响。第四章整合并构建了绿色供应链模型，提出了相应的协调策略与动力机制，并分析了大数据时代下绿色供应链管理的特点与挑战。第五章从消费者的角度出发，探讨了企业环境行为的消费者感知评价响应机制，通过实证分析揭示了消费者对企业环境行为的感知过程及其影响因素，进而提出了让消费者积极响应的对策。第六章深入剖析了绿色供应链实施的各类影响因素，通过实证分析验证了不同因素对低碳供应链实施的具体影响，并从政府、社会、企业等层面提出了具体措施。第七章和第八章分别探讨了绿色供应链实践、低碳经济压力与企业经营绩效的关系，通过构建研究模型并进行实证分析，揭示了对企业经营绩效的影响，在此基础上提出了具体的应对策略。第九章从制度压力的视角出发，以汽车行业为例研究了绿色供应链管理实践与企业绩效的关系，通过实证分析验证了制度压力对绿色供应链实践和企业绩效的作用。

第二章　绿色供应链管理实践相关概念与理论研究

在全球化绿色发展背景下，环境保护日益受到社会各界的广泛关注，绿色供应链管理作为企业实现可持续发展的重要手段，具有极其重要的理论与实践意义。本章将系统阐述绿色供应链管理的基本概念、发展历程及核心理论，深入探讨绿色供应链管理实践与企业绩效之间的内在联系，强调企业在追求经济利益的同时，必须积极履行社会责任，从而实现经济、社会、环境的和谐发展。

第一节　绿色供应链管理与企业绩效

一、企业绩效研究现状

（一）企业经济绩效研究现状

企业经济绩效评价方法是指利用一定的技术或方法，对企业一定时期内的各项运营指标进行统计，对相应的成果和收益做出科学的评判。企业经济绩效评价方法从传统的财务指标法转变为价值评价法，使企业决策不再仅仅以会计成本为中心，而是以企业股东价值的最大化为目标。传统的财务指标法主要以市场份额、利润率、资产回报率为研究对象，而价值评价法是从回报率、利润率、市场占有率等方面进行分析。

朱庆华（2006）以绿色供应链为研究对象，对实施结果的经济绩效从采购成本、消耗成本、排放费用、废物处理四个方面进行了分析。汪青松等（2009）基于灰色关联分析理论，从生产能力、盈利能力两方面将企业经济绩效指标分为：资产、职工人数、创新等。苏蕊芯等（2010）从市场法则、会计法则、主观感知等角度对企业经济绩效的度量进行了归纳。朱勤（2013）以跨国公司为实证分析对象，从制度层面、交易层面、企业层面对财务绩效进行了分析。彭月芹（2016）分析了现有的企业经济绩效评价方法，从市场、利润、收入三个方面对高校科研与企业绩效之间的关系进行了实证分析。

（二）企业非经济绩效研究现状

企业的所有活动都是以营利性为目的进行的，利润是企业的发展动机，但是在新常态经济建设过程中，企业的可持续发展愿景要求其战略规划中必须包含其他非经济目标如环境目标、社会责任目标等。常媛（2016）认为供应链中企业环境绩效受外部的影响大于其内部影响，分别针对上游企业和下游企业建立了企业环境绩效评价体系。

关于企业社会责任的研究起源于19世纪西方资本主义国家，工业革命带来的生产力变革提高了企业的生产效率，与此同时，这种快速的发展方式对其所处环境造成了严重负面影响。企业的发展与周围的政治、经济、文化、自然环境息息相关，因此，诞生了"企业公民"这一概念，企业只有积极地承担社会责任，履行相应的职责，才可以实现可持续发展。为了合理地界定和衡量企业的社会责任，社会绩效作为评价"企业公民"履行社会职责的标准应运而生。国外对社会绩效评价模型的研究如表2-1所示。

表 2-1　企业社会绩效评价模型

名称	模型理论
卡罗尔模型	模型包含三个维度，即社会责任、社会议题、社会回应，并详细阐述了三者之间的关系
沃提克和哥奇兰模型	模型构建了包含原则、过程、政策三个部分的理论框架，详细阐述了责任与回应之间的关系
伍德模型	模型包含社会责任、社会回应、企业行为，并详细阐述了三者之间的关系
利益相关者模型	利益相关者分为主要、次要两个方面，企业绩效分为对抗、防御、适应、遇见四种类型

二、企业环境责任研究

由企业生产所产生的环境污染问题、能源消耗问题日益突出，引发了国际社会对企业盈利能力以外的环境责任的高度关注。在客户满意度概念方面，何利英（2003）将客户满意度从行为和经济两个维度进行了区分，行为上的满意度是多次消费积累形成的，经济上的满意度与客户的服务水平有关。在实践研究方面，赵萱（2016）认为企业环境责任是企业在以营利为目的的运营过程中，主动实施环境保护措施以降低能耗实现绿色生产，最终实现人类社会和自然界的平衡。姜雨峰（2014）以企业的绿色创新为研究对象，认为环境理论和环境责任是企业面临环境压力和主动实施环境行为共同产生的结果，对高层制定企业战略有着重要影响。王佳萍（2015）基于马斯洛需求理论，将客户满意度因素分为核心产品、配套服务、按时服务、客户互动、感性服务五个层次。在模型理论方面，多国学者或组织分别提出了不同的模型，如表2-2所示。

表 2-2　满意度模型

学者/组织	理论模型
日本卡诺博士	KANO 模型：产品质量决定了客户的满意度水平
美国费耐尔博士	SCSI 模型：客户满意度的形成是一个累积的过程，与一般消费过程形成的满意度相比，具有一定的预测功能
美国质量协会	ACSI 模型：由客户满意度、预期质量、感知质量、感知价值、客户抱怨和客户忠诚等方面组成
欧洲质量组织	ECSI 模型：由企业形象、顾客形象、顾客期望、质量感知、价值感知、顾客满意、顾客忠诚等指标组成
中国质量协会	CCSI 模型：将品牌形象进行细化管理，指明了其对客户满意度的重要意义

在公众满意度方面，杨宇希等（2016）以美国质量协会的 ACSI 模型为理论基础，建立了企业环境责任公众满意度模型，该模型探讨了企业形象在企业行为与客户满意度之间的中介效应。基于上述分析，本书将企业环境责任满意度定义为客户对企业实施环境行为的总体满意度，包括环境管理效应满意度和产品环保属性满意度。如果将供应链上游和下游企业看作一个利益集团，那么企业环境责任满意度可以看作整个供应链的环境责任满意度。

三、消费者行为研究

（一）消费者行为

消费者行为作为一种涉及自身态度、观念的集合，是由内在和外在两方面因素构成的，内在因素是指对行为起制约作用的心理因素，外在因素是指与消费者个人经济实力、社会化生产水平相关的客观现实条件。

消费者购买行为可以分为需求产生、信息收集、产品评价与认可、购买意向与购买行为四个阶段。由于早期的消费者信息收集、消费决策与购买行为往往具有很强的空间属性，传统经济学与地理学中对区位论与商业空间的研究使得消费者行为研究成为诸多学科的研究内容。同时，由于消费者行为受到支付能力与购买动机的影响，还往往涉及消费者自身以及消费者周边人群的人身安全、财产安全、名誉权等，多数研究倾向于采用间接法，主要包括深入面谈、反射技术与心理描述等研究方法。

在当前全球环境问题日益凸显的背景下，人们的环境选择偏好与绿色消费行为正演变成每个地球居民的权利，成为环境治理的一股强有力的积极影响因素。绿色消费，作为一种可持续且负责任的消费模式，指的是在消费者深刻认识到环境问题及其资源稀缺性的背景下，将环境保护的考量融入其消费行为中。由于政府是民众的委托代理人，而企业的产品最终是面向广大消费者，因此人们的环境偏好与环境诉求通过某种机制，如市场机制、选票、舆论导向、上访机制等传播途径，最终促成政府的积极作为和企业运营方式与生产技术的提升改进。在一个逐步发展与完善的社会或市场机制环境下，人们倾向于通过政治上的选票与市场上的消费者选择向政府与企业传递，进而让政府制定更为严格的环境管制规则，避免和降低政策制定中信息反馈不及时、信息传播失真以及上下级、各区域之间的博弈和试错成本；消费者与政府的双重压力也将让企业采取更为环保的生产运作策略。居民环境压力与环境偏好作为迫使政府、企业与个人实施环境行为的主要推动力量，已经得到学界的一致认可，消费者行为生态环境影响力日益提升。

（二）消费者评价响应研究

消费者对社会责任履行得好的企业有更高的评价与更积极的行为响应。企业在环保和慈善方面的积极行为可以造就积极的企业信任感，并对消费者品牌评价与行为响应产生正面作用。在消费者关注的企业社会责任领域表现良好的企业更能获得消费者积极的评价，消费者对消极的企业社会责任行为更为敏感，消费者企业环境责任支持度对其行为响应有显著调节作用。很多西方研究结论表明，企业认同感与消费者购买行为呈正相关关系。企业认同感越高，消费者对企业品牌就越忠诚。

企业社会责任水平对消费者行为有重要影响，消费者的企业评价与响应是基于企业行为的动机认识与企业认同感。消费者对企业评价越高、越认同，就更容易接纳企业提供的产品与服务。刘佳刚（2011）则提出了产品质量与售后服务、员工福利与改善工作环境、保护环境、节能降耗、社会捐款、依法纳税、保证企业盈利七个维度的企业社会责任。问卷实证研究表明，更多的消费者把企业环境保护责任视为企业社会责任的核心内容，并且发现消费者评价和消费者响应存在显著的相互关系。赵越春和王怀明（2013）基于模拟实验的方法，选取企业社会责任中最具代表性的食品安全、慈善捐赠维度探究消费者针对不同企业社会责任维度的行为响应机制。王怀明和崔吉（2014）对消费者、员工、环境和慈善四个维度的社会责任消费者响应行为及其影响因素的实证研究表明，不同社会责任维度下的消费者响应确实存在显著差异。

四、企业绿色经济研究现状

随着经济的迅猛增长，全球环境问题日益凸显，能源的大量消耗已导致资源匮乏等问题的出现。鉴于这些严峻挑战，各国政府均对此给予了高度重视，并积极寻求解决方案。其中，推动企业主动实施绿色经济行为已成为缓解环境问题的有效对策之一。通过引导企业采取环保措施、提高资源利用效率，不仅能够减轻对环境的压力，还有助于实现可持续发展目标。

（一）企业绿色经济行为研究现状

"绿色经济"的概念源于经济学家皮尔斯在《绿色经济蓝皮书》（1989）中的首创性提出，此后引起了学界的广泛探讨与阐释。Kenneth（2017）则强调了绿色经济在调和人类与自然关系中的核心作用，指出其作为一种在企业经济活动中持续改善生态环境的模式，不仅能够提升资源使用效率，还能显著降低对环境的破坏程度。"绿色"是对企业经济行为的外部制约，要求企业在追求经济效益的同时，不得牺牲环境，而应努力减少对环境的负面影响；"经济"则体现了环保活动的内在需求，即企业的绿色实践行为要依托市场经济机制，实现经济效益与环境效益的统一。

企业绿色经济行为是通过经济手段如排污费和环境税等，旨在减少企业对环境的破坏和对资源的过度消耗，并激励企业积极应对环境污染问题。在此框架中，"绿色"凸显了环境保护的重要性，而"经济"则强调了企业的盈利性经济行为。因此，企业绿色经济行为是企业为保护环境并实现盈利所采取的相关行为。为实现更大的经济效益，企业应优先最小化对环境的破坏，并通过开发新能源等手段提升资源利用效率。由此，企业绿色经济行为实现了环境效益与经济效益的和谐共生。

（二）企业绿色形象研究现状

形象作为一种主观的感知体验，源自个体在接触客观事件的过程中对其他对象所形成的认知与印象。在企业经营管理的语境下，绿色形象特指企业通过实施一系列绿色实践活动所塑造的积极环境管理形象。这种形象往往能够引发消费者对企业在承担社会责任方面的积极评价，进而使得其产品与服务被市场视为绿色且安全的。

鉴于环境问题的日益凸显，绿色理念逐渐深入人心，众多国外企业已积极将绿色环保理念融入日常运营中，以提升其绿色形象。与此同时，绿色企业形象的识别系统也在逐步完善中。市场营销的理论框架经历着深刻的变革，由传统的以产品、价格、渠道、促销为核心要素的4P理论，逐步转向以顾客需求、成本效益、购买便利以及有效沟通为核心的4C理论。这一转变深刻反映了企业对顾客导向经营理念的日益重视。因此，为迎合市场需求并顺应绿色发展的时代潮流，企业日益重视环境保护，并致力于塑造积极的绿色形象，以吸引更多消费者的关注。当前，关于绿色企业形象的学术研究正呈现出蓬勃发展的态势。本书将聚焦于探讨环境绩效是否能够通过影响企业的绿色形象，进而间接作用于企业的经营业绩。

五、绿色供应链管理对企业绩效的影响

传统观点通常将生态与经济之间的关联理解为一种固有的、僵化的取舍关系，认为绿色供应链管理（GSCM）实践与企业绩效之间存在着难以调和的张力。在这种观念框架下，环境保护要求的提升往往被视为制造商的额外负担，因为它增加了预防和治理成本，导致生产运营成本攀升，最终反映在产品价格的上升。此外，这种负担还可能分散制造商对核心竞争力的关注度和资源投入，进而削弱其市场竞争力，对整体社会效益产生负面影响（李怡娜和叶飞，2011）。但是，也有学者认为污染本身就是一种资源利用效率低下的体现，是产品设计或生产流程存在问题的信号。GSCM实践通过提高原材料、能源和劳动力的利用效率，以及推动生态设计、绿色回收等创新行为，能够为企业开辟新的利润增长点。这些新增利润不仅足以弥补因减少污染而增加的成本，还能为企业带来独特的竞争优势。企业在发展过程中积极履行社会责任，往往能够提升社会效益，进

而推动经济效益的提升，这表明企业的社会效益与经济效益之间存在正相关关系。此外，生态现代化理论（EMT）或"现代性（modernity）"强调，通过技术创新和发展，企业可以实现工业发展与环境保护的双赢。这一理念与 GSCM 的环境创新理念不谋而合。

GSCM 实践通过减少原材料消耗、降低污染治理成本以及避免法律法规风险，不仅提升了企业的环境绩效，还通过绿色设计等创新手段，引导消费者选择绿色产品，进而增强企业的社会影响力和市场竞争力，实现市场份额和利润的双重增长。已有研究表明，成功解决环境问题不仅不会给企业造成负担，反而可能为企业带来新的发展机遇，为增加核心业务价值开辟新途径。例如，众多企业通过实施如 ISO14001 等内部 GSCM 实践，获得了显著的市场优势；一些长期坚持 GSCM 实践的企业，则实现了销售增长、资产回报率和税前利润等经济效益的显著提升。对于制造企业而言，经济绩效是衡量 GSCM 实践成功与否的关键指标。在探讨 GSCM 实践对经济绩效的影响时，早期研究曾指出 GSCM 实践在初期阶段可能并不直接贡献于经济绩效的提升，这是因为 GSCM 实践的实施往往需要企业投入大量资本，短期内可能增加运营成本，对经济绩效产生一定的负面影响。

第二节　企业社会责任

一、企业社会责任的概念

自 Oliver Sheldon 在 1924 年首次提出"企业社会责任"的概念后，企业社会责任的内涵与实践得到了持续的丰富与发展。Howard R. Bowen 在 1953 年的著作《商人的社会责任》中，明确将企业社会责任界定为"企业有义务依据社会的目标和价值观，制定相关政策，做出相应决策，并采取具体的行动"。随着企业社会责任行为的实践不断深化，学术界与企业界围绕此主题开展了广泛的研究。

在广义上，企业社会责任被理解为一种"综合说"，即企业社会责任涵盖了多元化的观点或分级观点。在这种观念下，企业社会责任等同于企业责任本身，认为只有那些致力于盈利、遵守法律、注重伦理并积极参与慈善活动的企业，才能被视作真正对社会负责的企业。在学术领域中，狭义的企业社会责任观呈现出一种更为精细化的界定，它将企业社会责任视作企业总体责任架构中的一个子集，聚焦于企业的伦理责任与慈善责任这两大核心维度。这种狭义的理解特别关注那些在法律条文中未明确规定的领域，即企业在道德和慈善层面所应履行的责任。按照这一观点，企业的经济责任和法律责任（例如，遵守法律法规）并不被直接纳入企业社会责任的范畴。这种对企业社会责任的界定，更加突出了企业在道德和社会公益方面的责任与担当。

（一）企业社会责任的内涵

利益相关者理论严谨地定义了利益相关者为那些能够对企业目标的实现产生显著影

响，或者受到企业目标实现过程直接影响的团体及个人。在此框架下，企业社会责任的本质在于展现企业对多元化利益相关方，包括但不限于股东、客户、员工、供应商和社区，以及自然环境所持有的积极、负责的态度和行动。

企业社会责任的内涵囊括了经济责任、法律责任、伦理责任和慈善责任四个维度。随后，维度扩展至企业传统经济角色的履行、环境保护与消费主义理念的融合，以及推动社会进步的举措。尽管学术界已经积累大量关于企业社会责任概念和分类的实证研究，但近年来从实证角度出发，开发有关企业社会责任的新维度和相关概念的研究依然不断涌现。齐丽云等（2017）在实证研究制定量表时，将企业社会责任划分为八个维度：劳动实践、经济、人权、公平运营、消费者问题、责任治理、环境、社区发展。随着平台经济的发展，因平台经济独立运营和商业运营双重主体的特殊性，苏明明（2022）根据平台企业社会责任内容边界的三个层次，将平台企业社会责任治理内涵划分为独立运营平台、商业运作平台以及社会资源配置平台的社会责任治理。

目前对企业社会责任的内涵研究多为在经济责任、法律责任、伦理责任和慈善责任基础上进行的具体场景化。随着新兴技术的发展，企业的类型和企业社会责任的应用场景变得多样化和具体化，因此，现有对企业社会责任内涵的研究在基础研究的基础上不断发展、丰富。

（二）企业社会责任的影响因素

企业社会责任行为的主体是企业，其又是社会及公众的期望。从现存相关研究文献看，将企业社会责任的因素划分为企业内部因素和外部因素。Jiang W 等（2016）对建筑公司的企业社会责任报告进行内容分析，并对专业人员进行访谈，通过问卷调查发现企业社会责任的关键因素是环境保护、建筑质量和安全、社区、员工、客户和企业社会责任管理。

具体就企业外部因素而言，许多学者指出政府制度因素是影响企业社会责任的主要外部影响因素，周中胜等（2012）在研究中深入探讨了政府干预程度、法律环境完善度以及要素市场发展水平与企业社会责任履行状况之间的关系。研究结果表明，在政府对经济干预程度相对较低的地区，伴随着法律环境的不断优化与完善，以及要素市场活力的持续增强，企业的社会责任履行状况展现出了更加积极、健康的发展趋势。这一发现揭示了制度环境在推动企业积极履行社会责任方面所起到的关键作用。

因此，为了推动我国企业社会责任履行的进步与优化，本书急需致力于完善与之相关的制度环境。这一举措旨在为企业社会责任的履行提供坚实的外部监管框架和内在动力机制。宋歌（2015）利用微观层面的上市公司的数据，通过定性和定量结合的研究方法探究宏观环境对企业社会责任的影响，研究发现 GDP 与企业社会责任之间呈正相关关系，且 GDP 增速对企业行为影响较大。岳琴和刘晓峰（2018）通过回归分析，发现社会责任信息披露水平越高的企业，其盈余管理总体程度越低，而新媒体的关注在这种作用关系中发挥着加强的调节效应。王雁南等（2020）对中国跨国经营的企业社会责任的影响因素进行了探究，从个人-环境视角的深入分析，发现中国跨国企业的国际化承诺与本地化承诺对其海外子公司在履行企业社会责任方面产生了积极的影响。此外，外派人员的组织承诺在国际化承诺对企业社会责任的影响中起到中介作用，该研究能够响应"一带一路"倡议，明晰战略规划目的。彭本红和葛娇娇（2022）基于QCA方法，通过对案例的研究发现，平台责任评价标准不明晰、外部监督不足是导致平台社会责任缺失的关键影响因素，因此应该健全外部监督网络。

而企业内部环境因素诸多，各学者对企业社会责任的不同影响因素进行了探讨，认为公众参与谈判、决策能通过改善企业责任，从而促进格陵兰能源项目的未来发展。温孝卿等（2018）指出，企业文化中的员工参与、价值认同以及环境适应三个维度均对企业社会责任表现总体产生显著的正向影响，同时企业规模与企业成立时间在这一关系中起到了调节作用。张兆国等（2018）通过实证分析考察，发现高管团队在年龄、任期、性别以及学历等特征方面所展现出的异质性，对企业社会责任的履行产生了极为显著的影响。陈怀超等（2023）基于fsQCA方法和NCA方法从组态视角探究了组织特征对企业社会责任感的影响，研究证明了在华外资企业社会责任绩效的路径不止一条，是由多重因素共同影响的，存在多重并发性和等效性。

二、企业社会责任与企业绩效关系研究

企业社会责任报告及各类国际标准都是基于企业社会责任评价体系的，且大部分学者认为对企业社会责任进行评价能够促进企业社会责任发展水平。邹国庆等（2017）根据国外研究者的最新研究成果，通过构建数学模型探讨了项目反应理论模型在企业社会责任评价中应用的可行性。杜芊（2020）以股东、社会、员工、债权人、环境和消费者为维度，构建了六维视角，对林业企业的社会责任进行了深入的定量研究，研究发现整体社会责任感履约情况较低，其中对环保类责任履行得最好，为林业企业的高质量发展提供了参考。孙明淞（2023）以京东为典型研究案例，构建了包含财务、治理、环境、社会四个维度，并细化为三个层级的数字平台企业社会责任评价体系，全面评估数字平台企业在社会责任方面的表现。这一体系的构建不仅为数字平台企业社会责任的研究提供了新的视角，还丰富了相关领域的理论框架和实践指导。

关于企业社会责任与企业价值的争论，Friedman提出的模式认为从长期来看，履行企业社会责任会降低企业价值，从而缺乏可持续性。企业社会责任成本高昂也可能会影响企业资源配置。尽管如此，更多学者认为履行企业社会责任是构建竞争优势的关键要素，通过提升顾客与员工满意度及组织承诺等途径，能够有效提升企业价值。唐鹏程等（2016）从价值判断角度，发现企业社会责任既能提升企业价值，又能降低企业价值，关键在于企业如何在不同利益相关者之间合理配置资源，以实现企业社会责任的有效履行。此外，企业社会责任的投资表现出显著的互补性与层次性特征，通过多维度、长时间的持续投入，企业社会责任能够更有效地创造企业价值。廉春慧（2018）表明企业社会责任信息对购买意向、求职意向和投资意向具有直接影响，而信息可信度在企业社会责任信息与利益相关者行为意向关系中具有调节作用。陈钰芬等（2020）探究了企业社会责任对技术创新绩效的影响并得出企业社会责任对技术创新绩效具有倒U型影响且社会资本是其中的中介变量。伊力奇等（2023）通过实证研究了公司社会责任与环境绩效的关

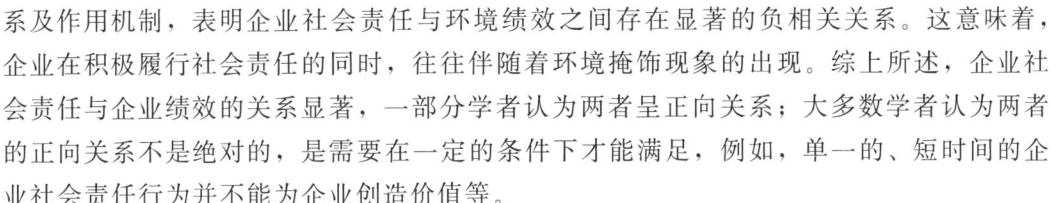

系及作用机制，表明企业社会责任与环境绩效之间存在显著的负相关关系。这意味着，企业在积极履行社会责任的同时，往往伴随着环境掩饰现象的出现。综上所述，企业社会责任与企业绩效的关系显著，一部分学者认为两者呈正向关系；大多数学者认为两者的正向关系不是绝对的，是需要在一定的条件下才能满足，例如，单一的、短时间的企业社会责任行为并不能为企业创造价值等。

第三节　低碳经济视角下绿色供应链管理相关研究

一、低碳经济研究

在全球共同关注的环境保护议题中，降低碳排放和实现可持续发展已成为核心焦点。随着全球对降低碳排放和实现可持续发展的日益重视，绿色行动以"低碳"为核心理念，正逐步引领并重塑人类社会的生产与生活模式。物流，作为经济活动不可或缺的一环，在推动低碳经济发展中发挥着举足轻重的作用。低碳物流与绿色供应链作为低碳经济的核心生态产业体系，通过不断的流程优化和技术创新，不仅大幅提升了物流运作的效率，而且在减少碳排放、构建环境友好型产业体系方面取得了显著成效。这不仅是企业积极履行社会责任的重要体现，也是政府推动低碳经济发展战略的关键举措。

进入 21 世纪，信息技术的迅猛发展和管理手段的创新，为传统运输、仓储服务带来了深刻的变革与升级。全球物流产业经历了两次质的飞跃，从最初的运输、仓储和配送，逐步拓展至涵盖采购、营销、回收等更广泛的物流领域，形成了一个多元化、综合性的现代物流体系。同时，物流活动的核心也由单一企业为中心，转变为跨企业的商业活动集成，涵盖采购、生产运作、市场/营销等多个环节。从概念上讲，物流是以满足客户需求为核心，对产品、服务以及信息从起始点至消费点进行高效计划与控制的过程。供应链管理则在管理的深度与业务的广度上进行了显著的扩展，它覆盖了从供应商至最终消费者的整个价值链的协同与优化。作为一种管理集成，供应链管理致力于将企业内部及企业间的功能与商业过程进行有机整合，以形成高效的商业模式。这一模式协调了物流、生产、营销、销售、产品设计、财务及信息技术等多个方面，旨在实现资源的最大化利用和价值的最大化创造。依据美国供应链管理协会制定的《供应链管理流程标准》，供应链被系统地划分为五个核心流程：计划、采购、制造、交付和回收。每个流程都拥有其独特的流程属性，而在这一过程中，传统的物流环节如运输、仓储等被巧妙地整合进各个流程中，确保了整个供应链流程的顺畅与高效。

二、低碳物流与绿色供应链管理相关概念

在全球共同关注的环境保护议题中，降低碳排放和实现可持续发展已成为核心焦点。

随着低碳技术与理念的深入发展，绿色行动以"低碳"为引领，正逐步重塑人类社会的生产与生活模式。物流作为经济活动的关键环节，在推动低碳经济发展中扮演了举足轻重的角色。低碳物流与绿色供应链作为以低碳为核心的生态产业体系，通过流程优化和技术革新，不仅显著提升了物流效率，更在减少碳排放、构建环境友好型产业体系方面取得了显著成果。这不仅是企业履行社会责任的重要体现，也是政府推动低碳经济发展战略的关键选择。

从物流和供应链管理的本质出发，本书对低碳物流和绿色供应链的概念进行了清晰的界定。这两个概念的核心在于将低碳思维和环境保护理念融入供应链的每一个环节，从而形成从原材料采购、产品设计、制造、交付到产品生命周期结束的完整绿色供应链体系。此外，绿色供应链也被视为遵循自然环境法则，对原材料和资源从供应商到制造商、服务供应商，再到最终用户以及回收环节进行高效管理的过程。

绿色供应链的理念与产业生态学原理紧密相连。产业生态学基于环境管理的多重因素，构建了一个系统的组织架构，将产业视为自然生态系统的重要组成部分。通过将产业系统建立在生态系统之上，本书旨在实现产业与环境的和谐共生，达成可持续的环境绩效，进而推动整个社会的绿色发展。

三、低碳经济视角下的绿色供应链网络优化

(一) 绿色供应链及其网络优化相关研究

近年来，绿色供应链已成为供应链管理研究领域中的热点议题，成为企业实现低碳转型的基石。在供应链管理的众多核心问题中，供应链网络优化占据着举足轻重的地位。鉴于此，部分学者在探讨供应链网络设计时，纳入了环境因素的综合考量，针对静态与动态环境背景，设计并构建了全局性的碳足迹分析模型。在低碳经济时代背景下，绿色供应链网络优化的核心在于探求环境保护与经济效益之间的最优平衡点，在动态市场环境中实现环境质量的提升与企业竞争力的增强，进而达成双赢的发展目标。当前，绿色供应链网络优化与设计的研究尚处于起步阶段，尚未形成全面且系统的优化设计模型与定量研究框架。然而，鉴于环境问题的复杂性和紧迫性，迫切需求科学的量化分析工具来支撑决策过程。碳足迹作为衡量碳排放的关键环保指标，在应对以碳排放为主要污染源的环境问题中展现出显著效果。因此，将碳足迹纳入供应链网络设计已成为行业发展的必然趋势。绿色供应链理论的核心在于将环境保护理念贯穿于供应链管理的全过程，强调环境与经济的和谐共生，以实现资源的高效利用和经济效益、环境效益、社会效益的和谐统一。绿色供应链网络优化与设计旨在将环境要素融入供应链网络设计之中，寻求在供应链盈利能力、服务水平和环境保护三者之间的最佳平衡，为绿色供应链的系统优化和整体价值的最大化奠定坚实的基础。

（二）低碳经济视角下的绿色供应链网络优化研究

1. 低碳经济视角下绿色供应链网络优化目标

低碳经济下的供应链网络优化目标是指通过技术改革和流程再造对供应链各环节进行低碳化处理和改善，从而实现供应链整体上的减排，最终达到以低成本、低碳化的供应链运作模式为消费者提供满意的服务，在追求经济效益的同时积极改善环境问题，实现企业的可持续发展。此二者紧密联系，相辅相成。企业如果只追求环境保护，则供应链主体的经济利益会受到损失，一旦低碳供应链在经济上的收益率低于传统供应链，最终供应链主体会因为缺乏经济驱动力而放弃实施低碳化。但是，企业如果只强调追求经济利益，不根据发展环境调整经营模式走可持续发展的道路，则势必在企业现代化进程中失去竞争力。综上所述，企业现代化只有将经济效益与环境效益相结合，才能在未来发展中占得先机。

2. 低碳经济视角下绿色供应链网络优化原则

（1）可持续发展原则

低碳供应链网络优化的原则之一就是实现供应链可持续发展的原则，在实现经济效益的同时考虑环境因素，用两方面绩效指标重新对供应链进行评价。为实现此原则，必须全面审视供应链的每一个环节，从产品设计、原材料采购、产品生产、产品分销到废旧产品的回收处理，均须体现这一综合性的考量。这些环节作为供应链的有机组成部分，对供应链的运营成本及碳排放量具有至关重要的影响。因此，在研究供应链的可持续性时，应从产品生命周期的宏观视角出发进行深入分析，以确保供应链整体实现低碳化，进而推动可持续发展目标的实现。

（2）系统协调与最优化原则

在低碳经济背景下，供应链网络的优化应遵循的第二大原则是统筹全局、从整体上权衡经济成本与碳排放量，旨在实现系统的协调与最优化。在优化过程中，经济成本的减少与碳排放量的降低是负相关的。系统协调与最优化原则是供应链网络优化必须坚持的重要原则，它是实现供应链整体效益的基准。

（3）管理创新及技术创新原则

低碳经济下的供应链网络优化是从生命周期的角度对供应链进行经济和环境两方面的评估，通过对产品的再设计、生产工艺的研发、生产流程的改造、分销模式与运输模式的优化、管理模式的变革等，实现供应链低碳化。这一原则被总结为管理创新及技术创新原则。

第三章　绿色供应链管理的利益相关者理论

绿色供应链的实施和管理涉及多方利益相关者，包括供应商、客户、政府机构等，不同利益主体在绿色供应链管理实践过程中扮演着不同角色，有着不同的利益诉求和影响力。本章将对利益相关者进行深入的分析和研究，明确其在绿色供应链中的定位和作用；同时探讨如何有效地协调各利益相关者的利益，以促进绿色供应链的高效运作和可持续发展。

第一节　绿色供应链模型

绿色供应链是促进社会和企业可持续发展的创新路径，融合了社会与企业可持续发展观念的创新设计模式，致力于将环境保护理念贯穿于整个产品生命周期，涵盖原材料采购、生产、消费及废物回收再利用的供应链全流程，展示了企业对环保责任的全面担当。在这一模式下，企业内部各部门需紧密协作，确保供应链系统环境绩效的优化，为实现可持续发展目标奠定坚实的基础。这种跨部门的协同合作，不仅提升了企业的运营效率，更为社会创造了长期价值。绿色供应链的核心在于其环保生产理念，该理念贯穿于供应链管理的每个环节。从供应商到消费者，再到回收商，所有利益相关者均需积极采取环保措施，减少环境污染和资源浪费。在此过程中，采用可持续的材料和生产技术变得至关重要，这不仅有助于构建经济效益与环境保护的双赢格局，更为社会的可持续发展注入了强大动力。

如图 3-1 所示，绿色供应链模型清晰展示了各利益相关者及其环保责任。这一模型不仅为企业提供了实施绿色供应链战略的框架，更为其指明了未来发展方向。在绿色供应链的引领下，企业与社会将携手共筑美好未来，实现经济繁荣与生态环境和谐共存的伟大目标。

绿色供应链的体系结构是一个复杂而精细的框架，融合了内容、目标、对象和关键

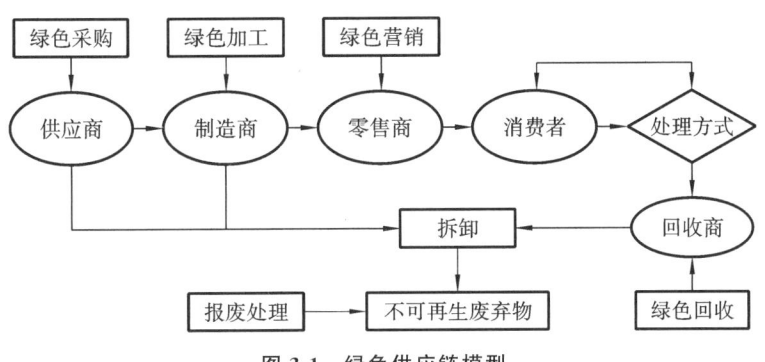

图 3-1　绿色供应链模型

技术等多个相互关联的元素，这些元素相互作用，共同构建出绿色供应链的结构和功能（马祖军，2002）。随着全球对可持续发展的重视，绿色供应链的研究与实践日益丰富和深入。这涉及战略规划与建模、运营与管理、评价与决策等多个层面。目前，研究主要聚焦于绿色采购、绿色生产、绿色营销和绿色回收等关键环节，这些环节渗透到运营管理的各个方面，体现了环保的理念。然而，未来的挑战在于如何将环保意识更深入地融入供应链的各个环节，实现经济效益和社会效益的和谐共存，从而构建完整而高效的绿色供应链体系。这不仅需要我们在实践中不断探索和创新，更需要我们构建出适用于各行业的绿色供应链评价体系和方法。因此，未来的绿色供应链研究将着重关注如何有效地整合环境因素，实现经济效益和社会效益的协同优化。这是推动绿色供应链研究发展的核心方向，也是我们共同追求的可持续发展未来的关键所在。

　　绿色供应链的核心宗旨是化解供应链与企业运营对环境的不良影响，实现资源的最大化利用，从而实现环境与经济的和谐共生，推动经济效益和社会效益的共同增长。在这一宏伟蓝图中，绿色供应链跨越了多个利益相关者，包括供应商、制造商、零售商、消费者以及回收商等。在实践中，这些参与主体是绿色供应链的积极倡导者，通过实施绿色采购、绿色加工、绿色营销及绿色回收等策略，承担绿色管理责任，共同提升供应链的环保水准。企业在构建绿色供应链时，选择合作伙伴显得尤为重要。除了考虑产品质量、生产能力、服务水平和声誉等传统因素外，环境绩效已成为不可忽视的重要考量点。企业应积极选择那些具备相同环保意识和资质的合作伙伴，以确保绿色供应链整体的持续性和有效性，共同迈向更加环保和可持续的未来。

第二节　利益相关者相关研究

　　利益相关者理论的研究学者们所面临的主要挑战之一在于明确定义社会中的利益相关者。这一定义的模糊不清将导致基于利益相关者的公司治理机制失去谈论的基础。在西方学者的研究中，利益相关者的分类与识别工作经历了从关注其影响力到参与整个过程的多个阶段。这些阶段可以分为影响力、利益和权利三个主要阶段。在实践中，需要审慎考虑如何界定利益相关者，并有效地管理其利益冲突，从而建立起稳定可持续的利益相关者关系。这不仅需要各方共同努力，也需要制定明确的规则和政策，以促进各利益相关者之间的合作与协调。只有通过对利益相关者的清晰界定和有效管理，公司才能实现更好的治理和可持续发展。

一、20 世纪 60 年代的研究

斯坦福大学的研究人员提出了利益相关者概念，指出公司需要得到多个利益群体的支持才能生存。这一概念打破了传统观念，不再将公司的存在局限于为股东服务，而是强调其他利益群体的重要性。利益相关者概念的提出为公司治理带来了新的视角，突出了与公司生存密切相关的其他利益集团的存在。公司在制定目标时需要综合平衡，尤其需要解决不同利益相关者之间的潜在冲突和需求。利益相关者包括管理层、员工、股东、供应商和客户。这些群体的支持不仅关乎公司的发展，也影响着公司的生存。因此，公司在制定目标和发展战略时，需要考虑到各个利益相关者的利益，并确保达到一个平衡点，使得各方都能得到尊重和满足。综合平衡不仅是为了公司的长远发展，也是为了维护公司的声誉和形象。只有将利益相关者的需求和关切纳入考量，公司才能获得更广泛的支持，才能更好地在竞争激烈的市场中立于不败之地。因此，公司应当视利益相关者为生存和发展的基石，不断强化与其的沟通和互动，共同促进公司可持续发展的目标达成。

二、20 世纪 70—80 年代的研究

美国经济学家弗里曼通过深入研究提出了关于利益相关者的新定义，即将利益相关者界定为那些有能力影响组织实现目标，以及在实现目标过程中受到影响的人（Freeman R. E.，1984）。这一定义拓展了利益相关者的范围，不仅包括了能够直接影响组织目标的个人和团体，还将那些通过组织目标实现而受到影响的人纳入其中。这一概念的广泛适用性为利益相关者的研究提供了新的视角，使得社区、政府、环保人士等群体被纳入利益相关者管理的范畴。然而，利益相关者的广泛定义也带来了一些问题。不同类型的利益相关者对公司治理决策的影响以及公司行为对其影响程度有很大的差异，这导致从总体研究中很难得出明确结论。因此，在实证研究和信息传播中应用利益相关者的定义时需要更加谨慎，并针对不同类型的利益相关者进行具体分析。通过深入研究和细致分析，可以更好地理解不同利益相关者之间的关系和影响，为组织的管理决策提供更为有效的参考依据。因此，利益相关者的概念虽然提供了新的视角，但在具体实践中仍需要不断完善和调整。只有通过深入研究和精细分析，才能更好地理解和应对利益相关者的不同需求和利益，从而实现组织目标和社会责任的双重平衡。通过不断改进管理策略和决策过程，可以更好地实现利益相关者的共赢，为组织的可持续发展打下坚实的基础。

三、20 世纪 90 年代中期的研究

经济学界认识到利益相关者在公司的生存和繁荣中扮演着重要角色。然而，需要注意的是，利益相关者并不是一个单一的群体，而是一个多样化的集合，不同类型的利益相关者对公司管理决策的影响和受公司活动影响的程度也各不相同。为了更准确地划分利益相关者，学者开始采用多维细分方法，这种方法正变得越来越普遍。Chacom（1997）根据关系类型将利益相关者分为契约型和公共型两类，这样的分类有助于更好地理解不同类型利益相关者与公司之间的关系。同时，Clarkson（1994）提出了另一个维度，即利益相关者参与公司活动的自愿程度和其与公司关系的亲密程度。这种分类进一步细分了利益相关者的多样性。此外，Wheeler（1998）在 Clarkson 的基础上引入了社会维度，通过考虑利益相关者与公司之间的人际关系，明确了利益相关者的不同特征。Williams 等（2011）对利益相关者进行了更加全面深入的定义，使得我们能够更准确地捕捉利益相关者的特点。在这样的多维分析下，能够更全面地了解利益相关者在公司中的定位和影响力，为公司管理决策提供更多有益的参考，如图 3-2 所示。

图 3-2　Williams 等对利益相关者的界定

对于企业来说，理解和识别利益相关者至关重要。多维分类方法的应用可以帮助我们更深入地了解和拓宽对企业利益相关者的认识。然而，目前的这些方法在实际应用中存在一些挑战，主要具体表现在其局限于理论研究层面，难以转化为行动指南。为了解决这一问题，Mitchell 等（1997）对现有研究进行了深入综合，并提出了 27 种具有代表性的利益相关者定义。基于上述定义，设计了一种新型的评分程序，以更精确地界定利益相关者的范围。Mitchell 主要基于三个关键特征对潜在利益相关者进行评估：合法性、权利和紧迫性。根据这些特征，个人或群体可以被分为确定性利益相关者、预期性利益相关者和潜在利益相关者。需要强调的是，这种分类模式是动态的，而不是静态的。随着个人或群体获得或失去某些属性，其利益相关者类别也会发生相应改变。

利益相关者在企业中的重要性不言而喻。为了提高竞争力，企业需要运用利益相关者理论来进行有效管理。通过与利益相关者进行深入沟通和对话，企业能够建立一个全面分析不同利益相关者群体的框架。这个框架将从企业文化、价值链以及最终的财务绩效等方面进行系统评估，帮助企业更好地管理各利益相关者，促进彼此之间的合作与互动。企业应重视利益相关者的需求和利益，建立起长期稳定的合作关系，从而实现共赢

局面。只有这样，企业才能在激烈的市场竞争中立于不败之地，实现可持续发展的目标。利益相关者不仅是企业发展过程中的关键支持者，也是企业成功的重要保障。在利益相关者的共同努力下，企业可以不断创新、进步，为社会创造更大的价值，实现经济效益和社会效益的双赢。

四、21 世纪以后的研究

21 世纪以来，随着全球经济的不断发展和公司治理模式的演变，利益相关者的研究也逐渐发生了转变。随着知识经济时代的到来，企业不再仅仅依赖于物质资本，而是更加依赖于人力资本、社会资本等，这也为利益相关者的研究提供了理论背景和实践需求。贾生华和陈宏辉（2002）认为，对众多的利益相关者并不需要"等量齐观"，而是需要采取"分类治理"的策略，这样才能使得企业保持持续发展。张兆国等（2012）基于利益相关者视角，对企业社会责任、企业为何承担社会责任、企业如何承担社会责任以及如何促使企业承担社会责任等企业社会责任问题展开了进一步探究。徐佳和陈艳（2016）以 148 家国有企业为研究对象，深入分析了利益相关者对国有企业绩效评价的影响程度，进一步拓展了企业利益相关者的研究。近年来，学者对利益相关者的研究进一步深入，聚焦于数据要素、企业环境信息披露（张悦等，2023）、企业绿色创新（黄维娜和袁天荣，2022）等众多领域，进一步拓展了利益相关者的研究。21 世纪以来，利益相关者的研究在多个方面取得了显著进展，为企业管理、公司治理和社会责任等方面提供了重要的理论支持和实践指导。

第三节　绿色供应链的利益相关者分析

一、绿色供应链的外部性及其影响

（一）绿色供应链的外部性

外部性意味着某种行为将会给其他人或团体带来无法弥补的成本或收益。这一概念在经济学和法学领域引起了广泛关注，因为外部性的存在会导致市场无法有效运作，需要政府出面来纠正市场的失灵。因此，解决外部性问题对于经济社会的持续发展至关重要。为了最大限度地减少外部性所带来的负面影响，促进资源的有效配置和社会福利的最大化，必须通过有效的政策措施和法律法规来解决。解决外部性问题需要各方通力合作，共同努力构建一个良好的社会环境。只有这样，才能实现经济和社会的可持续发展。外部性问题的解决不仅仅是政府的责任，每个个体以及企业都应该对此负起一定的责任，共同努力促进外部性问题的解决，为社会的繁荣稳定做出贡献。

绿色供应链的构成成员在实践中呈现出一定程度的外部性特征，主要体现在推动绿色生产和消费、合作与协调以及示范效应方面。在供应链内部，成员涵盖了资源投入、制造、销售、消费、回收处理等核心环节，以及技术创新、生产工艺优化、生产资源合理配置等支持性活动。通过深入分析绿色供应链主体成员的行为，我们可以看到他们在推动绿色生产和消费方面扮演着重要角色。他们的环保意识和行动不仅对自身企业发展有影响，同时也对整个产业链和社会环境产生积极影响。此外，主体成员之间的合作与协调也是绿色供应链中的外部性表现之一。通过信息共享、资源整合、技术创新等合作行为，他们促进了整个供应链的可持续发展和绿色转型。另外，绿色供应链成员的示范效应对其他企业和消费者也具有辐射效应。作为引领者，他们通过推动市场需求和消费趋势，影响着更多企业加入绿色供应链，推动整个产业向更加环保和可持续的方向发展（曹景山等，2007）。可以说，绿色供应链的主体成员的行为具有外部性，对整个产业链和社会环境都产生着重要影响。综上所述，绿色供应链各成员之间的合作与协调以及示范效应展现出了外部性特征。这种外部性不仅体现在推动绿色生产和消费方面，还表现在促进整个供应链的可持续发展和引领产业向环保和可持续方向转型的过程中。通过对主体成员行为的分析，我们可以更好地理解绿色供应链的重要性和作用，进而采取更有针对性的措施促进绿色供应链的发展。希望随着时间的推移，绿色供应链的理念能够得到更广泛的认可和应用，共同推动产业向更加环保和可持续的发展方向迈进。针对绿色供应链的主体成员行为进行分析，可以得出他们的活动存在着外部性，主要体现在以下几个方面。

1. 资源使用的外部性

绿色供应链，作为当前备受瞩目的议题，揭示了人类与自然资源之间密不可分的关系。本书拓展了资源利用中存在的外部性问题，主要集中于代内外部性和代际外部性。代内外部性产生于资源产权不清晰，企业在追求私利时往往忽视资源的合理利用，导致资源投入存在外部性问题。而在资源稀缺、效用不同的情况下，现代企业更倾向于优先利用易获得、高效率、高附加值的资源，而留给后代的资源质量较低、开采成本较高，进一步增加了后代的开发成本。此外，随着各国寻找新能源替代稀缺能源的努力加大，后代的成本也在不断增加。然而，大多数企业往往只注重眼前利益，而忽视对后代的影响，导致资源的过度开发和低估成本，这是极为不利的。因此，我们必须充分意识到资源的重要性，不仅要考虑眼前的利益，更要思考后代的利益。在这个背景下，绿色供应链的理念变得至关重要，要求企业在生产过程中减少对环境的负面影响，而且需要在资源利用方面进行长远规划，确保资源的可持续利用。综上所述，绿色供应链不仅是企业社会责任的体现，更是企业长期发展的必然选择。通过深入思考资源利用中的外部性问题，以及关注后代利益，企业可以更好地实现资源的可持续利用，推动经济的可持续发展。希望更多企业认识到绿色供应链的重要性，积极采取相应措施，在保护环境的同时实现经济效益的最大化。

2. 制造的外部性

制造是资源转化为产品的过程，但同时也伴随着工业垃圾的产生，这些废物若不得当处理，将对人类的生存环境造成恶化。因此，在工业垃圾排放到自然环境之前，有效的治理和分解至关重要，以减少对环境的负面影响。虽然我们对废弃物的治理能力有限，但通过技术和知识的不断创新，可以解决这一难题。然而，现实中许多企业虽然有处理废弃物的能力，但却选择不承担责任。这种行为不仅恶化了我们的生存环境，也增加了后代处理废弃物的成本，对后代的生存环境构成严重威胁。因此，我们必须认识到制造活动可能带来的内部和外部问题，积极采取措施减少负面影响，确保环境可持续发展。为建设更加可持续的生产与生活环境，应注重资源的有效利用和废弃物的科学处理。通过技术和创新，提升废弃物治理能力，减少对环境的不良影响。同时，企业和个人也应该承担社会责任，积极参与废弃物的处理，共同努力建设清洁、健康的环境。

3. 消费的外部性

消费者作为供应链的终端环节，承载着整个供应链的利润来源和责任。消费者的消费方式和消费观念对供应链中的其他参与者产生着深远影响。然而，当前社会中消费者行为存在一定的外部性，尤其体现在消费观念和消费方式方面。不合理的消费观念导致对稀有资源和不可再生资源的过度消费，这种消费行为不仅令消费者沉溺于炫耀和满足感中，更导致某些物种的灭绝。同时，消费者不科学的消费方式也导致废弃物未被有效回收和处理，增加了回收企业的处理成本，形成消费行为的明显外部性。为了改变这种现状，消费者需要转变当前的消费观念，更加注重资源的可持续利用，避免过度消费稀缺资源。在购买商品时，消费者应该理性消费，考虑到自身需求的同时也要考虑资源的合理利用和环境保护。消费者应该选择更环保、更可持续发展的产品与服务，以减少环境污染和资源浪费。消费者的责任不仅在于满足个人需求，更重要的是考虑整个社会和地球的可持续发展。选择那些具有可持续发展理念的产品，并且积极参与废弃物的回收和分类，将是每个消费者应尽的责任。只有当消费者意识到自己的行为对整个供应链的影响时，才能引领社会朝着环保、可持续发展的消费理念迈进。消费者的消费行为不仅影响着供应链的每一个环节，更直接关乎整个地球的未来和生态平衡。因此，每个消费者都应该以更加负责任的态度去对待消费，选择可持续发展的产品与服务，减少资源浪费，共同为环保事业贡献力量，共同创造一个更加美好的未来。

4. 技术与知识的外部性

绿色供应链的成功离不开各主体之间技术和知识的共享。技术和知识作为无形资产，在使用过程中并不存在排他性。然而，技术和知识的产权具有部分排他性，主要表现在创新者的私人收益低于其所创造的社会收益。这种外部性通过技术和知识的溢出来实现。同时，技术和知识的代内外部性也更加明显，后代在接受前人的技术和知识时，没有成本支出。在绿色供应链中，技术和知识的传承和分享对于整个供应链的活力和竞争力至关重要。各行为主体可以共同受益，推动创新和可持续发展。通过加强技术和知识的传递和交流，可以促进供应链的协同发展，实现资源共享和效益最大化。技术和知识的开放共享不仅提高供应链效率，也提升整个行业的竞争力。因此，在绿色供应链管理中，应该重视技术和知识的共享与传承，建立开放式的合作机制，共同推动绿色供应链的可

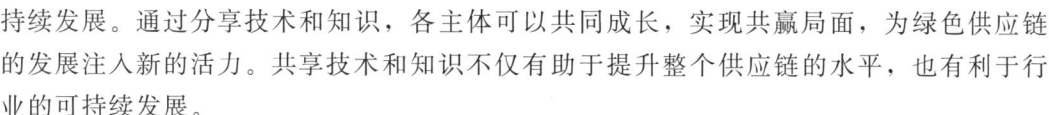

持续发展。通过分享技术和知识，各主体可以共同成长，实现共赢局面，为绿色供应链的发展注入新的活力。共享技术和知识不仅有助于提升整个供应链的水平，也有利于行业的可持续发展。

（二）外部性对绿色供应链运营的影响

供应链内部资源的配置受到外部性的影响，其中包括代内外部性、代际外部性、负的外部性和正的外部性。这些外部性对于绿色供应链的运营目标和环境保护目标构成挑战。负的外部性导致资源配置的不合理，进而给环境带来破坏。比如，个体的行为会对他人造成损害，但这种损害并未反映在个体的私人成本中，导致市场价格的下降，资源配置的失衡，从而导致市场的低效率。负的外部性的存在让绿色供应链运营与环境保护原则发生冲突，使得实现目标变得困难。正的代内外部性限制了绿色技术和知识创新的推广，正的代际外部性却支持了资源配置的公平性。因此，需要在供应链管理中认真对待这些外部性的影响，采取措施来消除负面影响，促进资源配置的合理性，实现绿色供应链的可持续运营和环境保护的共同目标。

二、信息不对称对绿色供应链的影响

在绿色供应链运营中，信息不对称是一个普遍存在的问题，特别是在制造商和消费者之间，信息不对称问题更加突出（裘莹等，2023）。制造商和零售商之间的信息流通顺畅，充分了解产品特性和市场信息。相比之下，消费者对信息的掌握有限，因为他们需要花费更多的时间和精力来获取信息。这种信息不对称不仅会影响消费者的购买决策，还会对整个绿色供应链的运作造成重要影响。为了解决制造商和消费者之间的信息不对称问题，绿色供应链需要建立透明、公平的信息传递机制。制造商应该加强与消费者的沟通，提供真实、全面的产品信息，增强消费者的信息获取能力。同时，消费者也应该努力提高信息搜索的效率，以便更好地了解产品和市场的情况。只有通过双方共同努力，才能够有效解决信息不对称问题，促进绿色供应链的健康发展。因此，本节主要分析了制造商和消费者之间存在的信息不对称现象，强调了建立透明、公平的信息传递机制的重要性。只有通过信息共享和沟通，才能够实现制造商和消费者之间的信息对称，促进绿色供应链的可持续运营。通过双方的努力，可以构建一个更加健康、高效的绿色供应链体系，实现可持续发展的目标。

外部性是指经济交易中第三方所承受的成本和收益，内部性则是指交易者所承受但未在合同中规定的成本和收益。在绿色供应链中，制造商致力于提供安全可靠的绿色产品，但制造商和零售商掌握产品信息并通过宣传向消费者传递信息，导致消费者难以识别产品的实际特性和绿色程度。消费者购买所谓的绿色产品后受损，从而损害了消费者的利益（牟晶，2006）。消费者对绿色产品的信任受到影响，使绿色产品难以在市场中竞争。消费者很难获取产品的全部信息，或者获取真实信息的成本过高，这是问题的根本原因。解决这一问题的途径是增加绿色产品的透明度。制造商和零售商应该提供客观、真实的产品信息，避免夸大产品的绿色属性。同时，应该建立第三方认证机构来审核和认证绿色产品，提高消费者对绿色产品的信任度。在绿色供应链中，建立透明的信息传递机制可以减少外部性和内部性对消费者利益造成的影响。此外，消费者教育也是至关重要的。消费者应该具备足够的绿色消费知识，以便能够正确识别和选择绿色产品。政府和相关行业组织可以开展绿色消费宣传活动，提高消费者对绿色产品的认识和了解。通过消费者教育，消费者将更加理性地选择绿色产品，从而促进绿色产品在市场中的发展和推广。总之，外部性和内部性对绿色供应链的影响是深远的，只有通过消费者和生产者共同的努力，绿色供应链才能得到进一步发展，提升产业链和供应链的现代化水平（王静，2021）。

三、实施绿色供应链时存在的问题分析

我国绿色供应链管理研究仍处于初级阶段，尽管供应链管理理论不断完善，但许多公司仍未将其纳入发展战略。在实施绿色供应链管理策略时，企业面临诸多挑战，如传统环境观念的束缚、政府制度的不健全以及传统供应链管理模式的障碍。这些因素导致利益相关者之间出现利益冲突。绿色供应链管理从理论到实践仍然存在着许多问题需要解决。要推动绿色供应链管理的发展，企业和政府需要共同努力，加大对绿色供应链管理相关政策的制定和完善。只有通过合作与努力，才能克服传统观念的局限，推动我国绿色供应链管理走向更加健康和持续的发展道路。在这个过程中，需要不断挖掘行业内的最佳实践，促进环保理念贯穿整个供应链体系，并建立起一套适应绿色经济发展的新型供应链管理机制。通过积极落实绿色供应链管理政策，我们可以实现资源的最优配置，减少对环境的破坏，提高供应链的整体效率和质量。

1. 传统环境观念上的障碍

许多企业在生产过程中忽视环境问题，只顾追求利润最大化，将环境管理视为增加成本和浪费资金的负担。尽管有一些企业考虑到环境影响，但常常只采取末端治理方式，将环境治理视为一项负担，无法实现真正的绿色化。同时，许多地方政府也缺乏绿色生产意识，以为经济发展需要牺牲环境，监管不力。要全面实施绿色供应链管理，必须改变这种传统观念。企业应认识到环境管理不仅是道德责任，更是未来发展的必然趋势。通过引入绿色生产理念和技术，企业在提高环境效益的同时，也能实现效益最大化。政府需要加强对企业的监管力度，建立健全的绿色产业政策和法规，引导企业向绿色生产转型。在绿色供应链管理中，企业和政府需要紧密合作，共同推动绿色发展。这不仅有利于环境保护，也能为企业带来长远的竞争优势和稳定的发展。

2. 环保制度上的障碍

当前我国对企业环境污染行为的处罚过轻，排污费标准偏低，导致企业更愿意选择直接支付排污费而不去治理污染。这种行为虽然符合法律，但却与绿色供应链的整体目标背道而驰。绿色供应链要求每个环节都符合环保要求，否则将会成为企业发展的瓶颈。绿色供应链的目标应该涵盖产品的全生命周期，而非局部或某个阶段。然而，在企业追

求利润最大化的同时，个体行为和整体目标之间的冲突使得环境相容原则难以实施。因此，加强对企业环境污染行为的处罚力度，加大对企业的监督力度，提高排污费标准，将有助于推动企业朝着更环保的方向发展，实现绿色供应链的整体目标。只有这样，才能实现环境保护和经济发展的有机结合。

3. 传统供应链模式造成的障碍

绿色供应链模式的核心在于整合绿色采购、设计、生产、包装、营销等环节，以提高供应链管理的难度。知识创新是绿色供应链的关键，只有不断将新知识、技术和资源融入供应链中，才能实现"预防为主，治理为辅"的环境保护策略。传统的供应链结构无法满足内部的知识创新需求，因为创新带来的收益难以内部化，导致成员缺乏激励，并且由于经济利益驱动，创新可能受限制。这些因素限制了知识在成员之间的有效共享，新的设计和工艺可能无法顺利实施。绿色供应链的物流、信息流和知识流是双向运动的，通过资源回收再利用实现资源循环利用，同时促进创新的实现。绿色供应链管理的功能目标应该包括时间、质量、成本、服务和环境，旨在在最短时间内生产高质量产品并提供优质服务的同时，降低成本，最大限度减少对环境的影响和资源消耗。

4. 绿色供应链企业之间的激励

加强绿色供应链管理的关键在于扩大企业间的信息共享和加强战略合作。在商业决策中，环境因素应被纳入考量范围，包括供应商选择和产品定价等方面。然而，供应商和客户（指供应商下游企业）之间存在一定的认知偏差，供应商担心环境管理会增加成本，客户则不愿或很少愿意承担成本。供应商主张客户与供应商共同承担环境改进成本，并认为提升环境管理绩效的供应商应得到相应奖励。有效的绿色供应链管理需要建立共同承担责任和共享利益的合作模式。客户和供应商之间应该建立起互惠互利的合作关系，共同努力提升环境管理绩效，而不是让单方承担所有成本和风险。客户应认识到，环境管理是供应商的一种投资，需要得到相应支持和鼓励。在实施环境管理措施时，客户应为供应商提供必要的资源和支持，以确保绿色供应链的可持续运行和发展。通过加强信息共享和战略合作，建立起客户与供应商之间紧密的合作关系，可以实现绿色供应链管理的共赢局面。双方应相互协作，共同努力推动绿色供应链的发展，共同分享成功的果实。只有建立起基于合作和支持的关系，才能实现绿色供应链管理目标，为可持续发展做出贡献。

5. 技术障碍

企业在追求环境保护的同时，纷纷推行绿色供应链管理。尽管不同行业面临着各自不同的技术需求，但替代材料的挑战是供应链共同面对的难题。许多企业在寻找替代材料时遇到了困难，因为有时替代材料无法达到原材料的功能和性能，如电子行业在无铅过程中所遇到的技术挑战。除了材料替代的问题，技术障碍还在绿色供应链管理的信息系统中体现出来。绿色供应链管理涉及从产品设计、原材料采购、生产、包装、库存、营销到回收再利用的全过程，不仅有产品和物流的双向流动，还伴随着信息的双向流动。

因此，企业需要通过信息系统管理软件来集成内外部信息，构建一个共享平台，实现信息在上下游企业间的共享与传递。这是绿色供应链管理系统需要解决的问题之一。在追求绿色供应链管理的道路上，企业不仅需要面对不同行业的技术要求和材料替代挑战，还需要解决信息系统管理的障碍。因此，企业在实施绿色供应链管理时，需要认识到技术挑战和信息系统管理的重要性。通过不断创新和技术升级，积极寻找可行的替代材料，努力弥补替代材料与原材料之间的差距。同时，加强信息系统管理软件的应用，建立一个完善的信息共享平台，促进绿色供应链管理中信息的高效传递和共享。只有全面考虑到技术、材料和信息系统管理三个方面，企业才能在绿色供应链管理的道路上取得更加显著的成果。

四、绿色供应链管理与利益相关者理论的结合

绿色供应链管理是推动人类可持续发展的重要举措，但在现实操作中却面临着诸多挑战。为了有效应对这些挑战并提升绿色供应链管理的效率，基于利益相关者的管理模式被提出。这一管理模式能够有效缓解实施绿色供应链管理所面临的各种障碍，为实现绿色供应链管理的目标提供支持。利益相关者的参与不仅可以促进各方的合作，还能推动企业在绿色供应链管理领域的创新和改进。通过与利益相关者共同合作，企业可以更好地理解和满足市场需求，增强竞争力，采取基于利益相关者的绿色供应链管理具有以下的特殊成效。

1. 企业承担社会责任

现代工业的高速发展不断改变着社会，企业社会责任理念也在逐步演进。企业社会责任不仅源于企业活动对社会造成的影响，还是企业应该承担的义务和责任。企业的责任不限于日常经营行为，应该以更广泛的角度审视企业对股东和整个社会的影响。企业经营行为应该具有社会意义，就像企业社会行为也需要具有经济意义。对于致力于建设绿色供应链的企业而言，追求股东利益最大化虽然重要，却不是唯一目标。绿色供应链作为商业组织，与整个社会环境息息相关，对于社会财富增长具有重要意义。为了实现这一目标，绿色供应链需要依托健全的法律法规和稳定的市场环境。在这样的市场环境中开展业务，除了要考虑内部相关方（如股东、员工和消费者）的利益外，还需要与外部利益相关者（如环保组织、社区居民和政府等）紧密合作。在进行商业活动时，绿色供应链不仅需要考虑对内部相关方的影响，还要考虑对外部相关方的影响。因此，建设绿色供应链不仅仅是为了企业自身利润，更是为了推动整个社会的可持续发展。企业应该积极承担社会责任，尊重自然环境，关爱员工，回馈社会。通过这种方式，企业在实现经济效益的同时，也为社会和环境做出积极贡献，推动社会的可持续发展。

实施"深层绿色供应链管理"离不开绿色供应链企业对社会责任的认识和实践。企业需要在绿色采购、绿色设计、绿色制造、绿色物流、绿色营销等方面注重环保意识的培养。高层管理者的社会责任感是企业朝着更环保方向发展的关键，员工的环保觉悟则

是实现这一目标的基础。企业高层管理者应拥有明确的环保目标和责任感，在决策过程中充分考虑环保因素，并制定相应的政策和计划。他们需要不断引领企业迈向环保领域，并树立良好的示范作用。同时，员工也需要具备不断学习和适应绿色理念的能力，积极参与企业的环保行动，将环保意识贯穿于日常工作中。通过高层管理者和员工共同努力，企业可以实现"深层绿色供应链管理"，从而促进环保产业的发展与推动绿色生产方式的普及。只有在所有员工的共同努力之下，企业才能迈向更加可持续的发展道路，为建设美丽中国做出积极的贡献。

企业社会责任和利益相关者理论之间存在着内在联系，而契约理论提供了对这种联系的合理解释。现代企业理论将企业看作各种要素间复杂的显性和隐性契约的交汇点，企业的行为实际上是一种复杂契约系统的均衡行为。这一系统由具有不同目标且可能相互冲突的个体和群体构成。美国管理学家多纳德逊和邓非认为企业是社会系统不可分割的一部分，是利益相关者显性和隐性契约的承载者。利益相关者包括其他相关企业、政府、社区、员工、顾客等个体和群体。从契约角度来看，企业是更大、更复杂的显性和隐性契约的综合体。以企业为单位观察社会时，可以将社会看作由企业的利益相关者及其关系构成的总和。利益相关者理论为企业社会责任研究提供了一个理论框架。在这个框架中，企业社会责任被明确定义为"公司与相关利益者之间的关系"（张洪波等，2007）。企业不仅要考虑股东的利益，还要考虑各类利益相关者的需求和期望，以取得长期的发展和成功。在寻求企业与社会之间的平衡时，企业社会责任是不可或缺的重要因素。通过遵守契约，尊重及满足各利益相关者的需求，企业可以获得更好的社会口碑，增强竞争力，实现可持续发展。契约理论和利益相关者理论的结合为企业实践提供了重要的指导和支持，促进了企业在社会中的良好运行和发展。

在企业实践中，利益相关者的绿色供应链管理起着至关重要的作用。这种管理方法不仅帮助企业更好地认识和履行社会责任，同时也为实现经营目标提供了有效途径。利益相关者理论应成为绿色供应链企业的规范性标准，而非仅仅作为一种工具。当绿色供应链企业提供绿色商品时，它们的关注不仅在于利润，更看重消费者和用户的健康与安全。一旦绿色产品出现问题，企业应立即召回，而不是优先考虑成本，这体现了企业对利益相关者利益的关注，树立了良好的社会责任形象。这种规范性观点不仅可以消除股东至上理论对企业自利性行为的限制，还可以构建企业与利益相关者之间的契约关系。企业社会责任的正当性也可在这种关系中得到强化。在企业的治理结构中，利益相关者的参与被视为企业社会责任实践的重要组成部分。最近，经济学学者开始更多关注利益相关者参与治理的研究。利益相关者如果能参与绿色供应链的管理，将建立一个理想的绿色供应链企业社会责任治理模式。利益相关者的参与将有助于构建企业与利益相关者之间更加密切的关系，促进企业社会责任的全面落实。因此，绿色供应链企业应积极倡导利益相关者的参与，建立与利益相关者之间的良好沟通与合作关系。通过这种方式，企业不仅可以更好地履行社会责任，还能够提升企业形象，赢得消费者和社会的信任和支持。同时，企业还能够实现绿色供应链管理的可持续发展，为未来的发展奠定坚实的基础。利益相关者的参与不仅可以带来实际效益，还能够推动企业社会责任事业向更高

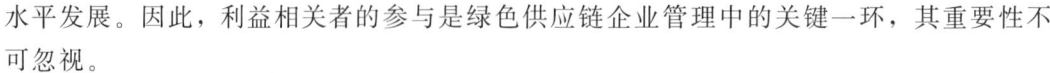

水平发展。因此，利益相关者的参与是绿色供应链企业管理中的关键一环，其重要性不可忽视。

2. 优化利益分配

绿色供应链管理已经逐渐融入传统供应链管理中，注重考虑利益相关者的因素。在绿色供应链运营中，外部利益相关者如环保组织、社区居民等，对供应链的决策起到督促作用。实践证明，在绿色供应链管理中加入利益相关者因素已成必然。

第一，环境法规和法律的制定是支持绿色供应链管理的基础，而环境经济政策则是其重要保障。通过实施低息、无息贷款和减税政策，以及可归还的保证金、资源回收奖励制度等措施，为绿色供应链管理提供了必要的支持和保障。这些政策的出台，不仅有利于企业推行环保措施，还可以促进资源的有效利用，推动经济可持续发展。在政策的引导下，企业可以更好地实现绿色供应链管理，促进全社会环保意识的提升，共同建设美丽的生态环境。

第二，随着可持续发展战略和环保理念的日益普及，政府和公众对绿色供应链管理的重要性日益增强。环保问题备受关注，绿色生产和消费被积极倡导。在这一大背景下，企业实施绿色供应链管理受到了社会的广泛认可和支持。政府和公众的态度转变，促使企业更加重视环境责任，推动产业向绿色可持续的方向发展。企业积极采取绿色供应链管理措施，不仅符合市场需求，获得了经济效益，也为环保事业做出了积极贡献。

第三，全体员工的支持是供应链持续运转和发展的关键。随着绿色供应链管理观念的普及，越来越多的员工意识到其重要性，并从不同环节出发，如供应商、制造商、零售商、消费者以及回收商，共同支持绿色供应链管理。这种共识不仅带来了对绿色供应链管理实践的大力支持，还激发了员工们更多的积极性和创造性。他们的支持和参与促进了绿色供应链管理的顺利实施，推动了企业的可持续发展。因此，员工的认同和行动是推动绿色供应链管理持续发展的重要力量。

第四，传统供应链管理在支持绿色供应链管理方面扮演着至关重要的角色。传统的管理模式和经验为绿色供应链管理提供了宝贵的参考和指导，从而帮助企业实现更高效、更环保的生产和供应。无论是在理论、技术还是实践层面，传统供应链管理都为绿色供应链管理提供了丰富的管理支持，为实现可持续发展目标奠定了坚实的基础。通过借鉴传统管理模式和经验，企业可以更好地推动绿色供应链管理，进而实现可持续发展目标，同时也为社会和环境做出重要贡献。传统供应链管理的经验不仅可以帮助企业提升运营效率，还可以引导企业朝着更环保的方向发展，从而实现可持续经济的目标。

第五，绿色设计、生产和再制造技术的广泛应用为绿色供应链管理带来了强大的支持。这些技术的发展使得整个绿色供应链都能实现"绿色化"，为环境友好型供应链的实施奠定了技术基础。同时，利用信息技术使得信息传递变得更加便捷高效。这一技术的运用可以确保绿色供应链管理中信息和物流的畅通，为实施绿色供应链管理提供了必要的网络支持。通过这些创新技术的应用，企业不仅可以实现效益最大化，也能够在保护环境方面发挥积极作用，促进可持续发展的目标得以实现。因此，绿色设计、生产和再制造技术的推广，对于促进绿色供应链管理的发展具有重要意义。

在政策、社会、人员、管理、技术和网络的全方位支持下，绿色供应链管理得以实现，尤其是在政府、社区和员工等利益相关者积极参与的情况下。虽然这一过程并非易事，实际上，绿色供应链管理依然具有复杂性和挑战性。因此，需要进一步深入研究和实践，以找到更好的解决方案。仅仅依靠各方的支持还不足以确保绿色供应链管理的成功，关键是要在实践中持续总结经验教训，不断改进和完善管理策略。只有通过不断的努力和探索，才能推动绿色供应链管理事业迈向更高水平，为可持续发展贡献更大的力量。

五、绿色供应链管理利益相关者相关行为分析

在绿色供应链管理中，利益相关者的准确定义和分类是至关重要的。米切尔评分法的引入为界定绿色供应链的利益相关者提供了一个清晰的方法。与企业主要关注核心利益相关者不同，绿色供应链的核心利益相关者更为广泛，包括内部的供应链核心企业与上下游企业、员工、顾客。而外部利益相关者如环保组织、政府和当地社区居民也在其中扮演重要角色。通过深入分析这些利益相关者，可以更好地建立和管理绿色供应链，从而实现可持续发展的目标。

米切尔评分法关于利益相关者分类的模型是灵活变化的。每个利益相关者在不同情况下可能会变换身份，从而对绿色供应链管理者提出新的需求和挑战。举例来说，一个原本只关注企业发展的利益相关者，如果突然面临紧急需求，很可能会转变为需要企业立即解决问题的利益相关者。这种分类模型告诉我们，在绿色供应链管理中，管理者不仅需要关注那些核心利益相关者，还要留意那些拥有权力或紧急需求的人，并尽力满足他们的需求。利益相关者的身份是多变的，社会经济环境的变化以及人们意识的提升都可能导致他们的角色发生改变。因此，管理者需要灵活应对不同情况，随时调整策略，只有这样才能更好地维护利益相关者的权益，提高供应链的整体效率。另外，管理者还需要持续维护和优化不同利益相关者之间的关系，因为他们都是影响绿色供应链可持续发展的重要推动力量。最终，绿色供应链的成功与否取决于管理者如何平衡各类利益相关者的需求，并找到最佳解决方案，实现利益相关者之间的共赢。绿色供应链利益相关者分类见表 3-1。

表 3-1　绿色供应链利益相关者分类

	合法性	权力性	紧急性
确定型利益相关者			
供应链核心企业与上下游企业	高	高	高
政府	高	高	高
员工	高	中	中
预期型利益相关者			
当地社区居民	高	低→递增	中→递增
环保组织	中→递增	低→递增	中→递增
潜在型利益相关者			
顾客	中→递增	低→递增	低

了解绿色供应链中的利益相关者对于管理者至关重要。外部环境的变化可能会导致当地社区居民、环保组织和顾客等利益相关者的态度和需求发生改变。因此，绿色供应链管理者需要深入了解不同利益相关者的特点，并准确把握他们的态度和未来趋势，以制定有效战略来确保绿色供应链的顺利运作。只有理解并满足利益相关者的需求，才能实现可持续的供应链管理，并推动企业朝着更环保、更可持续的方向发展。

外部性和信息不对称是绿色供应链运营中的关键障碍。这两个因素导致利益相关者的利益受损，制约了绿色供应链的实施。企业面临着环境成本增加、市场份额下降等问题，消费者由于信息匮乏而无法选择绿色产品，供应商可能因为不清楚实际需求而造成资源浪费。因此，绿色供应链中存在利益冲突是不可避免的。为了解决这一问题，需要加强各方之间的沟通与合作，建立信息透明的市场机制，促进有效的信息流通，以便利益相关者能够更加理性地做出决策。只有通过共同努力，才能够实现绿色供应链的目标，实现环境友好和经济效益的双赢局面。

（一）政府

政府在绿色供应链中发挥着至关重要的作用，特别是在调解企业利益与整体社会利益之间的冲突中。随着环境问题的日益凸显，政府通过立法、税收和行政管理等手段对企业的环保行为提出更加严格的要求。这种干预有助于消除企业之间的利益冲突，促进整个产业链向绿色化方向发展。未来，政府将进一步加强监督和限制绿色供应链，推动产业的绿色化进程。政府的介入对绿色供应链的运营至关重要。如果没有政府的参与，市场机制难以确保企业采取与环境协调的措施，绿色供应链目标也难以实现。因此，政府的举措不仅是为了化解企业和社会之间的矛盾，更是为了给绿色供应链创造一个合适的外部环境，促进其可持续发展。

（二）供应链核心企业与上下游企业

在绿色供应链管理中，核心企业与上下游企业是最重要的利益相关者，他们共同构建了一个绿色供应链联盟。这个联盟以企业核心竞争力和比较优势为基础，集中资源在能够为顾客创造独特价值的业务上，并选择竞争优势明显的合作伙伴来整合整个价值链。通过这种方式，联盟实现了最大化的价值增值，实现了共赢的协同效应。然而，绿色供应链联盟内部往往存在着利益冲突，这是最重要的冲突之一。这种利益冲突在资源分配、责任承担和利润分享等方面都有体现。解决这些冲突是绿色供应链联盟必须思考和应对的关键问题。为有效解决利益冲突，联盟需要建立相互信任和合作的机制。各方需进行坦诚沟通，共同制定明确的责任分工和利益分配机制，确保每个成员都能受益。同时，联盟还需要建立有效的监督机制，以确保各方遵守协议和承诺，提高整体运作效率和协同效应。在这一过程中，建立相互信任和合作是至关重要的。只有在信任和合作的基础上，联盟才能更好地解决利益冲突，实现共赢。沟通是解决冲突的第一步，各方需要积极沟通，共同寻求解决方案。明确的责任分工和利益分配机制可以帮助各方更好地理解自己的职责和利益，从而减少冲突产生的可能性。最终，建立有效的监督机制可以确保各方遵守协议和承诺，提高整体运作效率和协同效应。通过这些努力，绿色供应链联盟可以更好地协调利益相关者之间的关系，实现共赢，推动绿色供应链管理的发展和进步。

绿色供应链联盟的不稳定性主要源于节点企业的逐利行为。缺乏紧密的合作关系和沟通不畅导致信任的缺失，进而带来合作风险。理性考虑下，一些企业选择不合作，加剧了合作风险的根源。虽然对个别企业来说，这样做是为了谋求自身利益，但对整个联盟而言，却可能带来巨大损失。信息不对称使得成员为了追求个人利益而可能会牺牲合作伙伴的利益。这种动机将影响联盟的稳定性，难以实现最佳效率。因此，建立起良好的合作关系和信任，共同维护整个联盟的利益才是保障绿色供应链联盟稳定发展的关键。

在供应链联盟中，企业往往面临投入和回报之间的不平衡，尤其在绿色供应链联盟中更加明显。例如，企业投入的无形资产如绿色技术难以精确衡量，导致利益的分配变得模糊不清。为了解决这一难题，必须建立起资源投入与利益收益之间的平衡原则。此外，如何在确保企业核心竞争力的前提下实现技术合作开发的利益也是一个重要挑战。为了达到这个目标，需要加强合作伙伴间的沟通和信任，建立起共赢的合作机制，实现资源投入与利益回报的有效匹配。

绿色供应链联盟中的核心企业在合作中扮演着不可或缺的角色。它们通过资源互补、合作共赢的方式，为整个供应链注入活力，提高市场竞争力。然而，由于企业实力不同，核心企业可能会通过控制绿色技术获取更多利益，导致其他企业的不满和利益冲突。因此，在追求自身利益的同时，核心企业也应该考虑到联盟的长远发展。它们应该秉持公平公正的原则，与其他企业平等合作，建立互信关系，共同推动绿色供应链的可持续发展。只有如此，绿色供应链联盟才能发挥最大效益，实现环保和经济双赢的目标。核心企业应该有远见，审慎决策，不仅注重眼前利益，更要着眼于未来发展，这样才能成为绿色供应链联盟中的领头羊，引领行业健康发展的方向。综上所述，核心企业在绿色供应链联盟中的作用至关重要，应当平衡好自身利益与整体发展的关系，推动绿色供应链联盟走向成功。

（三）员工

绿色供应链管理必须从内部和外部双重入手，绿色员工的作用愈发凸显。很多企业曾认为员工只在意工资，对环保问题不够重视，导致对绿色员工的关注不足。但实际上，员工在环境管理中的作用不可小觑。他们的环保意识一方面能够促进企业的环保行动，另一方面可能带来内部环境风险。随着环境问题备受关注，员工对企业环保的要求也与日俱增，这给企业提出了新的挑战。员工提高对企业环保的要求，不仅需要企业满足外部环保标准，还要满足员工的具体要求。员工如果意识到企业的生产可能导致环境问题和健康危害，可能会对工作失去热情，采取消极态度，甚至可能采取法律行动，这会增加企业的开支。除关注个人利益外，员工也越来越在意企业的声誉和环保表现。为推动整个绿色供应链管理更加实际高效，企业应通过培训，使员工具备绿色生产和管理意识。只有这样，企业才能够在绿色供应链管理领域取得更大的成功。

（四）顾客

顾客作为消费整个绿色供应链末端企业产品与服务的利益相关者，扮演着至关重要的角色。顾客不仅是企业的消费者，更是企业发展道路上的重要推动者。自古以来，顾客就被视为商业活动中的"上帝"，顾客的重要性不言而喻。随着消费选择的增加，顾客开始更加关注产品的质量和售后服务，尤其是在环保意识不断提升的今天，顾客对产品的环保性能也变得尤为重要。然而，一些企业为了追求经济利益，不惜隐瞒产品真实信息，通过虚假宣传来推销所谓的"绿色"产品。这种"假绿"现象扭曲了市场竞争规则，不仅限制了顾客对真正绿色产品的辨识能力，也破坏了市场的诚信基础，降低了顾客对绿色产品的信任度。受到虚假信息的误导，顾客在绿色消费过程中感到困惑和犹豫，最终可能选择放弃绿色产品而转向传统非环保产品。解决这一问题的关键在于加强市场监管，打击虚假宣传行为，提高企业对绿色产品真实性的披露和诚信度。同时，顾客也需要提高警惕，通过多方渠道获取产品信息，加强自身的环保意识和知识，以便更好地辨别真假绿色产品，保护自身权益，促进绿色需求的再生产和发展。在这个过程中，顾客的作用不可忽视，他们的选择和行为将引领绿色产业的发展方向，促进企业更加注重产品的环保性能，推动绿色供应链更加健康、可持续地发展。通过顾客的理性消费和企业的诚信经营，共同为建设绿色、环保的社会做出贡献。

在当今社会，绿色消费不仅仅是一种消费选择，更是一种蕴含高道德和价值观的消费方式。然而，在现实生活中，并非所有消费者都共同承担了绿色消费所带来的环境改善效果。清洁环境是公共产品，任何人都可以免费享受，而只有购买绿色产品的消费者承担了成本。这种现象导致许多顾客选择以较低的价格购买非绿色产品，但却享受到环境改善带来的便利。这种行为不仅减少了绿色产品的市场需求，也减弱了企业生产绿色产品的积极性。这种情况反映了人类价值观和道德观的新发展趋势。因此，绿色消费要求顾客不仅仅在自身利益和需求角度考虑问题，还要考虑消费成本与社会整体收益之间的比较，从而做出更有社会责任感的行动。实质上，绿色消费者的行为是对社会责任的积极承担。然而，现实中绿色消费所创造的清洁环境具有公共产品的特征，无法私有化，无法排他化，即使不购买绿色产品，人们也可以免费享受到绿色消费带来的环境改善。而成本却由购买绿色产品的消费者来承担。个人理性选择促使人们"搭乘"绿色产品消费者的"便车"，以较低价格购买非绿色产品，却享受到了绿色产品营销带来的各种便利。因此，作为绿色供应链中关键的一环，顾客的行为对整个供应链的运作产生着深远影响。而企业只有在保障顾客利益的同时，才能实现绿色供应链利益的最大化。顾客的理性选择和行为不仅关系到个人的利益，也关系到绿色产品市场需求的提升以及整个环境的改善。企业应该重视顾客的需求和利益，提供更多绿色产品的选择，并通过教育和宣传引导顾客选择绿色产品，共同推动绿色消费行为在社会中的普及和发展。只有通过顾客的积极参与和行动，绿色消费才能真正实现其环境改善和促进可持续发展的目标。

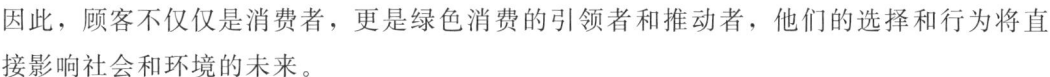

因此，顾客不仅仅是消费者，更是绿色消费的引领者和推动者，他们的选择和行为将直接影响社会和环境的未来。

（五）当地社区居民

绿色供应链管理中的当地社区居民是至关重要的利益相关者。他们可能在平时保持沉默，但一旦环境破坏对他们产生负面影响，他们将积极行动以维护自身权益。在当前社会对环境问题日益关注的大环境下，企业在绿色供应链管理的每一个环节都必须小心谨慎，因为任何一处失误都可能引发灾难性后果。因此，在实施绿色供应链管理时，必须充分考虑到当地社区居民的利益，确保他们不会遭受负面影响。企业不仅要追求环保高效，还要关注社区居民的权益。只有这样，企业的发展才能顺利推进，否则，忽略社区居民的利益可能导致企业陷入危机。要知道，社区居民参与绿色供应链管理并非偶然，而是一种内在的需求。企业不能只看重自身利润而忽略社区居民对环境保护的迫切需求。因此，在实施绿色供应链管理时，除了关注环保效率，企业还应该重视社区居民的权益，并积极与他们沟通、合作。只有在与社区居民建立良好关系的基础上，企业才能在绿色供应链管理中取得成功，促进环境可持续发展，推动企业可持续发展的目标。保持与社区居民的良好关系，不仅有助于降低环境风险，还有助于树立企业的良好形象，提升企业的竞争力。在绿色供应链管理中，当地社区居民的参与是不可或缺的，只有重视他们的利益，才能实现共赢局面，推动绿色供应链管理的高效运作。

（六）环保组织

民间环保组织在环保领域中发挥着不可替代的作用。这些组织以非营利性和志愿性为特点，通过社会监督和参与环境决策来保护环境。这些组织通过示威、抵制、游说等途径督促企业承担环境责任，弥补政府监督的不足。尽管政府会以命令的方式监督企业，但由于环境冲突牵涉到各方利益，各方对环境的看法和知识水平存在差异，这导致政府难以在平衡各方利益方面做到中立，也难以建立稳定的环境协调秩序。在这种情况下，民间环保组织的介入变得至关重要，其了解消费者和居民对环保的需求，通过建立信任和互利关系，协调企业和利益相关者之间的冲突，权衡各方利益，达成最有利的决策。此外，民间环保组织还能通过宣传手段影响公众意识，加强对绿色产品和绿色消费的认知。在推动绿色供应链管理的同时需要与环保组织合作。借助组织的宣传力量，可以让消费者和社区居民更加清晰地认识绿色产品和绿色消费的重要性，为绿色供应链的发展创造更多机会。民间环保组织的努力和介入，不仅可以促进企业履行环境责任，也可以引导公众向更环保的方向转变。因此，在环保事业中，政府、企业和民间环保组织的合作与互动是至关重要的，应共同努力保护我们的环境，实现可持续发展的目标。

第四节 绿色供应链利益相关者参与和协调

一、基于利益相关者的绿色供应链概念模型

绿色供应链管理是全球供应链管理领域的热门话题，各国学者进行了大量研究和实践，并提出了多种概念模型。在绿色供应链管理中，采用与环境兼容的技术、原材料和包装，要求整个供应链具有相应的技术和知识。各行为主体的技术水平和知识存量需要保持协调，知识流在绿色供应链中的运动成为管理的一个重要内容。基于这些分析，结合利益相关者的行为和绿色供应链的特点，可以总结出基于利益相关者的绿色供应链概念模型，如图 3-3 所示。这一模型有助于完善绿色供应链管理理论，并指导实践中的应用。

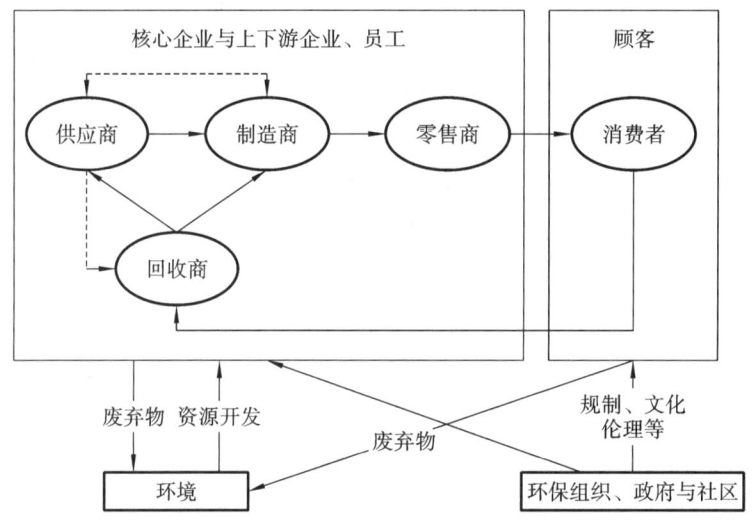

图 3-3 基于利益相关者的绿色供应链概念模型

虚线代表了知识在企业之间流动的特殊模式，是供应链的核心要素。绿色供应链与传统供应链有明显区别，通过构建概念模型可以更清晰地展现。根据利益相关者理论，绿色供应链可划分为 4 个系统。这个概念模型揭示了基于利益相关者的绿色供应链的特征，体现在多个方面。在绿色供应链中，企业需考虑环境、社会和经济效益的平衡，同时满足消费者对可持续发展的需求。企业之间需要建立合作关系，共同推动绿色供应链的发展。同时，监管机构和公众也起着重要作用，促进企业采用更环保的生产方式。通过这种模式，绿色供应链可以实现可持续发展并持续创造价值。

（一）整体性

绿色供应链模型展示了系统整体性的显著特征。在这个模型中，核心企业与上下游企业、员工、顾客共同构成了运营层，而供应商、制造商、零售商和回收商则共同组成

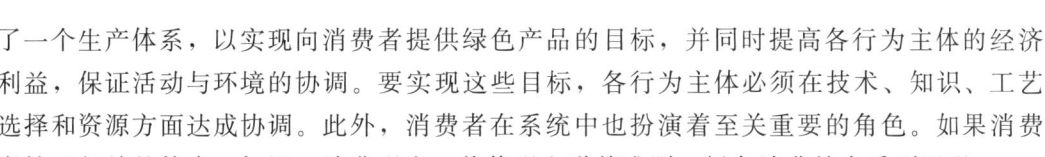

了一个生产体系，以实现向消费者提供绿色产品的目标，并同时提高各行为主体的经济利益，保证活动与环境的协调。要实现这些目标，各行为主体必须在技术、知识、工艺选择和资源方面达成协调。此外，消费者在系统中也扮演着至关重要的角色。如果消费者缺乏相关的技术、知识、消费观念、价值观和道德准则，绿色消费就会受到阻碍。

（二）目的性

绿色供应链的价值在于全面平衡所有相关方的利益。相比传统供应链，其目标不仅是优化内部成员的利益，而且更加注重资源的最佳配置、社会福利的提高以及环境的可持续发展。通过综合考虑各方利益，绿色供应链实现了经济增长的同时，也保护了生态平衡，确保资源的有效利用和再循环利用。企业通过实践绿色供应链管理，不仅可以减少浪费和污染，还可以在市场竞争中获得可持续的优势。因此，绿色供应链的实施不仅有利于企业的长远发展，也符合社会责任和环境保护的要求。

（三）层次性

利益相关者的绿色供应链概念模型呈现出明显的层次结构，将其分为核心企业与上下游企业、顾客构成的运营层，以及环境、环保组织、政府与社区组成的支持层。在每个层次中存在由不同要素组成的两个体系，这些体系逐层联系形成阶梯状结构。这种层次性结构使得绿色供应链的内在关系和相互作用更加清晰地展现出来。通过这一模型，各利益相关者之间的联系和合作变得更加明确，为建立可持续的绿色供应链提供了可行的框架。同时，这种层次结构也有助于各方更好地理解和把握绿色供应链的运作机制，促进了企业社会责任的全面实施。在这样的模型指导下，我们可以更好地共同努力，推动绿色供应链的发展，实现环境保护和经济效益的双赢局面。

（四）环境适应性

绿色供应链管理的核心理念在于将环境管理融入整个供应链体系。利益相关者的概念模型显示，绿色供应链管理具有显著的环境适应性，体现在运营层和支持层之间的密切联系上。企业在绿色供应链中通过生产过程将环境资源转化为产品，同时将废弃物反馈给环境；环保组织和政府规范和引导企业行为，促进环保措施的实施，鼓励消费者选择绿色消费。环境和政府政策的变化直接影响绿色供应链的运营。资源短缺可能促使企业改变投入资源方式，放弃现有产业或寻找替代资源；政府与社区行为的改变同样会引发企业和消费者的反应。随着环境问题日益严峻，绿色供应链管理变得尤为重要。企业应该积极响应环保政策，倡导绿色生产和消费，以实现可持续发展。

（五）复杂性

传统绿色供应链模型已经逐渐向着一个更加综合和复杂的方向发展。新模型不仅涵盖了传统的供应商、制造商、零售商和消费者，还包括了环境、环保组织、政府、社区等利益相关者。这种变化给管理者带来了更多的挑战，使得管理任务变得更加复杂。管理者需要思考如何激励供应链成员采取与环境相容的行为，以及如何选择、设计和控制与环境相容的原材料和工艺。因此，管理者需要更多的思考和努力，才能使得绿色供应链更加完善和有效。在新的模型下，管理者需要考虑更多利益相关者的利益，并且需要在各方利益之间找到平衡点，以实现可持续发展的目标。

二、绿色供应链的运营环境及政府引导

（一）绿色供应链运营环境

现如今，绿色供应链管理是企业产品和生产过程的关注重点，需要重视利益相关者的全面利益平衡。在选择绿色供应链管理策略时，必须从外部制度环境和市场环境出发，确立公平竞争和规范外部环境的目标。政府在这一过程中起着至关重要的作用，应提供有效激励，净化市场竞争环境，推动企业走向绿色供应链管理。要实现绿色供应链管理，关注利益相关者的利益平衡尤为关键。这种管理理念不仅要考虑企业内部运营情况，还要关注外部环境的健康发展。政府应采取积极支持和规范措施，促进绿色供应链管理的实施，推动全社会向绿色发展迈进。从利益相关者的角度出发，更多注意力应该放在建立公平竞争和规范外部环境上，使得所有利益相关者都能从中受益。政府在绿色供应链管理中扮演着引导和监管的角色，应该积极推动并支持这一理念的实施，努力营造一个健康、和谐的市场环境。企业需要意识到绿色供应链管理不仅是一种责任，更是一种机遇，只有与利益相关者共同努力，才能实现可持续发展的目标。通过建立公平竞争和规范的外部环境，绿色供应链管理将获得更好的发展，从而为整个社会带来更多的好处。

绿色供应链的建设与环境管理制度息息相关，不同国家采取的环保策略也有所不同。大多数国家都建立了以政府监管为主、市场机制为辅的环境管理体系，鼓励企业和公众自发采取行动。欧洲国家更多地采用税收政策，而美国更看重排污权交易。常见的环境管制措施包括监管政策、税收激励、排污权交易和认证标准。企业在选择环境友好的管理模式时，这些措施起着至关重要的作用。

1. 应用"命令-控制"的强制管理途径

制定环境法律法规和标准，并严格执行，是确保国家环境保护目标实现的重要途径。除了实施强制性环境标准外，一些国家还建立了环境标志制度，鼓励企业达到相关技术和环境影响条件。这些法规和标准是环境管理的基石，是其他环保措施的依据。企业遵守环境法规，不仅符合法律要求，更能提升企业形象，满足消费者需求。因此，政府和企业应共同努力，加强环境法律法规的制定和执行，促进企业绿色发展，共同推动环境保护事业向前发展。只有通过法规的约束与规范，才能实现环境保护目标并构建可持续发展的绿色经济模式。

2. 经济手段

各国都在采取经济刺激措施来辅助环境管理，以推动企业达到环保标准和法规要求。

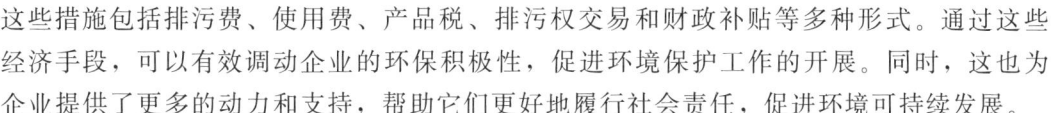

这些措施包括排污费、使用费、产品税、排污权交易和财政补贴等多种形式。通过这些经济手段，可以有效调动企业的环保积极性，促进环境保护工作的开展。同时，这也为企业提供了更多的动力和支持，帮助它们更好地履行社会责任，促进环境可持续发展。

3. 政府直接提供或经营环境"服务"

近年来，在具有显著外部经济效益的环境项目方面，私人企业常常犹豫不前，因为没有政府支持难以为继。为了确保这些项目的顺利运行，政府通常直接提供资金并管理，或将其交由私人企业经营。公用事业领域如城市供水、排水、污水处理、垃圾处理和城市绿化等服务更是政府重点投入的领域。自 20 世纪 90 年代以来，环境保护已经开始转向综合规划、行政命令、市场机制和自愿行动相结合的方向。国家在维护环境保护职能的同时，也更加强调利用市场经济手段来引导企业和公众的生产和消费行为。同时，社会公众的参与在环境保护中扮演着重要的角色，形成了适应可持续发展的环境政策体系。这种整合了多种手段的方法，有助于促进环境保护事业的全面发展。在新的环境政策体系下，政府在环境保护领域的作用不仅是提供资金和管理服务，更加注重引导和激发企业和公众的积极性。通过建立健全的市场机制和政策体系，政府能够更有效地推动环境保护工作，实现可持续发展的目标。同时，社会公众的参与也成为环境保护的重要力量，共同推动社会各界参与到环境保护中来。综上所述，政府在环境保护领域的作用日益凸显，不仅需要提供资金支持和管理服务，更重要的是要引导和激发企业和公众的参与热情。只有通过政府、企业和公众的共同努力，才能推动环境保护事业不断向前发展，实现可持续发展的目标。

（二）绿色供应链运营中的政府引导作用

政府在绿色供应链中扮演着至关重要的角色，其政策和行为直接影响着整个绿色供应链的运作。为了促进绿色供应链的发展，政府需要在法律法规方面提供全面支持和保障，并且积极引导消费者选择绿色消费。为达成这一目标，政府可以进一步完善环保法律法规，加强环保政策的执行力度，将环境审查和产品质量监督结合起来，并且加大对环境污染的惩罚力度，以降低传统制造业的报酬率，为绿色制造业创造一个公平竞争的环境。发达国家如美国、日本和欧洲国家已经取得了显著成效，它们制定了一系列的回收法规并积极推动汽车、家电等行业采用可回收设计和新技术。政府可以借鉴这些经验，制定相关政策，引导企业实现可持续发展。除了制定政策外，政府还可以积极发展生态工业园区，推动绿色供应链与环境的良性互动。通过建设环保型园区，鼓励企业采用清洁生产技术，促进资源循环利用，实现绿色制造和绿色供应链的有机结合。这种做法不仅有利于环境保护，也可以提升企业的经济效益和社会效益。政府的支持和引导对于推动绿色供应链的发展至关重要，只有政府与企业、消费者共同努力，才能实现绿色供应链的可持续发展。

政府在环境保护领域发挥着重要作用，不仅要监督企业的环保行为，还应该通过鼓励创新和支持政策来推动节能高效的新产品的发展。政府可以通过价格机制采取不同措施，如价格控制、数量控制和责任制度等，来引导企业减少污染。此外，政府还可以直接投资关键而难度较大的知识创新项目，降低企业承担的环境和研发风险。一旦这些技术取得成功，政府可以在制造业中推广实施。然而，在缺乏外部规制的情况下，绿色供应链运营可能存在自利行为，企业难以达到环保目标。因此，政府的监督和管理对制造企业至关重要，有效的监督可以促使企业选择绿色制造模式。专家研究表明，在缺乏伦理约束的情况下，政府的干预是必不可少的。通过政府的干预，市场竞争不再会妨碍环保原则和目标的实现（李金龙等，2008）。政府在环境保护中的作用是不可或缺的，只有政府与企业共同努力，才能实现环境友好的生产和发展。

三、绿色供应链利益相关者协调分析

绿色供应链管理中的协调问题备受关注。供应链内部各方因自身利益和信息不对称而产生利益冲突，影响整体利益。因此，建立有效的协调机制是优化供应链运作的关键。

绿色供应链的复杂性和独特性使合作变得更加困难。第一，绿色供应链中涉及的利益相关者更多，包括政府、消费者、非政府组织等，需要综合考虑不同利益相关者的需求和利益。第二，绿色供应链合作的目标更多样化，不仅要降低成本、提高效率，还要实现环境保护、社会责任等多方面目标的平衡。在绿色供应链合作中，如何有效协调各方利益成为关键挑战。首先，各利益相关者之间存在着不同的利益诉求和竞争关系，需要通过有效的沟通和协商找到共同利益点。其次，绿色供应链涉及环保等议题，对供应商的选择、产品设计、生产过程等都提出了更高要求，需要与供应链的其他环节相互协调，确保整个供应链的绿色化。因此，建立和维护绿色供应链合作关系需要更多的耐心和智慧。除了传统供应链管理技术外，还需要考虑环境管理、社会责任等方面因素。只有通过共同努力，实现利益相关者的共赢，才能最终实现绿色供应链的目标，实现可持续发展。在绿色供应链利益相关者的合作过程中，主要存在以下两个方面的问题。

其一，消费者在绿色供应链系统中扮演着至关重要的角色，其购买选择不仅影响着整个供应链的运转，更直接影响着环境保护和市场利润。消费者选择购买绿色产品不仅是对环境的一种保护，也是对供应商和制造商产品市场价值的认可。消费者与回收商的合作有利于资源的有效回收，而消费者的合理消费也能有效减少供应链对环境的负面影响。消费者愿意与供应商、制造商以及回收商等建立合作关系，成为绿色供应链系统顺畅运行的基础条件之一。消费者的积极参与和支持，对整个供应链的效率和环保意识起着重要的作用。通过合作，消费者不仅能够对环境产生积极影响，还能保障供应链的运转和产品的市场竞争力。因此，消费者的选择和行为十分重要，其责任与参与是推动绿色供应链向前发展的关键所在。消费者的决策和行为将直接影响到整个供应链系统的可持续发展和绿色化转型。

其二，绿色供应链的运营目标不同于传统的供应链。绿色供应链不是简单追求利润最大化，而是注重资源的最优配置、与环境的协调，以及提升社会福利。要实现这些目标，企业需要建立更加和谐的关系，包括与消费者、环境、环保组织、政府和社区的合作。然而在实践中，可能会遇到一些障碍，比如，一些利益相关者可能会忽视环境共融性，从而影响绿色供应链的运行。政府在此过程中扮演着关键的角色，通过提供有效的

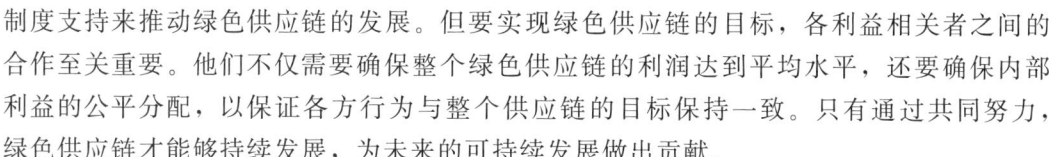

制度支持来推动绿色供应链的发展。但要实现绿色供应链的目标，各利益相关者之间的合作至关重要。他们不仅需要确保整个绿色供应链的利润达到平均水平，还要确保内部利益的公平分配，以保证各方行为与整个供应链的目标保持一致。只有通过共同努力，绿色供应链才能够持续发展，为未来的可持续发展做出贡献。

（一）绿色供应链上下游企业协调

在绿色供应链管理中，上下游企业是核心利益相关者，他们之间的利益协调直接影响整个供应链的运转。然而，当前存在信息不对称的情况，导致利益冲突加剧。因此，为了有效管理绿色供应链，上下游企业之间的信息传递变得尤为紧迫，因为这直接关系到合作关系和资源的有效利用。为了使整个供应链管理效益最大化，建立有效的激励机制来协调上下游企业的利益至关重要。只有通过加强信息沟通和建立透明的合作机制，上下游企业才能更好地协同工作，实现绿色供应链管理的三维目标。在当今激烈的市场环境下，上下游企业需要更密切地合作以迎接竞争挑战。通过信息共享和相互理解，可以减少误解和沟通障碍，从而构建牢固的合作关系。只有建立相互信任和互利共赢的机制，上下游企业才能实现绿色供应链的可持续发展，为整个产业链的绿色转型注入新活力。总之，解决上下游企业之间的利益冲突问题是实现绿色供应链管理目标的关键。通过加强信息传递，建立合作机制和信任，上下游企业可以共同发展，推动整个供应链向着更绿色、更可持续的方向迈进。

绿色供应链作为当前企业发展的主要趋势之一，上游企业的期望与下游企业的努力密不可分。然而，要实现整体效用最大化和激发下游企业潜能，并非仅仅依赖于上游企业的期望。建立合适的激励机制是关键，这直接影响到供应链的协调和效率。在绿色供应链中，核心企业扮演着重要的角色，它们对成员企业的激励至关重要。

首先，网络技术的发展促成了绿色供应链的兴起，实现了信息共享和技术合作。企业间通过网络化、横向化、制度化、规范化、灵活化和安全化的手段建立联系，共同致力于绿色技术的开发。这种合作有效降低了绿色技术开发成本，避免了利益冲突的产生，促进了环保目标的实现。企业间紧密合作，实现绿色技术共享和协同创新，为可持续发展注入动力，推动绿色供应链的不断完善，为建设美丽中国贡献力量。

其次，针对绿色供应链中上下游企业之间的合作问题，建立协商机制并评估效率至关重要。绿色供应链要求所有企业都实施环保措施，特别是在规模庞大的供应链中，协调机制显得尤为紧要。然而，企业往往表现出自私自利的特点，因此及时评估协商机制的执行情况尤为必要。通过建立评价体系，可以识别可能破坏整个绿色供应链系统的环节，预防发生严重后果，避免如"苏丹红事件"的再次发生。

最后，建立激励机制是绿色供应链发展的关键一环，通过激励可以调动企业成员的积极性和创造性，推动整个供应链向更加绿色和可持续的方向发展。核心企业需要持续尊重和承认成员企业的作用，让它们参与绿色供应链战略制定和新产品技术研发，满足其成就感和发展需求，激发其潜力。合理的利益分配是关键，价格应该包括利润分配和绿色供应链优化带来的额外收益或损失的均衡。通过设定合理的价格，可以促进企业间的稳定合作，价格激励也是核心企业激励成员企业的有效手段。在绿色供应链中，通过

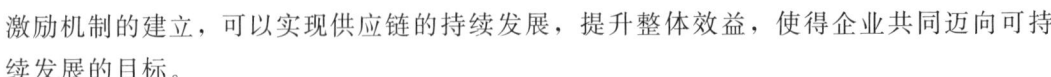

激励机制的建立，可以实现供应链的持续发展，提升整体效益，使得企业共同迈向可持续发展的目标。

（二）绿色供应链与员工协调

在构建绿色供应链时，由于企业文化和员工待遇的差异性，统一标准的制定十分困难。然而，员工应该超越企业界限，深入理解企业与绿色供应链的共同目标，促进不同企业员工间的交流，激发创新思维的涌现。此外，定期组织员工集中培训，增强对绿色供应链系统的认同和理解。在类似工业生态园的供应链中，改善员工工作和生活条件至关重要，以满足员工需求。此外，规划员工发展愿景、提升薪酬福利、建立甄选机制等措施也应当受到重视。企业应全面考虑员工利益的平衡和调整，确保员工需求得到有效满足。

（三）绿色供应链与消费者协调

对于绿色供应链的消费者而言，绿色消费包括了崇尚、选购、使用以及对残余物进行良化处理（王文宾等，2007）。消费者在选择绿色产品时，不仅仅是为了满足自身消费需求和安全健康，更重要的是为了实现消费与环境保护的有机结合，为子孙后代的消费需求和安全健康考虑。然而，消费者与绿色制造者之间存在信息不对称的问题，导致利益冲突，影响了绿色供应链的正常运作。为了解决这一问题，需要采取一些措施。

首先，构建合理的资源利用与分配机制，对于推动消费者和制造商从单纯追求个人价值向同时重视个人价值与社会价值的理性转变具有非常重要的作用。在现行市场环境下，消费者和绿色制造商所承受的损失总量虽然固定，但在市场机制尚不完善的情况下，这些损失可能超出其经济承受能力，从而阻碍绿色经济的发展。鉴于此，政府作为社会福利的保障者和市场秩序的维护者，有责任介入其中，通过分担一部分绿色损失，以促进市场的系统性、整体性协调。具体而言，政府可以采取多种政策措施来引导和扶持绿色企业，如降低税收负担、授予特许经营权等，以减轻其经济压力。同时，政府还可以通过宣传和教育，鼓励消费者和制造商采用和生产绿色产品，以提高全社会的环保意识。为了进一步降低消费者和制造商在绿色转型过程中的成本和风险，政府还可以提供适当的财政补贴。这些补贴可以针对绿色产品的研发、生产、销售等多个环节，以减轻企业和消费者的经济负担，提高其参与绿色经济的积极性。通过这一系列政策措施的实施，政府可以有效地推动消费者和制造商向绿色、低碳、可持续的理性转变，促进整个社会的可持续发展。通过这种方式，政府不仅可以提升绿色产业的发展和竞争力，还可以减少环境污染和资源浪费，从而实现社会效益的最大化。因此，在建立合理的利用分配机制的基础上，政府应该积极引导和支持绿色产业的发展，促进消费者和制造商的环保意识和行为。只有这样，才能实现经济发展和环境保护的双赢局面，推动社会朝着可持续发展的目标迈进。

其次，消费者绿色消费教育是推动可持续发展的关键一环。我国居民整体理性意识偏弱，缺乏对绿色消费的认识，这使得绿色消费者群体主要局限于知识分子和高收入人群。政府和相关组织需要展开更大范围的宣传，唤起更多消费者对绿色消费的关注。绿色消费不仅仅是一种方式，更是一种责任和态度。它有助于提升生活品质、保护健康，同时也是保护生态环境和自然资源的重要举措。要推动绿色消费的进一步发展，消费者必须接受足够的绿色教育。只有通过教育，消费者才能全面了解产品信息和知识，提升绿色消费的意识和水平。这样他们才能更加自觉地选择绿色产品，并乐意为之付出。绿色消费的普及需要全社会的共同努力。政府应当加大宣传力度，推动绿色消费理念深入人心。同时，相关组织也要积极参与，共同为消费者提供更多有关绿色消费的信息和教育。只有这样，才能让绿色消费理念不再局限于一部分人群，而是融入每个人的日常生活中。绿色消费不仅是一种行为，还是一种态度。通过加强消费者绿色消费教育，我们可以更好地保护环境，提高生活质量，实现资源与环境的协调发展。让我们共同努力，让绿色消费从小众走向大众，让绿色理念融入每个人的日常消费中。

最后，在当前我国绿色产业的发展进程中，亟待消除绿色生产相对成本劣势，以确保绿色企业在市场中获得公平的竞争平台。当前，绿色产品的高成本与广大居民相对较低的收入水平之间的矛盾，使得消费者往往倾向于选择价格更为低廉的普通产品，这无疑对绿色产业的繁荣构成了阻碍。为有效改变这一困境，需采取一系列措施以引导企业倾向于绿色生产，让消费者更多地进行绿色消费。一种可行的策略是通过制定强制性的绿色标准或环保法律，对非绿色企业进行必要的约束，增加其生产成本，从而逐步消除绿色生产企业与非绿色企业之间的成本差异，为绿色企业创造一个公平的竞争环境。另一种策略是实施严格的废料排放标准，对超出标准排放的企业进行严厉处罚或收取高额的污染排放费。同时，逐步推行能源税政策，将企业生产行为的外部成本内部化，从而增加非绿色产品的生产成本。这些经济措施将迫使企业改变传统的生产方式，转向绿色生产，以适应不断增长的绿色消费需求。这样可以有效推动我国绿色产业的发展，提升绿色产品在市场上的竞争力，促进环保事业的进步，实现经济可持续发展的目标。通过建立公平的竞争环境，让更多的消费者认识到绿色产品的重要性，激励企业更多地投入到绿色产业中，从而推动整个社会向更加环保、可持续的方向发展。

（四）绿色供应链与社区协调

绿色供应链中并非所有企业都会与社区居民的利益发生冲突，但保护社区利益对于供应链的正常运作至关重要。企业与社区之间应该建立合作共赢的关系，共同促进发展。社区为企业提供资源，而企业也应该回馈社区，带来经济、环境和教育的改善。随着环保意识的增强，社区更加关注企业的环保表现，企业应该积极提升环保意识，塑造良好的企业形象。在绿色供应链管理中，企业应该注重内部治理，实行清洁生产，调整产品结构，淘汰污染设备，这不仅可以提高资源利用效率，获得经济效益，还可以减少污染物排放，改善环境，建立良好关系，同时带来环境效益和社会效益。企业应该与社区共同合作，实现共同发展，这不仅符合绿色供应链理念，也有助于企业的可持续发展。企业与社区之间的合作关系应该是双向的，共同推动企业的绿色发展，促进社区的可持续发展。保护社区利益，关注环境保护，企业才能在竞争中立于不败之地，实现真正的可持续发展。

要有效协调绿色供应链与社区居民利益冲突，最佳方法是激励社区居民积极参与绿色供应链的管理体系。他们的参与不在于决策，而是在于建立和谐的关系。为此，可以设立专门的调查部门，定期向社区居民宣传绿色供应链的理念，让他们更深入地了解绿色制造和消费的重要性，以及绿色产品对社会的益处。这样的举措能够有助于挖掘潜在的绿色消费者群体。通过调查研究，我们可以从社区居民的角度了解绿色供应链企业是否对他们和周边环境造成外部影响，进而及时改进生产过程。在生态工业园区的建设过程中，社区居民的参与也至关重要。他们应该参与从规划到运营的整个过程，而不仅仅是后期管理。这种全程参与能够确保社区居民的利益得到充分考虑，同时也更好地实现绿色供应链的目标。通过这种方式，绿色供应链不仅可以有效地解决与社区居民利益冲突的问题，还能够促进绿色生产的持续发展，实现共赢局面。这种合作机制有助于社区居民更好地了解和支持绿色供应链，从而为绿色生产和可持续发展贡献力量。

（五）绿色供应链与环保组织协调

绿色供应链管理中，环保组织与供应链合作密不可分。环保组织通过监督，维护利益相关者权益，为绿色供应链的发展助力。它们以合法手段监督绿色供应链运作，确保其符合环保标准，为利益相关者谋取利益。同时，环保组织的宣传也为绿色供应链树立良好形象，推动其可持续发展。因此，绿色供应链管理中与环保组织的合作至关重要，一方面增强监督力量，另一方面促进绿色理念的传播。合作双方共同努力，实现对环境友好型供应链的建设。

近年来，环保组织与企业之间的关系开始向互利共赢的合作模式转变，不再局限于监督与指责。这种变化同样适用于环保组织与绿色供应链之间的合作关系，为推动绿色产业的发展起到至关重要的作用。环保组织可以为绿色供应链企业提供咨询、技术升级支持，进行绿色产品市场调研，制定绿色营销策略等。与此同时，绿色供应链企业与环保组织合作可以获得公众认可和广告效应。这种合作关系为双方带来共赢，有助于绿色供应链企业赢得更多支持和认可，同时也可以为环保组织带来企业的资金支持。随着绿色生态理念逐渐深入人心，环保组织与绿色供应链企业之间的合作空间将不断扩大，为双方的协调发展提供新的机遇。在一些西方发达国家，绿色生态已成为产品的一大卖点，许多绿色供应链企业愿意与环保组织合作，以赢得更多人心和客户。这种合作关系的不断加深助推了绿色产业的发展，为环保事业与商业发展的融合提供了新的动力。

第五节　利益相关者与绿色供应链管理绩效

企业与所有利益相关者之间存在一系列多边契约，为了设立符合企业理想的目标，必须在考虑各利益相关者之间权益的平衡上做出综合性决策。利益相关者是指那些对企业进行专门投入且承担一定风险的个人或群体。这些利益相关者的行为不仅会影响企业目标的达成，同时也会被企业实现目标的过程所影响。

　　在推进绿色供应链管理的过程中，企业必须审慎考量利益相关者所施加的压力及其对企业决策和运营产生的深远影响。这种影响主要源于利益相关者对企业所持有的法定权益或权利要求。为了更系统地理解并应对这些影响，借鉴现代西方管理学中关于利益相关者权利的分类观点，可以将利益相关者划分为"投票型""经济型""政治型"三大类别。首先，投票型利益相关者，是指那些具备对企业特定决策产生直接影响力的群体，他们通常拥有法定的投票权。这一类别主要涵盖股东和管理层，他们通过行使投票权来影响企业的战略方向和日常运营决策。其次，经济型利益相关者，则是指那些能够通过经济手段对企业施加影响的群体。这类利益相关者主要包括顾客、供应商和零售商等，他们的需求、偏好和期望直接影响着企业的经济利益和市场表现。最后，政治型利益相关者，则是指那些通过制定行政法规和立法来对企业进行监管和规制的机构或组织。政府作为典型的政治型利益相关者，其政策导向、法律框架和监管措施对企业的绿色供应链管理实践具有决定性影响。

一、利益相关者压力对绿色供应链管理的影响因素

（一）投票型利益相关者对绿色供应链管理的影响

　　公司治理结构的构建是由其利益相关者间的互动动态所塑造的，高层管理者在其中占据举足轻重的地位。他们不仅是企业日常运营的核心驱动力，更是推动积极环境管理不可或缺的力量。积极环境管理的首要标志便是高层管理者对环境保护事务的坚定支持和积极参与。这种由上至下的关注度和参与度直接影响了企业内部对绿色供应链管理的认知和行动，进而塑造了整个企业的战略走向和发展方向。进一步地，高层管理者对资源承诺的重视程度，被视为成功实施逆向物流活动的核心要素。基于这一理论框架，叶飞等（2009）针对珠三角地区的108家制造型企业进行了深入研究，结果表明资源承诺对环境绩效具有显著的正向影响，企业"管理者"对绿色供应链管理的行为具有正相关影响，尽管这种影响并不显著，但其作用仍不容忽视。因为高层管理者可以通过影响绿色采购、绿色包装、逆向物流等多个环节，对绿色供应链管理产生实质性影响。然而，该研究也存在一定的局限性。首先，未能充分考虑不同行业间的差异性对绿色供应链管理的影响。其次，研究并未为企业提供具体的、可操作的实践方案。最后，研究样本的地理范围和行业范围相对狭窄，限制了其结论的普遍适用性。

（二）经济型利益相关者对绿色供应链管理的影响

　　在企业的盈利追求中，交易费用的节约被视为一种重要的交易策略（张祖群等，2012）。然而，企业的盈利本质决定了其发展轨迹必然受到利益相关者的深远影响。面对资源紧缺的现状，为确保持续的竞争优势，各行业正逐渐将绿色使命融入传统的工业活动之中，形成了推动企业向绿色生产转型的强大动力。这种动力不仅源于法律法规的制约，更来自供应商、顾客和上下游企业的多样化期望与要求。企业与供应商之间建立紧密的伙伴关系，旨在通过获得更具竞争力的采购价格来实现成本效益的最大化；同时，

供应商也期望通过与企业合作，确保一个稳定且可靠的供货市场。随着资源稀缺性的加剧和商业期望的不断提升，供应商对企业实施绿色供应链管理的压力也在逐步增强。在某些特定行业，政府可能通过提供税收优惠等激励措施，鼓励企业采用绿色供应链管理，因为这些行业通常将经济发展与环境保护视为同等重要的目标。因此，企业在追求交易费用节约的同时，还需积极应对来自各方面的绿色压力，与供应商建立更为紧密的合作关系，以实现双方共赢的局面。

（三）政治型利益相关者对绿色供应链管理的影响

在实施绿色供应链管理过程中，法律法规给企业带来了更大的压力。不同的组织在采取绿色供应链管理措施时所面临的压力也并不相同，不同国家和行业面临着各自不同的挑战。研究发现，中国制造商在环境绩效方面的改进受到市场规范性和监管压力的影响，尤其是这些因素会促使企业采取绿色生态设计和绿色采购的做法。市场的规范性及监管压力的存在会影响组织改善环境绩效，尤其是这些压力会导致企业采用绿色生态设计和绿色采购的做法（朱庆华，2007）。政府的监管和立法作为一个重要的类别，会施加压力给企业使之实行绿色供应链管理，同中小型企业相比，大型企业面临来自针对环境问题的公众或监管当局的更大的压力，而企业也需要制定相匹配的环境政策管理体系来顺利推行绿色供应链管理战略。

二、利益相关者压力对绿色供应链管理的影响途径

绿色供应链管理是一种促进环境绩效和供应商生产过程的重要组织理念。随着环境问题受到越来越多关注，专家们开始探讨绿色供应链如何发挥作用。通过总结已有研究，发现绿色供应链管理主要通过协作能力、机会窗口和互动效益三种途径影响企业绩效。企业可以通过建立良好的合作关系，抓住机会窗口，实现互动效益，从而更好地降低环境风险和提高环境绩效。绿色供应链管理不仅有助于企业实现可持续发展，还能有效推动供应链各个环节的环保事业。通过不断优化管理方式，企业能够在环境保护和经济效益中取得平衡，实现可持续发展的目标。

（一）协作能力

为了提升整体性能和竞争地位，制造企业必须确保内部与外部绿色供应链实践的有效协调与整合。通过对中国制造业企业的实证数据进行分析，验证了绿色供应链实践在优化企业性能中起到的重要中介作用。Kim 和 Rhee（2012）则针对韩国企业的实际情况，探讨了绿色供应链管理的关键成功因素对企业性能的影响。他们指出，尽管合作伙伴的协作与基础设施的集成是关键驱动因素，但一旦这些因素被激活，可能会对企业的财务绩效产生负面影响，如增加成本和运营负担。然而，现有文献在绿色供应链流程的联合优化和重组方面尚未进行充分探讨。因此，在实际操作中，制造企业应全面考虑内部和外部的绿色供应链实践，通过整合与优化这些实践，提升企业的整体性能和竞争地位。

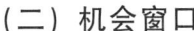

（二）机会窗口

机会窗口是指一个特定的时间段或时机，为个人或组织提供了实现目标、追求成功或取得优势的良机。在这个窗口期内，个人或组织可以利用各种资源和策略来最大化他们的机会，从而达到他们所期望的结果。对于企业来说，机会窗口通常指企业实际进入新市场的时间期限。当新产品市场建立时，机会窗口就打开；随着市场成长，企业进入市场并设法建立有利可图的地位；在某个时点，市场成熟，机会窗口会关闭。这些机遇能够确保企业长远的竞争优势，并最终对其经济效益产生深远影响。此外，绿色产品、服务、流程和实践的创新思路也会对企业绩效产生直接积极的影响。与此同时，绿色动态能力和绿色转型领导力也为提升绿色产品开发绩效方面发挥了积极作用，且这一作用关系在一定程度上受到绿色创造力的中介效应影响。Lee 等（2014）运用最小二乘结构方程模型（PLS-SEM）对马来西亚制造企业的 133 个有效数据进行深入研究与分析，研究发现，绿色供应链管理的三种实践之间呈现显著的正相关。以市场需求为导向建立的产品效用多样性模型以及供应链收益模型也揭示了绿色供应链实践对于推动绿色市场发展的重要作用。新产品的研究开发与新市场的开发运营确实是一个复杂且充满风险的过程。每一个环节都需要精细的策划和严格的执行，稍有不慎，就可能面临失败的风险。因此，对于研究人员而言，深入研究新产品、新市场实施过程中的风险评估、规避和控制方法显得尤为重要。这些研究不仅有助于企业降低风险、提高成功率，还有助于推动整个行业的健康发展。

（三）互动效益

在深入探讨绿色供应链战略时，Sarkis 通过网络分析法进行了评估，并发现这一策略显著提升了企业竞争力，能够调整优化企业的组织结构，同时实现成本削减与效率提升的双重目标。相比之下，朱庆华和耿勇（2006）则聚焦于初创企业，运用聚类分析法识别了行业内的领先者与后进者，并通过 ANOVA 和 Scheffe 多重分析进一步验证了绿色供应链实践在环境、经济和运营绩效方面的差异化影响。绿色供应链这种管理模式不仅助力企业实现长期经济繁荣，更在显著降低生态影响方面发挥了关键作用。企业通过持续推行绿色供应链策略，能够显著提升环境、经济和运营绩效，从而建立绿色信誉，赢得可持续发展的竞争优势。马小凤（2015）进一步指出，在这一不断演进的过程中，企业的经营绩效与竞争优势之间存在着显著的量化联系。这为理解绿色供应链管理在企业运营和可持续发展中的核心作用提供了新的见解。

三、利益相关者对绿色供应链绩效影响机理的概念模型

在特定的运营机制下，压力与动力间的相互作用共同构成了企业实施供应链管理策略的关键驱动力。作为社会系统中的一个重要组成部分，企业的运营不可避免地受到多方面因素的深刻影响。特别是在推行绿色供应链管理时，企业需应对来自各种权利因素

的挑战。当企业在经营活动中遭遇显著的环境问题时，其对于环境策略的重视程度往往会显著提升，这种推动力通过企业的运营体系发挥核心作用。为实现绿色供应链管理的有效实践，企业需促进跨部门的协同合作，并借助技术创新和能源优化利用等手段。然而，在实施过程中，企业的运营系统为了达成协调往往会产生各种矛盾和冲突，这些因素有时与驱动力背道而驰。在这两种力量的交织作用下，企业需不断对绿色供应链的措施进行调整和优化，因此，企业在实施绿色供应链管理时，必须全面考虑各种内外部因素，确保所采取的措施既有效又具备可持续性，从而确保企业在追求绿色发展的道路上稳步前行。

企业的决策过程并非单一因素所能决定的，而是受到众多复杂且交织在一起的因素的共同影响。这些因素既可能来自企业内部的经营策略、企业文化、管理层意愿，也可能源于企业外部的市场需求、政策导向、社会期望等。它们在企业决策过程中扮演着不同的角色，共同塑造着企业的决策方向和具体内容。内部因素中，企业的核心价值观和愿景会深深影响决策者的动机和判断。如果企业强调可持续发展和社会责任，那么在面临选择时，决策者更有可能倾向于选择符合这些价值观的决策方案。此外，管理层的个人偏好、经验和能力也会在很大程度上影响企业的决策过程。外部因素同样不容忽视。市场需求的变化、竞争对手的动向、政策法规的更新等都会对企业的决策产生直接或间接的影响。特别是随着全球化和信息化的发展，外部环境的变化更加复杂和快速，企业需要更加敏锐地捕捉这些变化，以便及时做出调整。

在动机层面，企业需要综合考虑这些内外部因素，权衡各种利弊得失，以做出最符合企业长远利益的决策。同时，企业也需要建立一套科学、合理的决策机制，确保决策过程的公正、透明和高效。

从影响机制的角度出发，内部管理、绿色采购和绿色营销构成了绿色供应链管理的核心三要素。在面临利益相关者的压力与挑战下，企业开始审视并反思当前绿色供应链实践中存在的短板，进而触发其优化内部管理策略、避免采购有害原材料。这一系列的改进不仅有助于弥补因管理疏漏可能引发的环境风险，而且能够显著提升绿色供应链的整体运行效率与绩效表现。通过这种持续优化的过程，企业能够更好地实现绿色、可持续的发展目标。

第六节　绿色供应链下政府、企业和消费者的博弈研究

随着经济的飞速发展，环境破坏问题日益被公众所关注，经济发展与环境保护之间的矛盾逐渐加剧。绿色供应链管理作为一种既能推动经济发展又兼顾社会效益的管理模式，受到了广泛的关注。然而，由于绿色供应链的初始成本相对较高且目前绿色产品的定价也普遍偏高，企业及消费者对于参与绿色供应链管理的积极性不高。针对此现状，本书从政府、企业和消费者三者之间的关系出发构建了一个三群体演化博弈模型。通过求解该模型的均衡点，能够更清晰地理解各主体在绿色供应链管理中的行为策略。政府

若采取强化措施，对未采纳绿色供应链管理策略的企业实施更为严格的处罚，同时增加对采纳绿色供应链并积极参与其中的企业及消费者的财政激励，将能显著推动绿色供应链管理的普及与应用，进而对经济的可持续发展产生积极而深远的推动作用（陶晓莹，2023）。

然而，尽管绿色供应链管理显得至关重要且受到越来越多企业的重视，但在实际生活中推行却遭遇诸多挑战。绿色供应链管理的实施确实能够显著提升企业的资源利用效率，有益于企业的长期发展并提升企业的社会形象，但短期内，企业减少环境的污染以及构建废旧产品回收渠道等方面都需要投入巨额的初始成本。这一现状使得企业在推行绿色供应链管理方面缺乏资金支持。如何克服这些困难，激发企业的积极性，成为当前亟待解决的问题。为应对这些挑战，本书需要深入探讨绿色供应链管理的实施策略，并结合企业实际情况，提出切实可行的解决方案。同时，政府和社会各界也应积极发挥作用，为企业实施绿色供应链管理提供必要的支持和帮助，共同推动绿色供应链管理的发展。

一、基于两方博弈的模型建立与分析

（一）企业与政府间的博弈分析

政府在推动绿色发展的进程中，采取了强制性和奖励性两种策略。一方面，政府采取强制性手段，通过立法和政策的制定，迫使企业遵守环保标准，避免遭受违规处罚。另一方面，政府还采取了奖励性手段，通过制定相关政策，为那些积极履行环保责任的企业提供资金支持和补贴。政府的绿色限制手段在强制和奖励两个方面各有侧重，既确保了企业承担环保责任，又鼓励了企业的环保创新，为实现绿色发展目标提供了有力的政策保障。在探讨企业绿色供应链减污的成本与效益时，我们设定企业的边际成本 MC 和边际收益 MR 作为关键变量。随着污染量的递增，MC 不断上升，而 MR 则逐渐降低。当两者达到均衡点，即 MC＝MR 时，企业达到控制污染的最优状态。当污染量偏离这一均衡点时，政府通常会采取征收企业环保税的策略，该税额等于 MC 和 MR 的交点值，以此促使企业减少污染或投资于绿色管理实践。企业需权衡支付环保税与加强环保管理之间的利弊。环保管理不仅能减免税费，还可能获得政府的环保补贴。当企业的污染量低于均衡点的污染量时，即环保成本低于环保税费时，企业更倾向于选择环保管理；反之，若污染量超过均衡点，环保成本高于环保税费，企业则可能选择缴纳环保税。在政府和企业的博弈过程中，政府有两种选择，即进行环境管制或不进行管制；而企业同样面临两种选择，即实施绿色供应链管理或不实施。设定以下假设：

（1）政府进行环境管制的概率为 x，不进行管制的概率为 $1-x$；

（2）企业实施绿色供应链管理的概率为 y，不实施的概率为 $1-y$；

（3）政府的环境管制成本为 C_1，企业实施绿色供应链管理的成本为 C_2，企业需缴纳的环保税费为 t；

（4）企业实施绿色供应链管理的收益为 R，不实施时的收益为 R'（R' 通常要考虑因破坏环境而需支付的费用）；

（5）企业因实施绿色供应链管理而获得的政府补贴或减税收益为 s，因破坏环境而需支付的惩罚费用为 p。企业与政府部门的博弈模型如表 3-2 所示。

表 3-2　企业与政府部门的博弈模型

		政府部门	
		有环境规制	无环境规制
企业	实施绿色供应链	$R-C_2-t+s,$ $t-s-C_1$	$R-C_2-t,\ t$
	不实施绿色供应链	$R'-t-p,\ t+p-C_1$	$R'-t,\ t$

因此，企业实施绿色供应链管理的期望收益为 $\pi_1=(R-C_2-t+s)x+(1-x)(R-C_2-t)$，不实施的期望收益为 $\pi_2=(R'-t-p)x+(1-x)(R'-t)$。假设企业在博弈中达到的纳什均衡点为 x^*，即当 $\pi_1=\pi_2$ 时得：

$$x^*=\frac{R'-R+C_2}{s+p}$$

政府进行环境管制的期望收益为 $\theta_1=(t-s-C_1)y+(1-y)(t+p-C_1)$，政府不进行管制的期望收益为 $\theta_2=ty+t(1-y)$。假设政府达到的纳什均衡点为 y^*，即当 $\theta_1=\theta_2$ 时得：

$$y^*=\frac{p-C_1}{s+p}$$

综上，企业与政府进行博弈达到的纳什均衡点是 $(x^*,y^*)=\left(\dfrac{R'-R+C_2}{s+p},\dfrac{p-C_1}{s+p}\right)$，那么若政府对企业的管制越少，企业越有可能参与绿色供应链管理的实施过程。

（二）企业与竞争者博弈分析

在市场竞争中，企业及其对手均在寻求市场份额的扩张以实现利益最大化。若竞争对手较本企业更迅速地采纳绿色供应链管理策略，其将额外获得环保消费者的信赖，从而加速占领更广阔的环保消费市场。相比之下，因实施滞后，本企业可能沦为行业的追随者。基于上述情境做出以下假设：

（1）竞争对手采纳绿色供应链管理的概率为 x，而选择不采纳的概率为 $1-x$；

（2）本企业采纳绿色供应链管理的概率为 y，不采纳的概率为 $1-y$；

（3）竞争对手与本企业在非绿色供应链管理模式下的成本分别为 C_1 和 C_2，而在采纳绿色供应链管理时，双方需额外支付的成本均为 ΔC；

（4）在不采纳绿色供应链管理模式下，竞争对手与本企业分别获得的收益为 R_1 和 R_2；

（5）当企业和其竞争对手均采纳绿色供应链管理模式时，相较于不采纳的情境，其

收益增量均为 ΔR。值得注意的是，若仅有一方采纳此模式，其效益增量将加倍，即增加至 $2\Delta R$。企业与竞争对手实施绿色供应链管理意愿博弈模型如表 3-3 所示。

表 3-3　企业与竞争对手实施绿色供应链管理意愿博弈模型

		竞争对手	
		实施	不实施
企业	实施	$R_2 + \Delta R - C_2 - \Delta C$，$R_1 + \Delta R - C_1 - \Delta C$	$R_2 + 2\Delta R - C_2 - \Delta C$，$R_1 - C_1$
	不实施	$R_2 - C_2$，$R_1 + 2\Delta R - C_1 - \Delta C$	$R_2 - C_2$，$R_1 - C_1$

因此，当企业实施绿色供应链管理时其期望收益为：

$$\pi_1 = (R_2 + \Delta R - C_2 - \Delta C)x + (1 - x)(R_2 + 2\Delta R - C_2 - \Delta C)$$

当不实施绿色供应链管理时期望收益 $\pi_2 = (R_2 - C_2)x + (1 - x)(R_2 - C_2)$。设企业在此博弈模型中的纳什均衡点为 x^*，即 $\pi_1 = \pi_2$ 时可得：

$$x^* = \frac{2\Delta R - \Delta C}{\Delta R}$$

竞争对手实施绿色供应链管理时的期望收益为：

$$\theta_1 = (R_1 + \Delta R - C_1 - \Delta C)y + (1 - y)(R_1 + 2\Delta R - C_1 - \Delta C)$$

选择不实施的期望收益 $\theta_2 = (R_1 - C_1)y + (1 - y)(R_1 - C_1)$。设竞争对手的纳什均衡点为 y^*，即当 $\theta_1 = \theta_2$ 时得：

$$y^* = \frac{2\Delta R - \Delta C}{\Delta R}$$

当 $(x^*, y^*) = \left(\dfrac{2\Delta R - \Delta C}{\Delta R}, \dfrac{2\Delta R - \Delta C}{\Delta R} \right)$ 时达到企业与竞争对手的博弈均衡点。当企业选择实施绿色供应链管理，而竞争对手选择不实施时，企业的收益将显著增长，此时企业的收益增量达到最大。然而，即使竞争对手也决定采纳绿色供应链管理，企业的收益仍会有所增加。这表明，不论竞争对手的策略如何，企业实施绿色供应链管理总能带来更大的经济收益，这种激励机制无疑将推动企业向绿色转型迈进。

（三）企业与消费者博弈分析

绿色消费者的购买决策往往受到企业环保行为的影响，这种影响直接决定了消费者的购买选择。因此，消费者是否选择环保产品与企业是否实施绿色供应链管理之间形成了一种博弈关系。为深入研究此关系，我们做出以下假设：

（1）设消费者购买环保产品的概率为 x，那么他们不购买环保产品的概率则为 $1 - x$；

（2）假设企业实施绿色供应链管理的概率为 y，那么企业不实施绿色供应链管理的概率则为 $1 - y$；

（3）企业在实施绿色供应链管理过程中，相较于非绿色模式，将产生额外的成本 C_1；而不实施绿色供应链管理时，可能因环境不合规等而增加的成本为 C_2；

（4）当消费者选择购买环保产品时，企业获得的收益为 R_1；而当消费者购买非环保产品时，企业的收益为 R_2；

（5）消费者在购买环保产品时，需要支付的金额为 P_1；而购买非环保产品时，所需支付的金额为 P_2；

（6）消费者从购买环保产品中获得的效用为 V_1，这通常包括环境效益和内心满足感；而从购买非环保产品中获得的效用为 V_2，这种效用通常仅限于产品的直接使用价值。企业与消费者的博弈模型如表 3-4 所示。

表 3-4　企业与消费者的博弈模型

		消费者	
		买环保产品	买非环保产品
企业	实施绿色供应链管理	$R_1 - C_1$，$V_1 - P_1$	$-C_1$，0
	不实施绿色供应链管理	$-C_2$，0	$R_2 - C_2$，$V_2 - P_2$

若企业实施绿色供应链管理，同时消费者也购买环保产品，企业的收益为 $R_1 - C_1$；若消费者不购买环保产品，则企业收益为 $-C_1$。企业实施绿色供应链产生的期望收益 $\pi_1 = (R_1 - C_1)x - C_1(1 - x)$。若企业不实施绿色供应链管理但是消费者购买环保产品，此时企业的收益为 $-C_2$；当消费者购买非环保产品，那么企业的收益为 $R_2 - C_2$。若企业不实施绿色供应链管理，其期望收益 $\pi_2 = (-C_2)x + (1 - x)(R_2 - C_2)$。当 $\pi_1 = \pi_2$ 时，可得博弈纳什均衡点 x^*：

$$x^* = \frac{R_2 - C_2 + C_1}{R_1 + R_2}$$

若消费者倾向于购买环保产品，那么当企业实施绿色供应链管理时，消费者的效用为 $V_1 - P_1$；若企业不实施绿色供应链管理，则消费者的效用为 0。此时消费者购买环保产品的期望效用 $\theta_1 = (V_1 - P_1)y$。若消费者不购买环保产品，那么当企业实施绿色供应链管理时，消费者得到的效用为 0；若企业不实施绿色供应链管理，消费者的效用为 $V_2 - P_2$。此时消费者不购买环保产品的期望效用 $\theta_2 = (V_2 - P_2)(1 - y)$。当 $\theta_1 = \theta_2$ 时，可得到博弈纳什均衡点 y^*：

$$y^* = \frac{V_2 - P_2}{V_1 - P_1 + V_2 - P_2}$$

当 $(x^*, y^*) = \left(\dfrac{R_2 - C_2 + C_1}{R_1 + R_2}, \dfrac{V_2 - P_2}{V_1 - P_1 + V_2 - P_2} \right)$ 时，企业与消费者之间达到博弈均衡点。此时，企业因为消费者购买环保产品的偏好而主动选择实施绿色供应链管理，同样企业的主动选择也能进一步使消费者更倾向于购买环保产品，从而使环保产品更得到市场的青睐。

二、基于三方博弈的模型建立与分析

（一）博弈模型的基本假设与参数设置

经典的博弈论理论是以理性行为为基石进行构建的。在此框架内，各方均致力于追

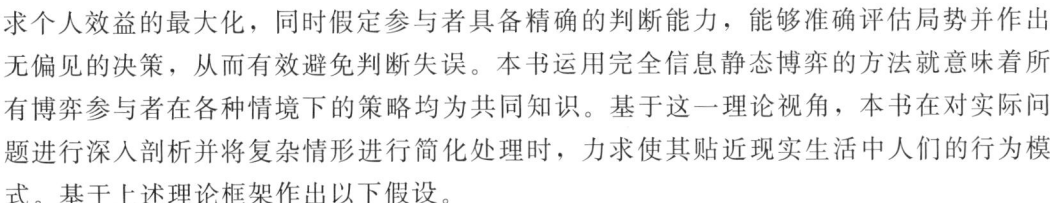

求个人效益的最大化，同时假定参与者具备精确的判断能力，能够准确评估局势并作出无偏见的决策，从而有效避免判断失误。本书运用完全信息静态博弈的方法就意味着所有博弈参与者在各种情境下的策略均为共同知识。基于这一理论视角，本书在对实际问题进行深入剖析并将复杂情形进行简化处理时，力求使其贴近现实生活中人们的行为模式。基于上述理论框架作出以下假设。

其一，政府在此处作为一个总体概念，不区分中央与地方，而旨在代表维护社会公众的整体利益。企业则特指处于供应链中的核心位置的企业，它们是各类信息交换的枢纽，能够汇聚上下游的供需信息。

其二，农产品主要聚焦于生鲜类农产品。

其三，考虑到企业行为监管策略，我们首先要考虑的是其监管与宣传所产生的总成本。

在这样的背景之下，设想企业和消费者双方均积极响应绿色供应链管理的号召，政府因此会给予他们相应的补贴和奖励，从而促进环境效益的增长。具体来说，当企业选择实施绿色供应链管理而消费者却持保留态度时，这种单向的积极行为将会带来一定的社会福利损失；反之，如果企业没有采纳这一管理策略，那么损失同样是不可避免的。站在企业的立场上，当其决定采纳绿色供应链管理时，其预期的收益自然会增加，但同时也不得不面临技术升级、环保投入以及废弃物回收渠道建设等多方面的总成本。为鼓励消费者也参与进来，企业还需对废弃物的回收付出可变成本。而如果企业选择不采纳这一策略，其收益则会受到限制。对于消费者来说，如果他们积极响应并参与到企业的绿色管理策略中，如购买绿色产品或退还废弃物等，那么他们将从中获得相应的收益。同时，企业为了鼓励这种行为，可能会给予消费者一定的报酬。但值得注意的是，消费者的参与也可能会带来一些额外的成本，例如在退还废旧产品时的运输费用等。反之，如果消费者不参与，其收益将有所不同。

综上所述，政府在应对企业和消费者行为时，拥有两种策略选择：监管与不监管，构成其策略空间 A_g〔监管，不监管〕，其中监管的概率为 x，不监管的概率为 $1-x$。企业方面，同样面临两种策略抉择：实施绿色供应链管理或不实施，这涵盖是否生产和销售绿色环保的农产品，以及是否回收消费者返回的废弃物（如报废产品和包装物）。企业的策略空间可简化为 A_e〔实施，不实施〕，其中实施的概率为 y，不实施的概率为 $1-y$。对于消费者而言，他们可以选择购买绿色产品并将废弃物返还给企业，也可以选择不购买绿色产品且不返还废弃物，因此消费者的策略空间可表示为 A〔参与，不参与〕，其中参与的概率为 z，不参与的概率为 $1-z$。这些策略选择共同构成了一个复杂的博弈框架，影响着环境保护和可持续发展的进程。

当政府决定采取监管策略以监督企业行为时，我们假设其监管和宣传的总成本为 C_1。若企业和消费者均积极实施绿色供应链管理，政府将分别给予他们补贴 S_1 和 S_2，并因此获得环境效益 W_1。反之，若双方均不采纳绿色供应链管理，则将分别面临罚款 P_1 和 P_2。政府作为公共利益的维护者，有责任弥补由于企业或消费者不采取绿色管理而导致的社会福利损失。具体来说，当企业实施绿色管理而消费者不参与时，损失为 W_2；若企业不实施绿色管理，则损失为 W_3。

从企业视角分析，当其实施绿色供应链管理时，预期收益为 R_1，但同时需承担包括技术改进、环保投入以及废弃物回收渠道建设等在内的总成本 C_2。此外，为激励消费者参与，企业还需支付废弃物回收的可变成本。若企业选择不实施绿色管理，其收益则为 R_2。

对于消费者而言，若他们积极响应企业的绿色管理策略，如购买绿色产品或退还废弃物，将获得的收益为 U_1。这些行动通常还会使企业支付一定的报酬给消费者作为回报。然而，参与这一过程也可能产生一些额外成本，如退还废旧产品时的运输成本等。若消费者不参与，则他们的收益将不同于 U_1，为 U_2。此外，消费者会从企业得到回收废弃物的报酬 C_3，消费者返回废旧产品时会产生相应的成本（如运输成本等）C_4。

（二）博弈模型的支付矩阵及模型求解

根据以上分析，建立政府、企业和消费者之间博弈模型的支付矩阵，如表 3-5 所示。

表 3-5　政府、企业、消费者博弈模型的支付矩阵

策略选择		消费者参与	消费者不参与
政府（监管）	企业（实施）	$W_1-C_1-S_1-S_2$	$P_2-S_1-C_1-W_2$
		$R_1+S_1-C_2-C_3$	S_1-C_2
		$U_1+S_2+C_3-C_4$	$-P_2$
	企业（不实施）	$P_1-S_2-C_1-W_1$	$P_1+P_2-C_1-W_3$
		$-P_1$	R_2-P_1
		S_2	U_2-P_2
政府（不监管）	企业（实施）	W_1	$-W_2$
		$R_1-C_2-C_3$	$-C_2$
		$U_1+C_3-C_4$	0
	企业（不实施）	$-W_3$	$-W_3$
		0	R_2
		0	U_2

（1）假设在农产品绿色供应链中，企业的参与概率（记作 y）与消费者的参与概率（记作 z）均为已知条件。当政府选择"监管"策略时，其预期收益为 u_{gy}；若选择"不监管"策略，则收益为 u_{gn}。当这两种策略下的预期收益相等时，系统达到博弈的均衡状态。因此，我们设定这一条件为等式，以便进一步分析。

$$u_{gy}=x\left[(W_1-C_1-S_1-S_2)yz+(P_2-S_1-C_1-W_2)(1-z)y\right]+ \\ x\left[(P_1-S_2-C_1-W_3)(1-y)z+(P_1+P_2-C_1-W_3)(1-y)(1-z)\right] \tag{3-1}$$

$$u_{gn}=(1-x)\left[W_1yz-W_2y(1-z)-W_3(1-y)z-W_3(1-y)(1-z)\right] \tag{3-2}$$

当政府采取两种策略所得到预期收益相同时，达到均衡博弈状态，因此令 $u_{gy}=u_{gn}$，

有

$$x^* = \cfrac{1}{2 + \cfrac{(-S_1 - P_1)y - (S_2 + P_2)z + (P_1 + P_2 - C_1)}{(W_1 + W_2)yz + (W_3 - W_2)y - W_3}} \tag{3-3}$$

（2）接下来，考虑政府监管农产品绿色供应链的概率（记作 x）和消费者参与该供应链的概率（z）为已知条件。在此情境下，企业若选择"实施"绿色供应链策略，其预期收益为 u_{ey}；若选择"不实施"，则收益就为 u_{en}。当企业在两种策略下的预期收益达到相等时，标志着企业层面的博弈均衡。基于这一条件，我们建立相应的等式进行分析。

$$u_{ey} = y[(R_1 + S_1 - C_2 - C_3)zx + (S_1 - C_2)(1-z)x + \atop (R_1 - C_2 - C_3)(1-x)z - C_2(1-x)(1-z)] \tag{3-4}$$

$$u_{en} = (1-y)[1 - P_1 xz + (R_2 - P_1)(1-z)x + R_2(1-x)(1-z)] \tag{3-5}$$

当企业采取两种策略获得的预期收益相同时，即可达到博弈均衡状态，令 $u_{ey} = u_{en}$，有

$$y^* = \frac{R_2(1-z) - P_1 x + 1}{R_2 - C_2 + (S_1 - P_1)x + (R_1 - R_2 - C_3)z + 1} \tag{3-6}$$

（3）再者，当政府监管的概率（x）和企业实施绿色供应链的概率（y）为已知时，我们进一步探讨消费者的行为。消费者若选择"参与"策略，其预期收益为 u_{ey}；若选择"不参与"，则收益会有所不同为。分析这两种策略下消费者预期收益的相等点，有助于我们理解消费者层面的博弈均衡。

$$u_{py} = z[(U_1 + S_2 + C_3 - C_4)xy + S_2 x(1-y) + (U_1 + C_3 - C_4)(1-x)y] \tag{3-7}$$

$$u_{pn} = (1-z)[-P_2 xy + (U_2 - P_2)x(1-y) + U_2(1-x)(1-y)] \tag{3-8}$$

（4）当消费者采取两种策略获得的预期收益相同时，即可达到博弈均衡状态，令 $u_{ey} = u_{en}$，有

$$z^* = \frac{U_2(1-y) - P_2 x}{(S_2 - P_2)x + (U_1 - U_2 + C_3 - C_4)y + U_2} \tag{3-9}$$

综上分析，政府、企业、消费者在农产品绿色供应链中博弈的均衡解为：

$$\begin{cases} x^* = \cfrac{1}{2 + \cfrac{(-S_1 - P_1)y - (S_2 + P_2)z + (P_1 + P_2 - C_1)}{(W_1 + W_2)yz + (W_3 - W_2)y - W_3}} \\[6mm] y^* = \cfrac{R_2(1-z) - P_1 x + 1}{R_2 - C_2 + (S_1 - P_1)x + (R_1 - R_2 - C_3)z + 1} \\[4mm] z^* = \cfrac{U_2(1-y) - P_2 x}{(S_2 - P_2)x + (U_1 - U_2 + C_3 - C_4)y + U_2} \end{cases} \tag{3-10}$$

（三）博弈均衡解的理论意义和参数影响讨论

由以上政府、企业、消费者三方博弈的均衡解可以看出，x^*、y^*、z^* 的值既可能大于零，也可能小于零。实际上政府监管供应链的概率 x、企业实施的概率 y 以及消费者参与的概率 z 的取值范围都只能在 $[0, 1]$。若 x^*、y^*、z^* 三者小于零，则在推动农

产品绿色供应链管理的过程中，政府扮演着至关重要的角色，必将采取一系列强有力的政策和措施，以激励企业和消费者共同参与。这不仅包括对农产品绿色供应链的严格监管和大力宣传，更是通过政策引导，鼓励企业积极实施绿色供应链管理。在这样的政策环境下，企业响应法律强制要求，我们将其监管和宣传的总成本设定为一个数值。如果企业和消费者都积极实施绿色供应链管理，政府将分别给予他们补贴和奖励，以获得环境效益。反之，如果双方都不采纳绿色供应链管理，将分别面临罚款和惩罚。政府作为公共利益的维护者，有责任弥补由于企业或消费者不采取绿色管理而导致的社会福利损失。具体来说，当企业实施绿色管理而消费者不参与时，损失为一个数值；企业若不实施绿色管理，则损失为另一个数值。从企业的角度来看，当他们实施绿色供应链管理时，预期收益为一个数值，但同时需要承担包括技术改进、环保投入以及废弃物回收渠道建设等在内的总成本。此外，为激励消费者参与，企业还需要支付废弃物回收的可变成本。如果企业选择不实施绿色管理，其收益则为另一个数字。对于消费者来说，如果他们积极响应企业的绿色管理策略，如购买绿色产品或退还废弃物，将获得一个数值的收益。这些行动通常还会使企业支付一定的报酬给消费者作为回报。然而，参与这一过程也可能产生一些额外成本，如退还废旧产品时的运输成本等。如果消费者不参与，则他们的收益将不同于之前的数值。此外，消费者将从企业得到回收废弃物的报酬，而消费者返回废旧产品时会产生相应的成本，如运输成本等。然而，值得注意的是，现实中的情况往往并不完全符合这一理想状态。为了深入探讨这一现象，我们提出一个假设：在特定的参数条件下，政府、企业和消费者的参与度（即他们各自在绿色供应链管理中的贡献程度）均大于零。基于此，我们假设 x^*、y^*、z^* 均大于零，对 x^*、y^*、z^* 的意义以及几个相关参数进行讨论。

（1）政府监管策略均衡解 x^* 的意义。在既定的条件下，当企业实施农产品绿色供应链的概率 y 与消费者参与此供应链的概率 z 被明确时，政府将以 x^* 概率来倡导并宣传农产品绿色供应链的管理，旨在实现社会总效益的最大化。当外部因素（即政府的监管概率 $x > x^*$ 时）产生影响时，政府将通过颁布一系列优惠政策激励企业和消费者。在这些优惠政策的刺激下，企业与消费者更有可能选择实施绿色供应链管理。然而，若外部因素导致政府的监管概率发生变化（$x < x^*$），并呈现不利态势时，企业和消费者可能会倾向于不实施绿色供应链管理。这一分析框架为我们提供了在复杂环境中理解政府、企业与消费者间互动关系的新视角。

（2）企业采取实施策略均衡解 y^* 和消费者采取参与策略均衡解 z^* 的意义。当给定政府的监管概率为 x 时，企业和消费者将分别以 y^* 和 z^* 的概率实施绿色供应链管理，以获取各自收益和效用的最大化。令 $P_{max} = \max\{y^*, z^*\}$，$P_{min} = \min\{y^*, z^*\}$，则当企业实施策略的概率 y 和消费者参与策略的概率 z 均不小于 P_{max} 时，企业和消费者才会在策略上达成一致，此时构建绿色供应链管理将会取得成功且二者都将获得收益的最大化，政府也会获得环境效益 W_1；当 y 和 z 均小于 P_{min} 时，企业和消费者均采取不实施绿色供应链管理策略，此时，双方都不会建立绿色供应链管理；当 y 和 z 二者中只有一个位于 $[P_{min}, P_{max}]$ 时，即双方中只有一方参与绿色供应链管理而另一方不参与，绿色供应链也不能构建成功。

（3）对参数 C_1、S_1、S_2 的影响分析。x^* 是 C_1 的增函数，即政府所付出的监管和宣传成本越高，让政府实行监管策略的难度即会越大；由式（3-6）可以看出，y^* 是 S_1 的减函数，表明政府对企业的补贴和扶持力度越大，企业实施绿色供应链管理的概率越小；由式（3-9）可以看出，z^* 是 S_2 的减函数，即政府对消费者的补贴力度越大，消费者越不会参与绿色供应链的构建。因此，政府应该在保持监管和宣传力度下对成本进行一定的控制，并且减少对企业和消费者的补贴以及扶持力度，这样才能推动农产品绿色供应链的成功构建。

（4）对参数 W_1、W_2、W_3 的影响分析。将式（3-3）作等价变形，得到

$$x^* = \cfrac{1}{2 + \cfrac{(-S_1 - P_1)y - (S_2 + P_2)z + (P_1 + P_2 - C_1)}{-W_2 y(1-z) + W_1 yz + W_3 y - W_3}} \tag{3-11}$$

或

$$x^* = \cfrac{1}{2 + \cfrac{(-S_1 - P_1)y - (S_2 + P_2)z + (P_1 + P_2 - C_1)}{-W_3(1-y) + (W_1 + W_2)yz - W_2 y}} \tag{3-12}$$

从式（3-11）的推导中，我们可以观察到政府环境效益与监管成本之间呈正相关关系，即随着政府获得的环境效益增加，其监管成本也随之提高。当企业和消费者均自发参与绿色供应链管理时，政府面临的环境效益达到最大化，此时政府可能会倾向于采取不加强监管的策略。值得注意的是，只有在企业和消费者双方共同参与绿色供应链管理的情境下，政府才能收获环境效益。而环境效益的增加，反映了企业和消费者合作意愿的增强，这种情况下，无论政府是否加大监管力度，都能获得环境效益，因此随着环境效益的增大，政府的监管力度可能会逐渐降低。此外，式（3-11）还揭示了当企业实施绿色供应链而消费者未实施时，社会福利损失与政府监管意愿之间的负相关关系。损失越大，政府越倾向于采取监管措施，以避免因缺乏监管而付出更高的环境治理成本。同样地，从式（3-12）中我们可以得出，当企业不实施绿色供应链时，社会福利损失的增加会促使政府更倾向于采取监管策略，因为不监管可能导致政府需要承担比监管成本更高的治理费用。

（5）对参数 P_1、P_2 的影响分析。将式（3-3）作等价变形，得到

$$x^* = [(W_1 + W_2)yz + (W_3 - W_2)y - W_3][P_1(1-y) + 2(W_1 + W_2)yz +$$
$$(2W_3 - 2W_2 - S_1)y - (S_2 + P_2)z + (P_2 - C_1 - 2W_3)]^{-1} \tag{3-13}$$

或

$$x^* = [(W_1 + W_2)yz + (W_3 - W_2)y - W_3][P_2(1-z) + 2(W_1 + W_2)yz +$$
$$(2W_3 - 2W_2 - S_1 - P_1)y - S_2 z + (P_2 - C_1 - 2W_3)]^{-1} \tag{3-14}$$

将（3-5）作等价变形，得到

$$y^* = \cfrac{1}{1 + \cfrac{S_1 x + (R_1 - C_3)z - C_2}{-P_1 x + R_2(1-z)}} \tag{3-15}$$

将式（3-9）作等价变形，得到

$$z^* = \cfrac{1}{1 + \cfrac{S_2 x + (U_1 + C_3 - C_4) y}{- P_2 x + U_2 (1 - y)}}$$

(3-16)

由式（3-13）和（3-14）容易看出，x^* 是 P_1 和 P_2 的减函数，即政府对企业以及消费者的不环保行为的惩罚力度越大时，政府越倾向于实施监管策略；当政府对企业和消费者的不环保行为施加更大的惩罚力度时，其更倾向于实施严格的监管策略。由式（3-15）分析可知，政府对不实施绿色供应链管理的企业所施加的惩罚力度与企业采取实施策略的积极性呈负相关关系，即惩罚力度越大，企业越倾向于采取实施绿色供应链的策略。同样地，根据式（3-16）的推导，政府对不参与绿色供应链的消费者所施加的惩罚力度与消费者采取参与策略的积极性也呈负相关关系，即惩罚力度加大时，消费者更倾向于积极参与绿色供应链。

第四章 绿色供应链研究模型、协调机制与动力机制

在可持续发展的时代背景下，绿色供应链管理实践尤为重要。本章将深入探讨绿色供应链的研究模型、协调机制与动力机制，通过对典型案例的深入分析，揭示绿色供应链的核心要素与管理要义，进而详细探讨绿色供应链管理协调策略，全面分析绿色供应链协同的关键环节，在此基础上深入挖掘动力机制，明晰绿色供应链发展的内外驱动力。此外，本章还基于人工智能和大数据等新兴信息技术，探索数据驱动下的绿色供应链管理新路径，为企业提供绿色供应链管理的实践指南，以应对日益严峻的环境挑战，实现经济与环境的双赢。

第一节 绿色供应链研究模型

一、华为绿色供应链的"三脚凳模型"

华为公司采用了"三脚凳模型"来开展绿色供应链管理实践。"三脚凳模型"是以市场为导向，让企业内部的商业利益驱动企业环境行为的转变，该模型因其创新性和实效性得到行业内专家的认可。该模型依托于以下三个核心元素：环保理念与价值链的有效结合并进行相关案例展示，利用行业内协同作用增加杠杆效用以及通过集体学习提升自身能力。

首先，树立环保理念意味着将在产品设计以及生产的各环节秉持环保理念，进而实现产品制造方式和产品本身的绿色升级。华为通过产品的差异化战略，凸显了自身的实力。其次，华为通过与行业客户采取统一行动，放大了绿色供应链的影响力。华为并不是单打独斗，而是积极参与行业合作和经验共享，并鼓励各供应商之间进行学习，制定统一的标准。最后，华为借助于与同行供应商的互相学习，加速了企业环保能力的提升。

华为鼓励供应商积极参与，采取一致行动，共同提高整个行业及产业链的环保表现。总体来看，华为绿色供应链的"三脚凳模型"是一种有效的策略，将环保理念融入商业价值链，借助于与行业客户和同行供应商的合作关系，加大对绿色供应链的推广和影响，实现环保与商业双赢。

二、绿色供应链管理的战略决策模型

探索如何将环境决策因素融入战略规划和运营实践是实施绿色供应链管理过程中的必要挑战。因此，在进行相关元素等的整合时，需要将其环境因素等纳入模型进行考量。

（一）环境法规和标准

环保理念的贯彻往往意味着企业在日常运营和生产过程中需要采取更为环保的措施，这无疑会增加企业的运营和生产成本。为了保障环保理念的有效实施，环保法规与标准的制定尤为重要。环境法规与标准共同构成了绿色供应链管理决策的主要外部框架。在环保理念实施的初级阶段，由于企业可能尚未完全理解或接受环保理念，法规的强制性就显得尤为重要。这种强制性能够确保企业在面对环保问题时，采取相应的环保措施，从而推动绿色供应链管理的有效实施。随着环保理念的深入人心，企业对环境法规的态度也逐渐分化，形成了不同的绿色战略类型。

根据企业对环境法规的态度和行动，绿色战略可被划分为多个类型，分别为补救型、抵制采用型、合作型和顺从型。随着环境法规的不断推行和完善，企业的绿色战略也逐渐从传统的倾向于"末端治理"转向更加注重"源头控制"。这种转变意味着企业不再仅仅关注生产过程中的环保问题，而是在全生命周期的各个环节都进行环保考量。这种源头控制的理念将对企业的生产运营产生深远影响，不仅有助于降低环境风险，还能提高企业的经济效益和社会效益。同时，随着越来越多的企业践行环保理念，整个社会的环保意识也将得到进一步提升，最终形成良性循环。

（二）绿色设计

绿色设计也被称为生态设计，是一种全面考量产品生命周期的方法，不仅关注产品的功能等基础属性，更致力于对其他环保要素的设计，使得企业在全链条中实现污染的最小化和能耗的最低化。传统的生命周期仅关注产品的主要阶段，而绿色设计则将生命周期扩展至产品使用后的回收等后续阶段，有效地实现了再生的环保理念。这一前瞻性的理念已被广泛认为是平衡经济效益与环境保护的关键战略。

在绿色供应链管理的战略框架下，绿色设计更是被视为一项不可或缺的技术。绿色设计活动不只是制造商的责任，而是供应商和制造商共同的责任。绿色设计的核心理念在于从供应链源头对污染进行预防以及对成本实现节约，因此在设计与制造的过程中都应该保持高度敏感和责任感，充分贯彻源头预防和治理的理念，在设计之初就充分考虑产品在整个生命周期中对环境的影响以及报废后的处理。这需要与各方紧密合作，共享信息，运用环境评价标准指导并优化制造、装配、拆解及回收处理的设计流程；同时，还需要考虑流程的经济性，以实现经济效益与环境保护的双赢。只有这样才能真正实现绿色设计的目标，为可持续发展贡献力量。

（三）绿色合作

绿色供应链中的战略合作伙伴关系并非简单的利益联盟，而是一种更深层次的协调机制。这种机制不仅要求各方在信息共享、利益共享的基础上实现共赢，更要求其在环保理念和发展策略上达成共识、步调一致。从纵向来看，绿色供应链意味着供应链上下游企业需对环境影响进行联合管理，确保从原材料采购、生产制造到产品销售的每一个环节都符合绿色标准，减少对环境的负面影响。从横向来看，具有相同功能的企业通过联盟的形式，共同研究并推广绿色技术，形成合力，推动整个行业的绿色发展。这种合作方式带来的好处是多方面的。首先，通过技术共享和知识共享，企业能够汲取彼此的先进经验，不断创新，提升绿色发展水平。其次，合作可以分担成本和风险，减少企业在绿色发展过程中的经济压力。最后，环境信息交换有助于企业及时了解行业动态和政策走向，为企业的战略决策提供有力支持。

（四）环境绩效

在整个绿色供应链实施过程中，环境绩效评估不仅是识别供应链系统效率的重要工具，更是降低运营成本、提升客户价值的指南。通过这一评估体系能够洞察供应链的每一个环节，确保资源得到最优配置，进而实现整体效益的最大化。环境绩效评估是一套专门针对重要环境参数建立的持续监督系统，旨在全面评估企业在环境保护方面的表现，该系统不仅包括对环境状况的观察，还注重对过去的表现的总结以及对未来趋势的预测，为企业制定长期、稳定的环境管理策略提供有力支持。

在环境绩效评估的过程中，与所有利益相关者的沟通至关重要。通过及时、准确地传达评估结果可以确保投资者、消费者以及社会各界都能够全面了解企业的环境绩效，从而做出更为明智的决策。同时，这种沟通也有助于增强企业的透明度和公信力，为企业赢得更多合作伙伴和市场份额。环境绩效评估指标的建立是整个评估过程中最为关键的一环，通过指标的不断优化，可以确保环境绩效评估的准确性和有效性，为企业的环境管理提供有力的支持。环境绩效评估作为供应链绩效评估的重要组成部分，不仅有助于全面了解企业的环境状况，更为我们制定有针对性的环境管理策略提供了有力的依据。因此，未来应更加重视环境绩效评估的作用，确保企业在追求经济效益的同时，也能够实现环境友好型发展。

第二节 绿色供应链协调机制

一、绿色供应链协调机制探讨

企业为了获取竞争优势，需要保证企业各项活动都达到环保标准。在此背景下，企业纷纷实施绿色供应链管理。绿色供应链应该以供应链各部分之间的合作关系为基础，如何对各部分进行协调设计这一点极为关键。此外，绿色供应链与普通供应链的运作有所不同：首先，绿色供应链的协调对象不仅包括供应商和制造商，也包括消费者；其次，在运营目标上，绿色供应链的运营目标更为全面；最后从建立的困难程度上看，绿色供应链合作关系的建立需要克服更多障碍。

（一）战略层协调

战略层协调的目标是通过战略引导供应链上的各企业就战略目标达成一致，进而让供应链企业的合作关系及供应链的构建为其战略层协调打下基础。具体而言，战略层协调分为两大核心内容。首先是整体竞争战略的协调。整体竞争战略的协调要求对产品功能特性及市场竞争态势进行深入分析；同时，要结合战略管理相关理论，针对不同类型的产品制定不同的竞争战略。例如，创新性产品往往倾向于快捷的供应链，从而快速响应市场变化；而功能性产品，则更注重对现有资源的有效利用，因此该类产品应首选精益供应策略。其次是环境管理战略的制定。在明确整体竞争战略的基础上，必须充分考虑供应链的内外部环境，通过运用战略管理理论等方法精准确定供应链的环境管理战略方向，进而对现有的环境管理策略进行及时调整，积极应对以规避风险。

（二）动机层协调

动机层协调旨在对绿色供应链成员进行激励，解决其在绿色供应链实施过程中可能出现的激励不足以及道德风险等问题。首先，要构建和谐的协调环境，通过引入市场与拍卖等机制，为供应链成员提供公平协商的平台，有助于成员间建立信任，形成积极的合作氛围。其次，通过运用博弈论以及交易成本等理论，选择合适的契约规范成员间的合作行为，明确利益分享原则，确保各方公平受益；同时，对绿色技术和环境管理成本进行合理分摊并设立激励机制。最后，建立严格的监督机制，对成员的环保管理行为进行持续监督和约束，确保其遵循既定目标和要求。上述措施的实施旨在全面激发供应链成员参与绿色供应链管理的积极性，有效降低风险，推动整个供应链的绿色、可持续发展，为构建更加环保、高效的供应链体系奠定坚实的基础。

（三）业务层协调

业务层协调旨在通过业务层面的优化整合确保供应链成员践行环境管理理念。首先，构建高效信息共享平台。通过先进的信息交流技术打造供应链成员间的信息共享平台，实现信息的实时互通，提高整体效率。在绿色供应链运营过程中，环境因素至关重要，如果内部成员能够更好地应对环境挑战，就可以实现绿色供应链的可持续发展。其次，业务层协调应以运营流程重组为核心任务，深入供应链内成员的运营流程，并根据环境管理的要求进行针对性重组。这一工作的核心在于通过改进推动绿色供应链运营目标的实现，进而提升整个供应链的环境以及商业绩效。最后，业务活动的监督与控制也是业务层协调中不可或缺的一环。针对绿色供应链运营的三维目标，需要对供应链内的各项活动以及物流、信息流、知识流和资金流进行全面监督与控制，以便及时发现潜在问题并采取相应的改进策略。综上所述，业务层协调是确保供应链成员在业务活动中实现环境管理的重要保障。通过构建信息共享平台、进行运营流程重组以及加强业务活动的监督与控制，能够推动供应链成员更好地践行环境管理理念，实现绿色供应链的可持续发展。

二、参照价格效应下的绿色供应链协调机制

绿色消费的兴起激发了对环保产品的市场需求的持续增长，相较于传统供应链的产品决策，绿色供应链的产品决策更加复杂，不仅包括制造商和零售商之间基础流程的优化，还包括绿色标准等级的确定等问题。通过实施成本分摊契约和利润共享契约等绿色供应链协调机制，制造商和零售商可以共同实现帕累托改进，即超过各自独立决策时的盈利水平。此外，消费者购买绿色产品的行为常受参照价格效应影响，因此在绿色供应链协调中考虑消费者的参照价格效应具有重要的实践意义。

以单一零售商及制造商构成的绿色供应链系统为研究对象，将集中决策模型（C），分散决策模型（D），成本分担契约（CS）和收益共享契约（RS）四种优化模型的最优均衡解进行对比可以得到：①相较于分散决策模型，集中决策模型的利润更高；②成本分担契约以及收益共享契约可以提高各部分的利润，但是仍不能达到集中决策模型下的最优；③收益共享契约对消费者、制造商和零售商三者而言最优，此时产品售价最低，利润最高；④企业在进行绿色供应链决策时要充分考虑消费者的行为因素。

三、零售商公平关切下双渠道绿色供应链的协调机制研究

随着电子商务的快速发展，企业销售模式也发生了改变，企业在实体零售渠道之外开始重视电子零售渠道，形成了线上线下双渠道的供应链体系。然而，在销售绿色产品过程中，零售商可能会因为贮存不当、价格过高等问题不被消费者所接受。特别是一些大型绿色产品的供应链中，供应商只负责产品的生产和供应，而零售商则面临额外的绿色保护成本，这可能导致零售商利润的部分损失，进而可能导致产品绿色度降低，无法

满足消费者的绿色需求，从而使整个供应链的收益都受到影响。因此，构建线上和线下双渠道的协调零售商与制造商的合理契约具有极大的实践意义。

在传统制造业中，制造商往往占主导地位，负责供应链中产品的研发和生产，而负责销售产品的经销商属于后续公司。在做出相关决定时，下游经销商除了考虑自己的利益外，还关心利益的公平分配，而制造商的利益分配情况将被用作判断经销商是否受到公平对待的标准。如果通过比较发现不公平，经销商将会通过提价或拒绝合作来削减制造商的市场份额以实现惩罚目的。绿色成本分担契约旨在解决制造商在绿色产品生产过程中的绿色成本问题，在绿色产品的供应链中，零售商享受较高利润，可能会导致其"搭便车"的行为，因此零售商应主动承担部分绿色成本。两部定价契约包含制造商从零售商处收取的一笔一次性费用，制造商的利润不仅包括进货收益，还包括一次性额外收益。在供应链管理过程中，零售商的公平关切行为虽然能在一定程度上提升自身效用，但随着关切系数的不断增加，整个供应链的销量将随之受到影响，导致供应链各环节的总利润下降。针对此问题，定价契约的出现尤为重要。该契约不仅能够提升制造商和零售商的收益，更能促进双渠道绿色供应链的发展，使其达到完全协调状态。线上线下渠道的供应链将形成互补合作的良好局面，推动整个供应链系统的优化与发展。

第三节 绿色供应链动力机制

一、绿色供应链管理系统的动力机制研究

随着国际市场环境的不断变化，国内许多企业面对新的企业环境变化未能及时调整，未能及时抓住市场机遇。很多小型企业因资金及企业规模等原因的限制，未能采取措施构建绿色供应链。为了能够更好地理解和发展我国企业的供应链管理，需要对绿色供应链管理的运行机制进行深入探究。绿色供应链管理系统的动力机制研究有以下三个前提条件。

其一，绿色供应链管理的目标是整条供应链的利益最大化。

其二，核心企业在整条供应链中处于重要主导地位，并且对其他企业的行为和决策有较大的影响，即供应链压力的存在。

其三，供应链管理需要所有企业的参与，以实现其经济效益。面对经济发展和环境保护的困境，企业面临来自各利益相关群体的压力。企业的经济绩效达到一定程度才能进行环境的改善进而提升环境绩效，最终形成经济与环境的良性互动循环。

在构建绿色供应链管理机制的过程中，效能和绩效尤为显著。首先，供应链的效能深受核心企业在供应链网络中的号召力及对环境压力转变的应对能力的影响。事实上，通过深度融入绿色供应链管理实践，中小企业能从核心企业获取资金援助和技术指引进而提升自身的竞争力。在特定行业中，核心企业往往对环境变化保持着高度的敏感性，会基于对环境压力的前瞻性预测，引导绿色供应链管理中的各参与方发挥积极作用，共

同推动供应链的绿色化进程。其次，经济绩效对绿色供应链管理也尤为重要，核心企业的环境压力影响到其经济绩效时，才会重视环境绩效。

二、绿色供应链管理动力转换模型

随着我国环境保护相关的法律法规不断完善以及消费者关注度的提升，企业的绿色转型迫在眉睫。绿色供应链管理实践将绿色环保理念贯穿供应链管理的全流程，对供应链全流程进行有效的污染预防与治理。企业行为既需要外部动力，也需要内部资源。外部动力是企业进行绿色供应链管理的直接原因，而内部资源对绿色供应链管理实践具有调节作用。

（一）强制性压力转换模型

随着资源价格和处理费用的不断上升，中国企业越来越注重能源的可持续问题。企业需要对产品的整个生产周期进行全流程监督，因此企业开始注重将生态设计理念融入供应链管理。此外，无形资源能够正向调节强制性压力与绿色采购和内部财务政策之间的关系，特别是无形资源较为丰富的企业，更有利于将强制性压力向绿色供应链行为转化。

（二）正规化压力转化模型

压力的存在促使企业重视对内部环境实践的管理以及对环境绩效相关的奖惩机制的关注，随着企业内部采购行为的不断推行，正规化压力还有助于企业深化与客户之间的合作。此外，无形资源会影响正规化压力向与环保企业合作转化，即企业所拥有的无形资源越丰富，其正规化压力转化为与客户环境合作的可能性就越大。而有形资源会影响正规化压力向与内部环境管理合作转化，即当企业拥有较多的有形资源时，其绿色供应链管理水平往往较高。企业如果缺乏无形资源，即使正规化压力存在且正向影响企业的绿色采购行为，也不一定能推动绿色供应链管理的发展；企业如果缺乏有形资源，正规化压力存在且正向影响企业的绿色采购行为，会使企业更加重视绿色供应链管理实践。

（三）竞争压力转化模型

绿色供应链管理实践与竞争压力之间虽并无直接明显的关联，但无形资源会负向影响竞争压力与绿色采购之间的关系，即企业拥有的无形资源越丰富，其面对竞争压力时越有信心，因此可能越不愿意与供应链的其他企业合作；有形资源则正向影响竞争压力的转化，即企业如果具备充足的有形资源，在面对竞争压力时，这些资源能够有效转化为内部财务政策和生态设计策略。此外，能力在竞争力转化为生态设计的过程中也有负向影响。在缺乏强制性压力和正规化压力的情况下，即便企业拥有绿色技术储备等能力，也可能会阻碍生态设计的实施。

三、零售企业绿色供应链动力系统的机理与构建

构建绿色供应链逐渐成为零售企业实现可持续发展的重要战略。我国零售企业针对自身的需求采取了不同的绿色供应链管理策略，但从总体上看还处于初级阶段。随着全球外部环境的急速变化以及竞争的加剧，零售企业如何进行绿色供应链的构建成为重要的课题。

(一) 零售企业绿色供应链动力系统的内容及工作机理

动力系统分为内部力量和外部力量，可对其交换机制进行探索。内部力量即零售企业自身的动力，而外部力量则包含政府动力、消费者动力、上游各级供应企业动力等。

1. 零售企业自身的动力

随着消费者对环保和可持续发展的关注度不断提高，绿色产品逐渐成为新的市场关注对象。零售企业选择绿色供应链管理，可以提升产品质量、安全性和可追溯性，增加产品的附加值和差异化优势，同时满足消费者对绿色低碳产品的需求和偏好。此外，绿色供应链管理可以通过优化产品设计、采购、生产、运输、销售、回收等环节，减少能源、物料和水等资源的消耗，减少废弃物和污染物的排放，从而降低运营成本和环境风险。同时，绿色供应链管理还可以提高信息透明度和协同效率，缩短响应时间和交货周期，进而提高客户满意度和忠诚度。因此，建立新的可持续竞争优势被视为零售企业构建绿色供应链的首要动力。

2. 政府动力

政府为企业绿色供应链管理的发展提供了政策及资金支持。随着全球气候变化和环境问题的日益严重以及公众对环保和可持续发展的认识不断加深，企业作为社会的重要组成部分，逐渐认识到在供应链管理中融入环保理念的重要性，从而减少对环境的负面影响。政府通过制定严格的环保法规和政策，要求企业减少环境污染、提高资源利用效率，并鼓励企业采用绿色生产技术和供应链管理。这些法规和政策不仅明确了企业的环保责任，还为企业提供了绿色转型的指导和支持。此外，环境危机和环境问题已经日益国际化，成为国际关系中的新挑战。随着国际贸易的不断发展，各国对环保和可持续发展的要求越来越高，绿色壁垒也日益成为影响国际贸易的重要因素。政府为了帮助企业应对国际贸易中的绿色壁垒，应鼓励企业加强绿色供应链管理，提高产品的环保性能和竞争力。

3. 消费者动力

消费者注重绿色供应链发展是出于对自身健康、环境保护以及社会责任等多方面的考虑，通过选择绿色供应链的产品，消费者可以支持环保事业、推动可持续发展、履行社会责任，并保障自身和后代的长远利益。绿色供应链发展强调在整个供应链过程中减

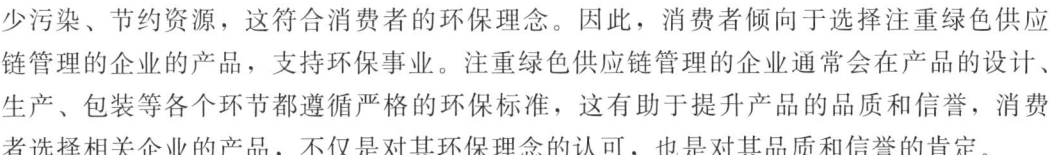

少污染、节约资源，这符合消费者的环保理念。因此，消费者倾向于选择注重绿色供应链管理的企业的产品，支持环保事业。注重绿色供应链管理的企业通常会在产品的设计、生产、包装等各个环节都遵循严格的环保标准，这有助于提升产品的品质和信誉，消费者选择相关企业的产品，不仅是对其环保理念的认可，也是对其品质和信誉的肯定。

4. 上游供应企业动力

上游供应企业之所以选择加入绿色供应链，主要源于可持续发展战略的需求以及现有社会环境压力和市场需求，同时为提升竞争力、优化资源配置、降低风险、履行社会责任以及获得政策支持。通过加入绿色供应链管理，上游供应企业可以共同应对市场波动和需求变化等不确定性因素，进而减少供应链的脆弱性。同时，通过协同合作还可以促进信息共享和风险共担，能够增强供应链的韧性和抗风险能力。上游供应企业的绿色意识及积极行动对零售企业构建绿色供应链起到了重要的推动作用。具体而言，原材料采购与获取方式的绿色性直接决定了最终产品的环保程度，进而影响零售企业的绿色经营策略，并最终决定消费者的绿色消费选择。因此，从源头确保原材料的环保性是构建绿色供应链的关键环节，降低库存成本，减少资源浪费，提高生产效率和产品质量。

（二）零售企业绿色供应链动力系统的构建

1. 零售企业绿色供应链自身动力系统的构建

企业绿色供应链管理观念的培育是一个综合且深入的过程，要求企业在日常运营中全方位融入环保和可持续发展的理念，包括提高全员的环保意识，明确将绿色供应链管理纳入企业战略规划，制定具体的环保政策和标准，组建专业的绿色供应链管理团队，与供应商建立绿色合作关系，积极推广绿色产品，并通过培训和考核提升员工的绿色供应链管理能力。同时，要建立绿色供应链管理绩效评价体系，定期评估绿色供应链管理的实施效果。这些举措共同构成了企业绿色供应链管理观念培育的完整框架，旨在确保企业在追求经济效益的同时，也积极承担环保责任，实现可持续发展。

此外，为了保障绿色供应链管理的经济效益，零售企业对现有的绿色营销手段进行优化，其中价格策略的调整尤为关键，因此在定价时应充分考虑消费者的购买能力，确保绿色商品价格的合理性；同时，随着消费者环保意识的提高，零售企业应积极采用并推广绿色包装，营造绿色经营环境，为企业树立良好的经营信誉。零售企业在宣传绿色产品时应实事求是，避免夸大宣传，确保消费者获取信息的准确性。

2. 零售企业绿色供应链政府动力系统的构建

在零售企业构建绿色供应链的过程中，政府在其中扮演了至关重要的引领角色。为促进目标的实现，政府应出台政策鼓励企业进行绿色供应链的构建并强化规制作用，促进经济与环境的和谐共生，实现可持续发展。为此，政府致力于引导企业采纳环保、节能的生产方式，通过制定相关政策和标准，推动企业采用绿色技术和管理方法，以降低资源消耗，减少环境污染，提高资源利用效率。这不仅有助于改善环境质量，保护生态

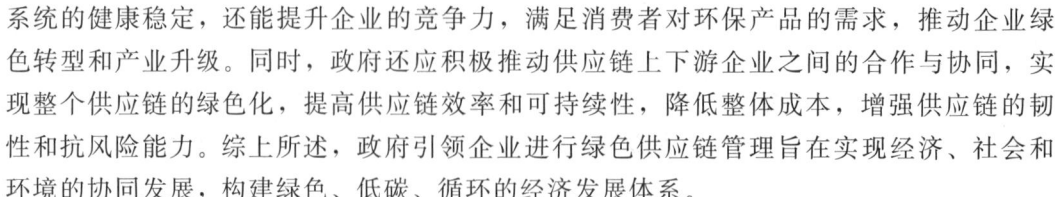

系统的健康稳定，还能提升企业的竞争力，满足消费者对环保产品的需求，推动企业绿色转型和产业升级。同时，政府还应积极推动供应链上下游企业之间的合作与协同，实现整个供应链的绿色化，提高供应链效率和可持续性，降低整体成本，增强供应链的韧性和抗风险能力。综上所述，政府引领企业进行绿色供应链管理旨在实现经济、社会和环境的协同发展，构建绿色、低碳、循环的经济发展体系。

3. 零售企业绿色供应链消费者动力系统的构建

消费者的绿色需求及消费行为能推动零售企业绿色供应链的构建。让消费者自发选择绿色产品，不仅需要其具备一定的文化素养和经济基础，同时还要拥有先进的消费理念和理性消费行为。因此，应该对消费者进行绿色消费的引导与教育。从引导绿色消费的主体来看，在推动消费者参与绿色供应链管理的进程中，政府、企业和非政府组织共同扮演着至关重要的角色。政府通过制定环保政策、标准和法规，为企业提供明确的绿色发展方向，并通过教育宣传活动提高消费者的环保意识，从而引导消费者选择绿色产品和服务。企业作为供应链的核心，通过环保材料、绿色生产技术和优化产品设计等，积极提升产品的环保性能，同时与供应链合作伙伴建立绿色合作关系，共同推动供应链的绿色化。而非政府组织则通过发布研究报告、提供咨询和指导、监督企业环保行为等方式，进一步推动政府和企业加强绿色供应链管理，确保环保理念在供应链中得到有效贯彻。

4. 零售企业绿色供应链上游供应企业动力系统的构建

上游供应企业参与绿色供应链构建的核心目的是响应可持续发展战略，实现经济与环境的双赢。具体而言，参与绿色供应链可以帮助企业降低环境风险，提升品牌形象，满足消费者对环保产品的需求，进而增强市场竞争力。同时，绿色供应链管理有助于优化资源配置，提高资源利用效率，降低生产成本，从而增强企业的经济效益。为推动制造企业积极参与并深化绿色供应链的构建，需从以下两方面着手：首先，应对制造企业的环境自律机制进行进一步的强化；其次，应搭建绿色制造技术公共服务平台以增强绿色技术的创新能力。上游供应企业参与绿色供应链的构建是一个系统工程，需要企业从多个方面入手，不断提高环保意识、制定绿色战略、推行绿色生产、建立绿色物流体系、加强合作与协同以及引入绿色认证等。

四、我国制造业绿色供应链管理的动力研究

绿色供应链管理作为循环经济在企业层面的实践，已成为制造业实现可持续发展的重要战略，因此对中国制造企业绿色供应链管理的动力/压力进行研究具有重要的意义。

（一）内在动力分析

企业的环境策略正逐渐成为其核心竞争力。当前，众多国际企业将绿色供应链管理视为企业不可或缺的战略组成部分。绿色供应链管理与质量管理一样，起初只受到行业

内部分企业的认可，但是现已成为企业不可或缺的实践行动。采用绿色供应链管理应对环境挑战的企业数量正不断增多，企业通过绿色供应链可以提升其企业形象并强化其市场竞争力。

企业的环境策略直接决定了其环境活动的走向，绿色供应链管理的主要动力源自其环境策略，任何管理活动的实施都伴随其成本的提升，绿色供应链管理也不例外。环境活动的成本与企业实施绿色供应链管理的意愿成反比，企业的环境活动成本越高，绿色供应链管理的实施意愿越低；但是，当有害材料的处置成本上升时，企业更愿意实施绿色供应链管理。通过绿色设计，企业可以有效避免或减少有害材料的使用，进而降低成本，减轻环境责任。因此，有害材料的处置成本越高，企业实施绿色供应链管理的意愿越强。

（二）外部压力分析

1. 法律法规

在众多影响因素中，法规政策对产品及工艺环保创新的影响最为显著，其次是市场压力和成本节约。为了顺应这一趋势，我国也制定了相应的环保法律，对企业污染行为进行制约。然而，目前我国法律对企业环境污染行为的处罚力度较弱且缺乏有效的监督机制。由于治理成本较高，部分企业可能会倾向于直接排放污染物。这种成本外化的行为，虽有利于企业短期收益的提升，但却与绿色供应链的整体目标冲突。尽管部分企业对法律法规的意识较强，但实施效果却并不显著。因此，政府需要进一步完善法规政策，加大对企业污染行为的处罚力度。此外，在完善法规政策与加大执法力度的同时，政府还应出台一系列鼓励企业实施绿色供应链管理的具体措施。

随着环境问题日益严重，传统的经济发展模式已经对地球生态系统造成了巨大的压力。为了实现可持续发展，降低污染排放和提高资源利用效率，绿色环保成为全球共识。中国作为世界第二大经济体，正在积极推动产业结构的调整，转向高技术产业和服务业，增加清洁能源和环保技术的投资，同时加强环境监管，倡导绿色、低碳、可持续的生活方式。

2. 供应链压力

供应链的压力主要源自供应商和终端消费者。供应商对中下游企业的成本、资源利用以及环保设计具有深远影响。然而在实际操作中，部分供应商往往将存在环保问题的产品引入供应链的中下游，对后期的运营造成干扰。在这样的情境下，供应商阻碍了绿色供应链的推广和发展。零售企业反而倾向于加入绿色供应链管理实践，通过加入绿色供应链，不仅可以保证上下游企业产品的稳定性，还能够通过成本节约的效益，将这一优势扩散至整个供应链中的各个企业。这种正激励无疑会进一步推动下游企业积极实施绿色供应链管理，从而实现整个供应链的绿色化、可持续化转型。

3. 消费者的环保意识

随着绿色环保理念的不断兴起，当前，众多消费者表示更倾向于为环保产品支付额外的费用，并且消费行为在很大程度上受到企业环境声誉的影响。随着消费者环保意识的日益增强，企业也面临越来越大的压力，这种压力也成为推动企业加入绿色供应链管理的重要推动力。随着公众环境意识和生活水平的不断提高，中国消费者也越来越倾向于购买绿色产品。在服装领域，纯棉和彩棉等环保材料备受消费者的青睐；在汽车市场，节能环保型汽车成为消费者的首选；在家电行业，节水省电型产品则受到广大消费者的追捧。上述变化都反映出消费者对于绿色生活方式的向往，也为企业实施绿色供应链管理提供了发展机遇。

第四节　大数据时代下的绿色供应链管理

一、大数据时代电子行业实施绿色供应链管理的研究

大数据深刻影响着全球企业的运营与商业模式，加速了企业创新。随着信息技术全球化和生态文明理念的深入，我国电子行业目前在数据平台、回收机制、政策机制等方面存在诸多问题，现阶段应利用大数据精准分析、预测、信息共享等功能来加强电子行业的绿色供应链管理，同时构建绿色供应链管理联盟，建立有效的绿色激励政策和措施。

（一）利用大数据加强电子行业绿色供应链管理

当前，随着技术的不断发展，众多前沿的现代系统已经融入信息化、网络化、智能化等先进的技术特性。这些系统将最新的红外技术、激光技术等高新科技应用于绿色供应链管理。这些新兴信息技术的应用不仅产生了海量的数据，同时也推动了系统的升级。在电子行业中，要将高新技术有效地融入绿色供应链，推动绿色供应链的发展，推动企业行动决策。通过充分利用这些先进技术，电子行业可以更加精准地把握市场动态，优化供应链管理，提高生产效率，降低环境影响，从而实现行业的可持续发展。

（二）建立支持绿色供应链管理的大数据分析平台

在绿色供应链管理中，核心企业具有举足轻重的地位，不仅需要积极制定并实施绿色发展战略以确保自身在生产、运营等各个环节实现环保转型，还需要利用其强大的品牌影响力，向供应链的上下游企业提出明确的绿色合作要求。这不仅是核心企业对自身社会责任的积极履行，更是对整个供应链绿色化进程的推动和引领。在确立了绿色发展战略以及合作伙伴关系之后，核心企业还应积极引入大数据理念，构建绿色资源大数据库和数据分析系统。通过数据分析，核心企业可以更好地优化资源配置，提高资源利用

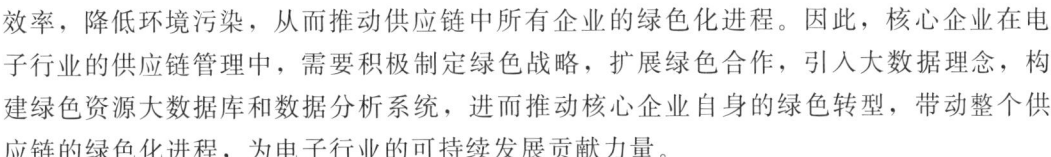

效率，降低环境污染，从而推动供应链中所有企业的绿色化进程。因此，核心企业在电子行业的供应链管理中，需要积极制定绿色战略，扩展绿色合作，引入大数据理念，构建绿色资源大数据库和数据分析系统，进而推动核心企业自身的绿色转型，带动整个供应链的绿色化进程，为电子行业的可持续发展贡献力量。

（三）利用大数据的数据预测优势把握产品设计

研究设计团队在对绿色供应链进行设计时，应深入考量该产品在整个生命周期的各环节可能对环境造成的影响。因此，设计团队必须关注绿色环保零部件在产品中的应用。在大数据的推动下，研发设计人员能够高效地挖掘供应链其他环节中有价值的信息并及时做出设计调整。更为重要的是，通过对大数据的深入分析，研发设计团队能够针对客户个性化的需求进行设计，从而扩大市场份额。随着大数据技术的发展，对消费者用户需求的获取已经变得简单和快捷，通过大数据技术能够更快地对消费者的信息进行收集和分析，了解消费者的变化及偏好，定制化提供设计方案，迅速调整产品设计方案，加快产品迭代速度，以提升对客户需求的响应效率。这一变革不仅优化了产品设计流程，也显著提升了企业的市场竞争力。

（四）利用大数据实现电子产品环保安全追溯

通过对电子产品打造全面而统一的身份识别体系，能够实现对电子产品从零部件采购到生产、再到最终销售全过程的精准追溯，该系统赋予了消费者前所未有的便捷与知情权。消费者只需通过扫描产品上的条码，便可以一键获取有关电子产品的详尽信息，包括产品是否含有有害化学物质、其含量是否超标、辐射强度如何以及碳排放量大小等关键指标。透明化的信息查询方式，不仅让消费者对所购买的电子产品有了更清晰的认识，也让其在购买时能够做出更明智的决策。同时，这一举措的实施还进一步推动了相关流程的规范化与市场化监控。通过对电子产品全流程的严格把控，企业能够及时发现并解决产品潜在的质量问题以及了解其环保性。这不仅是对消费者权益的有力保障，也是对整个电子行业健康、可持续发展的有力推动。

（五）利用大数据构建电子产品的产业循环渠道

电子废弃物中往往含有铅等有毒有害物质，同时也富含玻璃、聚酯、稀有金属等有价值的可回收资源。通过对电子废弃物的合理处理和利用，能够将其转化为可再利用的资源。消费者主要通过线下实体店和线上网店两种途径购买电子产品，在网上购物平台留下了大量购买数据。利用大数据技术在电子产品产业中构建循环渠道，意味着通过深度挖掘和分析大量的数据资源，以实现电子产品从研发、生产、销售到回收再利用的全链条优化。这种循环渠道不仅提高了产业链的效率，也促进了资源的有效配置和市场的精准响应。因此，利用大数据构建电子产品的产业循环渠道，不仅有助于提高产业链的整体效率和市场竞争力，还有助于推动产业的可持续发展。

（六）以数据分析为依据，有效降低绿色供应链管理的成本

随着企业推行绿色供应链，企业的成本会不断增加。此时精准的数据分析和科学的决策方法成为降本增效的关键所在。我国电子商务巨头阿里巴巴所推出的"聚石塔"平台，便通过其强大的数据分析能力，显著降低了企业在选址、投递等环节的成本，为电子行业发展绿色供应链提供了有力的技术支撑。大数据及数据分析的目的正是优化生产效率、降低生产成本。在绿色供应链管理实践中，决策之前应进行充分的数据分析。在数据库及分析方面的投入须考虑企业的实际状况，进行细致规划和深入分析，这样才能实现成本的有效控制，进而推动企业发展，提升整体效益。

（七）构建绿色供应链管理联盟，提高行业竞争力

从发达国家实施绿色供应链管理的经验来看，全面推行绿色化管理并构建数据库与数据分析平台仅凭个别企业的力量是远远不够的，因此有必要建立行业联盟，实现可持续发展，应对日益严峻的环境挑战。通过汇集供应链上下游企业的力量，共同推动环保理念和技术在产品研发、生产、物流等各个环节的深度融合。通过优化资源利用、减少废弃物排放、提升能源效率等措施，降低整个产业链对环境的影响。同时，绿色供应链管理联盟还致力于提升产品的质量和效率，以满足消费者对环保、高效、优质产品的需求。这种综合性的改进将使整个行业在保持竞争力的同时，实现绿色、低碳、循环的可持续发展。

二、绿色供应链对企业环境治理的推动作用

随着外部环境的急剧变化以及各国对绿色供应链的不断重视，我国政府从机制建设上开始重视倡导绿色供应链的管理实践，其中建立绿色供应链大数据平台是应对当前环境变化以及解决环境治理问题的重要途径。

（一）优化应对策略，显著缓解供应链环境合规挑战带来的冲击

近年来，随着国家对环境监管力度的加大以及相关法律的不断完善，企业违法排污或环境管理不当所引发的经营损失成本不断升高。企业违法排污对环境的危害巨大，不仅直接污染水源、土壤和空气，破坏生态平衡，还可能危害公众健康，引发疾病，甚至对生态系统造成长期不可逆的损害，严重影响社会的可持续发展。更为严重的是，若企业存在超标排污等一系列不环保行为，可能会面临限产甚至停产，从而严重影响企业的正常经营及生产，还会破坏上下游供应链的稳定运营。

在此背景下，企业开始逐渐重视不环保行为带来的一切风险及成本。因此，供应链环境信息的及时披露与共享显得尤为重要。通过制定和实施优化应对策略，企业能够显著缓解供应链中环境合规挑战所带来的经营冲击，这些策略包括加强环境管理、提高资源利用效率、引入环保技术，以及加强与供应商和合作伙伴的沟通与协作，确保整个供

应链在符合环保法规的同时，保持高效稳定的运营状态。因此，加强供应链环境信息的及时披露与共享，对于提升企业的环境管理水平、保障供应链的稳健运行具有重要意义。

（二）有效促进供应链环境责任延伸，实现区域污染治理共建

在国家产业经济与外贸战略的大背景下，大量的产能与建设需求逐渐从东部沿海地区向内陆及西部地区转移。这一转移过程不仅带来了经济发展的新机遇，也伴随着一系列挑战，其中最为突出的问题便是可能因产业结构的调整而发生区域性变化。为了解决这一问题，绿色供应链环境信息的有效传递，以及上下游供应链节点间的环境行为监督成为关键所在。通过绿色供应链环境信息的传递，企业能够更清晰地了解自身的环境责任与义务，并在实际操作中切实履行。同时，上下游供应链节点间的环境行为监督也发挥着重要作用。通过相互监督，企业能够及时发现并纠正潜在的环境问题，防止环境污染的发生。此外，信息管理在提升上游环境管理水平相对滞后地区的企业的环保意识和能力方面发挥着重要作用。通过信息共享与交流，中小企业能够学习先进的环保理念和技术，不断提升自身的环保能力，这将有助于降低这些地区的环境风险，促进区域经济的可持续发展。

（三）有效规避日益激烈的环境贸易壁垒

在当今全球化贸易环境中，随着环保意识的日益增强，环境贸易壁垒已成为影响企业国际竞争力的关键因素。为了有效规避这些日益激烈的环境贸易壁垒，企业须积极采取一系列措施，如提升产品环保标准、加强绿色供应链管理、引入环境友好型生产技术等，以符合国际环保法规要求，确保产品在国际贸易中的顺畅流通，从而赢得市场竞争优势。因此，为了有效规避日益激烈的环境贸易壁垒，企业须积极采取综合性策略。首先，加强环境管理，确保生产过程符合国际环保标准和法规要求，以减少因环境不合规而引发的贸易障碍。其次，企业应加大研发投入，引入环保技术和创新工艺，提升产品的绿色竞争力，满足市场对环保产品的需求。同时，加强供应链管理，与供应商建立紧密的合作关系，确保整个供应链在环境方面符合标准，避免因供应链中的环境问题影响企业出口。此外，企业还应关注国际贸易政策和法规的动态变化，及时调整出口策略，避免潜在的环境贸易壁垒风险。通过这些措施，企业能够有效规避日益激烈的环境贸易壁垒，保持在国际市场的竞争力。

第五章　企业环境行为消费者感知评价响应模型

　　企业内部影响因素是市场消费者对企业产品或服务选择行为的体现，因此市场因素是对企业环境行为产生影响的重要力量。消费者是市场交易主体，对其企业环境责任感知、消费意识与消费行为的影响因素、消费理念变迁等的研究对建立生态文明与实现低碳发展目标都有重要意义。基于现实发展的客观需要，本章从信息扩散视角与消费者响应角度探究政府及企业可以采取的措施，促使企业的环境行为更好地被消费者认知，进而使得企业环境投入能够通过市场机制得以回报，形成环境保护的良性循环机制，最终构建经济增长与环境保护同步的治理模式。

第一节　消费者视域下企业环境行为研究缘起

　　当前人类对大自然的影响已经突破了自然生态系统的自我修复临界值，全球许多国家与地区面临或即将面临资源枯竭、生物多样性减少、土地荒漠化、淡水资源匮乏、空气污染严重等一系列环境问题。世界经济体系中全球价值链、跨国生态与"共生"经济也使得各国经济政策日益凸显对生态环境的关切以及对人类居住环境的保护。人们更加深刻地认识到企业对生态环境的影响和作用，公众、社会、政府对良好企业的要求与期望已不仅仅停留在守法经营、提供合规产品、保证就业、落实员工福利等要求上，生态环境要求已经内化为企业行为的基本要求，环境问题已从边缘性问题逐渐演变为全球政治和经济议程的中心话题。

一、理论需要

　　企业承担社会责任是构建企业核心优势的重要途径，现有关于企业环境行为的相关研究都试图直接研究企业环境行为与企业绩效之间的关系。但由于国内外地区经济发展的差异性，多数学者对研究地区与样本的选择都各有特点，尚未有企业环境绩效与企业经济绩效两者一致性的权威结论。已有研究从企业承担社会责任的必要性与价值观、商业伦理等层面出发，论证了企业履行环境行为的必要性。但是，企业环境投入到底能够在多大程度上转化为消费者的实际消费行为尚不清楚，这种投入回报路径的不确定性使得企业宁可承担法律风险，将生产过程中的环境损害外部化。当前研究未能证明行为与绩效的一致性是因为尚未明确企业环境行为对市场消费者行为的影响与作用路径，因此有必要对企业环境行为消费者感知评价响应机制进行深入研究，为进一步探究企业环境行为与企业绩效关系的研究奠定基础。

在计划经济时代，交易市场基本由供方决定，强势的卖方市场使得"看不见的手"未能产生应有的作用，消费者需求与行为并未被理论界与经济主体所重视。随着市场经济体制的逐步完善，对消费者需求与行为响应的研究也逐渐展开，相关研究主要聚焦在企业社会责任、消费者行为与企业绩效的相互作用关系上。新时期日益凸显的全球性环境问题衍生出的绿色消费理念也正影响着市场参与方。环境资源稀缺性带来的美学价值、健康价值、安全感等效用，使得生态环境需求附注于任何一种可消费产品的内在价值中，产品或服务的提供者因此成为消费者环境诉求的主要承压方。在社会舆论的监督导向下，政府环境压力最终也将通过制定环境法律规范与政策措施传导给企业。市场作用机制正成为促使政府与企业进行环境保护与治理的积极力量，深入探讨消费者企业环境责任评价响应机理，将有助于填补当前企业环境行为研究领域对消费者响应研究的不足，为企业环境行为、消费者行为以及经济社会环境治理等领域提供一定的理论补充。

二、现实需要

随着环境公约、各国绿色壁垒与全球性气候谈判引起越来越多人的关注，以及我国经济内在的对转变经济发展方式与调整经济结构的迫切需要，同时实现经济"又好又快发展"面临着严峻挑战。企业既作为经济增长的主要推动力量，又作为资源环境消耗的最重要主体，其环境行为直接决定了生态环境质量。

我国工业化进程起步晚，工业基础薄弱，因此资本高投入、资源高消耗、环境高污染是我们过去经济发展的主要特征，也给我国经济社会发展带来了各种滞后性后果，如各种环境危害事件和经济结构严重失调等。我国工业发展受到的资源环境约束较为显著，企业污染排放、资源能源高投入是造成我国环境形势严峻的主要原因。企业短期经济行为严重地制约了我国经济发展方式向节能、环保、低碳方向转变，企业环境责任表现已成为影响整个社会和谐发展的重要因素。国际发展实践与经济学界的研究表明，如果一个国家或地区的经济发展主要依靠投资拉动，资源环境的不可再生性带来的制约将日益凸显；而如果主要靠出口推动，则不可避免地容易受到大的经济周期、贸易战争、突发事件等的牵制。

消费者对企业的认可与接受是企业生存与发展的基础，而只有企业承担社会责任的实际行动与消费者的期待高度契合，企业承担社会责任的行为才能得到市场回报。随着当前我国经济结构调整与扩大内需战略逐步实施，消费者在市场中的主体地位逐步凸显以及绿色消费偏好的普及，响应生态环境形势与社会、市场舆论压力成为企业生存发展必须考虑的战略性问题。

第二节　企业环境行为消费者感知评价响应模型的构建与分析

企业积极承担环境责任会提高消费者对企业产品与服务的感知，提高消费者对企业的评价与购买产品服务的意愿，而负面企业环境行为会起到相反的作用。市场力量依托价格机制、舆论压力等形式将这种反馈效应传导给企业，企业通过投资活动、技术研发、信息公开等方式维护消费者权益，积极践行清洁生产与低碳发展理念，进而获得更多消费者的认可。消费者对企业社会责任的感知绩效、期望、期望一致性和企业动机的理解会影响消费者购买行为满意度（卢东，2010）。消费者成为企业实现绿色发展的重要推动力量，消费者感知对企业社会责任响应具有重要影响。消费者感知是指市场产品、企业信息等直接或间接作用于消费者而留下的整体印象，具体包括消费者质量感知、风险感知、动机感知、价值感知等，是影响消费者产生对产品、企业的评价响应与购买意愿的心理基础。

一、企业环境行为消费者感知评价的影响因素分析与模型构建

（一）企业环境行为消费者感知评价的影响因素分析

1. 感知质量

国内已有的社会责任研究对消费者感知研究多数停留在消费者整体感知、消费者评价与企业认同感层面，尚缺乏从企业社会责任不同内容视角出发、研究企业环境责任水平对消费者感知影响的相关研究。国外研究成果和公司实践已经表明，高度的消费者认同、高层次的产品与服务感知有利于提高企业利润、节约成本和扩大市场份额。产品和服务的消费者感知质量因此成为企业市场优先导向目标。

消费者感知质量是指消费者根据自己的需要、已有经历以及从市场上收集到的相关信息，对企业的产品与服务所做出的评价，具有主观性、抽象性、相对性与非全面性等特征。营销服务与产品的实际使用过程较难控制，所以质量始终是消费者进行消费行为时最关注的维度。国外学者根据不同产品类型提出了不同的产品质量感知维度。Merrie Brucks，Valarle A. Zeithaml 与 Gillian Naylor（2000）采用定性研究方法，首先提出了一个概括性的耐用产品质量维度测量指标，包括易用性、通用性、耐久性、可维护性、性能和信誉。Valarie A. Zeithaml，Leonard L. Berry 与 A. Parasuraman（1988）使用"直接研究"的定性技术方法，通过对公司的管理者和员工的观察与信息收集，探索性地发现了一系列合理且系统地影响消费者感知质量的因素。如果企业产品生产过程中采取的

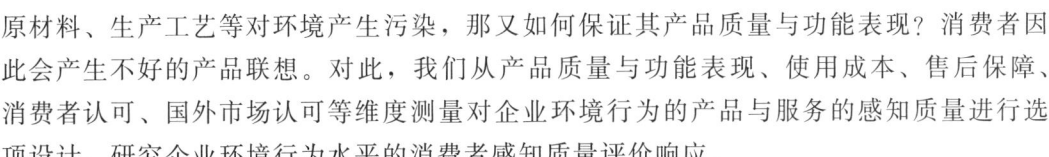

原材料、生产工艺等对环境产生污染，那又如何保证其产品质量与功能表现？消费者因此会产生不好的产品联想。对此，我们从产品质量与功能表现、使用成本、售后保障、消费者认可、国外市场认可等维度测量对企业环境行为的产品与服务的感知质量进行选项设计，研究企业环境行为水平的消费者感知质量评价响应。

2. 感知风险

消费者行为不仅受产品感知质量的影响，同时也受到产品感知风险的影响。消费者的行为决策往往倾向于感知风险最小化（蔡建林和周梅华等，2012）。"感知风险"包括两个方面，即决策结果的不确定性和错误后果的严重性。例如，当相关企业产品与服务因采用了新原理、新技术、新工艺、新材料等，致使产品价格偏高，较难被消费者认知和接受，还可能带来一定的隐性成本风险。另外，企业生产商或分销商因负有企业社会责任，可能会让购买者产生心理负担、声誉受损等。与消费者感知质量一样，消费者感知风险同样具有主观性特征。消费者行为的中心问题是选择，但由于选择的结果只能在将来获悉，故消费者必须处理不确定性或风险（Mitchell V. W.，1999）。赵冬梅和纪淑娴（2010）从信任和感知风险角度的实证研究表明，感知风险是影响消费者，尤其是初次购买者的购买态度和意愿的重要因素。井森等（2005）把消费者感知风险细化为经济风险、绩效风险、身体风险、时间风险、隐私风险、服务风险、社会风险和心理风险八个维度。考虑到风险的可操作性与消费者的可理解性，可以从六个方面对消费者企业环境行为水平的可能风险感知进行测量指标设计，包括法律道德风险、身体安全风险、功能缺陷风险、退换货风险、维修风险和淘汰风险等。

3. 感知动机

威慑理论认为企业采取环境行为的驱动因素之一是企业已经获取的有关环境污染的威慑知识，包括自身及其他企业遭遇过的威慑经历，如政府的行政许可与行政处罚。企业为避免遭遇处罚会主动采取环境友好行为。动态观点认为企业环境行为是受经济利益驱动的，并且创新绿色管理可以提高生态效率，超过一定期限后，这种效率提高带来的收益完全可以抵消因实施绿色管理而增加的成本。竞争对手不同的企业社会责任行为对企业行为有着差异化的影响。陈兴荣等（2012）认为企业积极环境行为的驱动因素包括政府环境规制、市场需求引导、企业规模扩张三方面。不断提高的环境规制与日益严格的环境违规处罚使得企业环境违法成本大大增加，企业主动或被迫采取积极的环境行为，市场消费者的绿色消费倾向使得承担环境责任成为企业构建自身核心能力的重要途径。相关研究表明，消费者对不同动机驱动的企业环境行为，其产品评价、企业认可与行为响应都有差异。而消费者个人经历带来的消费情感对消费者企业环境行为动机感知有显著影响。因此，以道德监督、利益驱动、媒体舆论、政府监管与行业竞争五个指标测量消费者对企业环境行为的动机感知。

4. 消费情感

消费情感具体可分为当前责任与今后义务。当前责任主要是对其自身所生存的生态环境现状的认识、理解与行动愿望；今后义务主要是对其自身以及整个人类社会今后生存的担忧与义务承担。消费者由于个性、成长经历等的不同，对企业环境行为的关注度、认知、环境情感、环境偏好与评价都有显著差异（郭红玲，2006；刘佳刚，2011）。受教育水平越高的消费者，由于对社会发展的趋势更有预判性，会更加关注与个人、家庭、国家、子孙后代长远发展等密切相关的企业责任。由于这部分人群的收入水平往往偏高，物质层面的需求已经得到满足，会从更高层面来提升个人行为以及评价企业行为，对企业履行环境责任的评价也更为苛刻。同时，文化水平是影响消费者环境意识与环保知识的最关键因素，因此受教育年限越长的群体，其环境情感与环境偏好会更强。受教育程度更高的消费者会更倾向于积极响应企业环境行为，以期通过个人行为，达到维护环境、宣传环保理念的作用（李莉和范叶超，2011）。上述基本特征反映了个人对环境做出反应的内在情感因素，它直接影响了一个人对商品、企业的选择，即消费情感因素，并以消费行为中对当代环境保护与后代环境关怀的程度来进行衡量。

5. 感知价值

价值是消费者进行相关活动的主要判断标准，正如企业实施环境行为是由动机驱使，消费者绿色消费行为也是由价值感知推动。消费者"感知质量"与"感知风险"影响着消费者"感知价值"，消费者的购买行为的基本目标都是为了获取价值。消费者对消费行为的感知价值决定了消费者消费行为的满意度以及向他人推荐或者再次购买的可能性。

消费者价值感知对消费者行为意向、行为选择有着重要影响。消费者感知价值的维度可划分为社会价值、经验价值、功能价值以及市场价值等维度。由于消费者价值感知除了与远期的社会责任、自我实现等价值密切相关，也与当前消费者的行为体验紧密联系。现有研究未能与消费者的日常联系。由于消费者感知质量、感知风险、感知动机与消费情感最终都是获取消费者所期待的感知价值，所以感知价值对消费者企业环境行为市场响应起着更为关键的作用。获得认可是消费者价值感知最重要的维度，因此以消费者成就获得感、群体认可度、消费者行为群体影响力、对消费者生活品质提高的帮助、给他人留下印象等消费者价值获得感作为消费者价值感知的主要衡量指标。

6. 评价响应

消费者作为企业外部利益相关者中最重要的主体，其行为影响着企业的经营运转。企业的一切行为都是围绕消费者展开的，并期待消费者行为的积极响应。消费者对企业环境行为的评价响应可以分为品牌认可与行为响应。品牌认可表现为品牌忠诚度与品牌扩散意愿，行为响应包括购买意向与购买行为。多数学者认为，企业社会责任对消费者品牌认可、品牌忠诚度与购买意向有重要影响。国外的学者将消费者对企业社会责任的响应分为心理层面的响应与行为方面的响应：企业社会责任表现与消费者企业社会责任联想首先对消费者产生心理层面的响应，然后产生行为方面的响应，而只有后者才对企业的经济效益产生直接影响。因此，企业承担越多的社会责任，其价值也越大（Luo and Bhattacharya，2006）。行业内企业社会责任水平高的企业，消费者行为意向也相对较高，并可以接受一定水平的产品与服务价格涨幅。

消费者对企业社会责任的认知也影响对企业责任行为的评价、购买意向，进而影响企业的声誉与经营成本。刘佳刚（2011）设计了两种消费者对企业社会责任积极响应的情境：一种是在同等条件下消费者愿意优先购买积极承担社会责任的企业产品，另一种是消费者愿意承担更多成本来购买积极承担社会责任的企业产品的程度。蔡瑞林等（2015）研究了企业社会责任的不同维度与不同社会责任消费倾向，以及企业评价之间的相互关系。研究发现消费者对不同社会责任维度的评价响应与信息敏感性存在差异，消费者企业社会责任期望与企业社会责任匹配度会影响消费者对企业的评价。

（二）企业环境行为消费者感知评价响应模型的构建

不同类型的消费者、不同地域标识的消费者，在消费行为响应方面有着明显差异。具有社会责任意识的消费者会注重其消费行为可能产生的公共影响，包括社会影响与生态环境影响；而需求层次较低的消费者，企业社会责任承担对其消费行为并无明显影响。研究表明，企业社会责任对消费者企业评价、认同、忠诚度与购买意愿产生积极作用。由于消费者对企业产品的质量、风险、价值与行为动机感知会影响消费者对商品或服务的态度与购买行为，消费者购买行为的动态调整是为了降低其行为潜在风险的可能性与危害程度，所以有必要从消费者感知视角出发认识和了解消费者企业环境行为响应规律。

本节将主要基于转型期消费力量崛起背景，探讨消费者对企业环境责任关注度、产品与服务质量感知、价值感知、风险感知、动机感知等方面是如何影响消费者企业评价与企业认同感，进而导致不同的行为响应。企业环境行为消费者感知评价模型如图 5-1 所示。

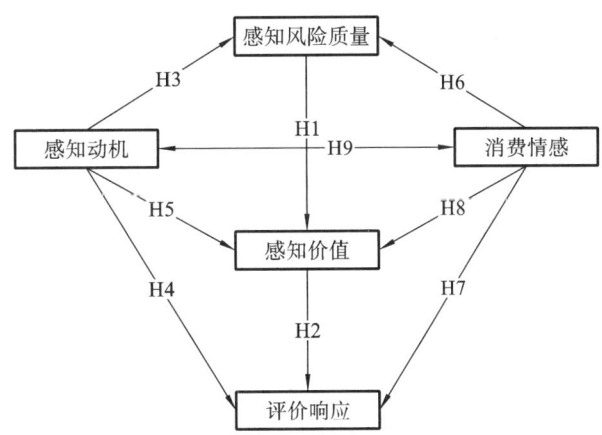

图 5-1　企业环境行为消费者感知评价响应模型

根据已有的相关研究，通过归纳总结相关研究成果，在构建本章理论模型的基础上提出模型相关变量间的假设关系如下。

H1：消费者感知质量风险对消费者感知价值有显著正影响。

H2：消费者感知价值对消费者评价响应有显著正影响。

H3：消费者感知动机对消费者感知质量风险有显著正影响。

H4：消费者感知动机对消费者评价响应有显著正影响。

H5：消费者感知动机对消费者感知价值有显著正影响。

H6：消费情感对消费者感知质量风险有显著正影响。

H7：消费情感对消费者评价响应有显著正影响。

H8：消费情感对消费者感知价值有显著正影响。

H9：消费者感知动机与消费情感之间有着显著的相互影响。

二、企业环境行为消费者感知评价响应实证分析

基于对企业环境行为消费者感知与评价影响因素的分析，结合企业环境行为研究领域、消费者行为领域的已有研究成果与相关理论，从企业环境行为的消费者视角，提出了消费者感知质量、感知风险、感知价值、感知动机、消费情感、评价响应六维变量，并设计了调查量表。

（一）企业环境行为消费者感知评价响应问卷设计

企业环境行为消费者感知评价响应问卷设计主要分为两部分。第一部分是对被调查消费者个人基本信息的收集，采用性别、户籍、年龄、学历、出国情况、收入水平等人口统计基本指标来测量，消费者基本信息都是可能影响消费者对企业环境行为关注度与响应的重要因素。第二部分是问卷的核心内容，包括消费者对企业环境行为及其产品与服务的感知、消费者企业环境行为感知动机归因、消费者企业评价、企业认同感、行为响应等。我们采用 Likert 量表，消费者观点"非常同意、同意、不确定、不同意、非常不同意"分别赋以 5 分、4 分、3 分、2 分、1 分的分值。

对于不同维度的条款进行编码。感知质量维度条款包括功能表现（FP）、使用成本（UC）、售后保障（SG）、消费者认可（CA）、国外市场（OM）；感知风险维度条款包括法律道德风险（ML）、身体安全风险（PS）、功能缺陷风险（FD）、产品退换货风险（PR）、产品维修风险（PM）、产品淘汰风险（PE）；感知价值维度条款包括消费成就感（BA）、生活品质（QL）、良好印象（FI）、群体认可（GA）、群体影响（GI）；感知动机维度条款包括道德监督（MS）、利益动机（ID）、媒体舆论（MP）、政府监管（GS）、行业竞争（IC）；消费情感维度条款包括消费行为环境保护（CP）、后代环境保护（OP）；评价响应维度条款包括支持限塑令（SPL）、企业环保主体（EPS）、购买企业产品（PEP）、承受价格涨幅（BPI）、价值正相关（PCV）。

（二）企业环境行为消费者感知评价响应问卷质量分析

为检验问卷设计的合理性、可操作性与问卷信度和效度是否满足基本要求，在正式调查前进行了预调查并回收 50 份问卷，对问卷质量进行分析。预调查阶段主要检测了问卷设计的合理性、可操作性与问卷信度和效度。正式调查则通过借助社交网络与线下调查渠道，累计发放问卷 226 份，问卷有效数量为 222 份，有效回收率为 98.23%。基于预调查阶段的探索性因子分析进一步完善了此前提出的理论模型。

1. 信度检验

信度是指采用同样的方法对同一对象重复测量时所得结果的一致性程度，即鉴定测量结果的一致性和稳定性。信度检验结果如表 5-1 所示。

感知价值维度在删除条款群体影响（GI）后，Cronbach'α 系数由 0.711 变为 0.817；评价响应维度在删除条款企业环保主体（EPS）、价值正相关（PCV）两个条款后，Cronbach'α 系数由 0.690 变为 0.716；感知动机维度的 Cronbach'α 系数为 0.669，也接近 0.7。经过调整后的量表整体信度为 0.906，包含有 25 个条款。可见，预设的潜变量条款调整后，除感知动机维度外，其余维度的 Cronbach'α 系数都超过了 0.7，调查量表具有较高的信度。

表 5-1　量表信度检验结果

影响因素	基于标准化项的 Cronbach'α	因素	项已删除的 Cronbach'α	删除指标	调整后的 Cronbach'α
感知质量	0.882	FP	0.856	—	0.882
		UC	0.847		
		SG	0.840		
		CA	0.870		
		OM	0.863		
感知风险	0.940	ML	0.924	—	0.940
		PS	0.925		
		FD	0.925		
		PR	0.923		
		PM	0.924		
		PE	0.942		
感知动机	0.669	MS	0.668	—	0.669
		ID	0.585		
		MP	0.570		
		GS	0.583		
		IC	0.660		
消费情感	0.732	CP	—	—	0.732
		OP	—		
感知价值	0.711	BA	0.593	GI	0.817
		QL	0.621		
		FI	0.541		
		GA	0.589		
		GI	0.813		

影响因素	基于标准化项的 Cronbach' α	因素	项已删除的 Cronbach' α	删除指标	调整后的 Cronbach' α
评价响应	0.690	SPL PEP BPI EPS PCV	0.586 0.609 0.563 0.677 0.638	EPS PCV	0.716
整体	0.913				0.906

2. 效度分析

效度是指测量工具或手段能够准确测出所需测量事物的程度，用于分析测量结果是否能真正反映测量目标和意图。效度又分为内容效度、准则效度和结构效度。其中，内容效度比较容易受到测试者个人因素的影响；准则效度的不足之处在于效标的选择仍然是靠主观判断的，有些作为效标的测量工具只是被假定是有效的，并没有理论依据。结构效度分析所采用的方法是因子分析，而 KMO 值是判断是否适合进行因子分析的前提。

（1）感知质量效度分析

感知质量维度条款包括功能表现（FP）、使用成本（UC）、售后保障（SG）、消费者认可（CA）、国外市场（OM）。由感知质量维度的结构效度成分矩阵可知，KMO 值为 0.815，适合进行因子分析。方差值为 218.545（P 值 = 0.000），累计方差解释量为 68.073%，效度较高。具体结果如表 5-2 所示。

表 5-2　感知质量效度

题项	成分矩阵	其他指标
	成分 1	
SG	0.87	
UC	0.852	KMO：0.815
FP	0.822	Bartlett 近似卡方：218.545
OM	0.803	Sig.：0.000
CA	0.775	累计方差解释量：68.073%

（2）感知风险效度分析

感知风险维度条款包括法律道德风险（ML）、身体安全风险（PS）、功能缺陷风险（FD）、产品退换货风险（PR）、产品维修风险（PM）、产品淘汰风险（PE）。由感知风险维度的结构效度成分矩阵可知，KMO 值为 0.816，适合进行因子分析。方差值为

217.179（P 值＝0.000），累计方差解释量为 77.002％，效度较高。具体结果如表 5-3 所示。

表 5-3　感知风险效度

成分矩阵		
题项	成分	其他指标
	1	
PR	0.905	KMO：0.816
PM	0.898	Bartlett 近似卡方：217.179
ML	0.896	Sig.：0.000
FD	0.891	累计方差解释量：77.002％
PS	0.887	
PE	0.782	

（3）感知动机效度分析

感知动机维度条款包括道德监督（MS）、利益动机（ID）、媒体舆论（MP）、政府监管（GS）、行业竞争（IC）。由感知动机维度的结构效度分析成分矩阵可知，KMO 值为 0.667，方差值为 38.946（P 值＝0.000），累计方差解释量为 43.925％，结构效度较差。道德监督（MS）的因子负荷为 0.4970，小于 0.5，应该删除。删除 MS 后，KMO 值为 0.689＞0.5，可以进行因子分析。累计方差解释量为 51.155％，即能够解释大部分的方差，效度良好。具体结果如表 5-4 所示。

表 5-4　感知动机效度

成分矩阵		
题项	成分	其他指标
	1	
MP	0.765	KMO：0.667
GS	0.762	Bartlett 近似卡方：38.946
ID	0.726	Sig.：0.000
IC	0.506	累计方差解释量：43.925％
MS	0.497	

（4）消费情感效度分析

消费情感维度条款包括消费行为环境保护（CP）、后代环境保护（OP）。由消费情感维度的结构效度成分矩阵可知，KMO 值为 0.50，方差值为 19.219（P 值＝0.000），累计方差解释量为 78.843％，效度较高。具体结果如表 5-5 所示。

表 5-5　消费情感效度

	成分矩阵	
题项	成分	其他指标
	1	
CP	0.888	KMO：0.50
		Bartlett 近似卡方：19.219
OP	0.888	Sig.：0.000
		累计方差解释量：78.843%

（5）感知价值效度分析

经过信度检验调整后的感知价值维度条款包括消费成就感（BA）、生活品质（QL）、良好印象（FI）、群体认可（GA）。由感知价值维度的结构效度成分矩阵可知，KMO 值为 0.746，可以进行因子分析。方差值为 66.919（P 值 = 0.000），累计方差解释量为 64.604%，效度较高。具体结果如表 5-6 所示。

表 5-6　感知价值效度

	成分矩阵	
题项	成分	其他指标
	1	
FI	0.765	
BA	0.762	KMO：0.746
GA	0.726	Bartlett 近似卡方：66.919
		Sig.：0.000
QL	0.506	累计方差解释量：64.604%

（6）评价响应效度分析

经过信度检验调整后的评价响应维度条款包括支持限塑令（SPL）、购买企业产品（PEP）、承受价格涨幅（BPI）。由评价响应维度的结构效度成分矩阵可知，KMO 值为 0.654，可以进行因子分析。方差值为 28.570（P 值 = 0.000），累计方差解释量为 63.880%，效度较高。具体结果如表 5-7 所示。

表 5-7　评价响应效度

	成分矩阵	
题项	成分	其他指标
	1	
PEP	0.849	
		KMO：0.654
SPL	0.780	Bartlett 近似卡方：28.570
		Sig.：0.000
BPI	0.767	累计方差解释量：63.880%

（7）量表整体效度检验

针对各部分的因子分析只检验了对应部分的结构效度，并未对整个量表的结构效度进行检验。因此，有必要结合探索性分析检验整个量表的结构效度。通过对预调查阶段回收的问卷的处理，我们进行了探索性因子分析，输出结果如下。本量表 KMO 值已超过 0.7，且 Bartlett 球形度检验统计量 Sig. 为 0.000，达到显著，即通过该量表收集的数据可以进行探索性因子分析。具体结果如表 5-8 所示。

表 5-8　量表整体效度

KMO 和 Bartlett 的检验	
取样足够多的 Kaiser-Meyer-Olkin 度量	0.732
Bartlett 的球形度检验	881.971
近似卡方 DF	300
Sig.	0.000

消费者采纳环保企业产品的影响因素归纳为五个主要因子。

第一个高载荷矩阵因子包括身体安全风险（PS）、产品维修风险（PM）、产品退换货风险（PR）、法律道德风险（ML）、售后保障（SG）、功能缺陷风险（FD）、使用成本（UC）、功能表现（FP）、产品淘汰风险（PE）、消费者认可（CA）、国外市场（OM）、道德监督（MS），这些变量绝大多数都是围绕环保企业与非环保企业的产品的质量与风险进行判断的，因此该因子可以命名为"质量与风险感知"因子，简称"质量风险"因子。该因子融合了预先设想的感知质量因子与感知风险因子。

第二个高载荷矩阵因子包括消费成就感（BA）、良好印象（FI）、群体认可（GA）、生活品质（QL），由于这四个变量都与消费者感知行为价值有关，因此该因子可以解释为"感知价值"因子。

第三个高载荷矩阵因子包括政府监管（GS）、媒体舆论（MP）、利益动机（ID）、行业竞争（IC），由于这四个变量都与消费者对产品或服务提供企业的企业环境行为动机感知有关，该变量可命名为"感知动机"因子。

第四个高载荷矩阵因子包括购买企业产品（PEP）、支持限塑令（SPL）、承受价格涨幅（BPI），这三个变量都与消费者环境认识、观点态度与行为相关，可以命名为"评价响应"因子。

第五个高载荷矩阵因子包括消费行为环境保护（CP）、后代环境保护（OP），这两个变量都涉及消费者浓厚的情感因素，包括对过去、当前以及未来的感情，大大影响着消费者的行为评价，因此可命名为"消费情感"因子。旋转成分矩阵如表 5-9 所示。

表 5-9　旋转成分矩阵[a]

	成分					
	1	2	3	4	5	共同度
PS	0.873					0.78

	成分					共同度
	1	2	3	4	5	
PM	0.863					0.823
PR	0.848					0.844
ML	0.84					0.785
SG	0.833					0.813
FD	0.833					0.84
UC	0.828				0.31	0.797
FP	0.791			0.306		0.791
PE	0.768					0.807
CA	0.62	0.38				0.628
OM	0.611					0.785
MS	0.498			0.474		0.577
BA		08I6				0.765
FI		0.805				0.795
GA		0.565				0.647
QL		0.565				0.716
GS			0.842			0.732
MP			0.77			0.673
IC			0.31			0.61
ID		−0.374	0.69			0.713
PEP						0.747
SPL						0.728
BPI						0.67
CP		0.364			0.799	0.789
OP		0.354			0.681	0.692
特征值	7.582	2.85	2.259	2.244	1.81	
方差贡献率（%）	30.329	11.398	9.035	8.976	7.238	66.976

提取方法：主成分。旋转法：具有 Kaiser 标准化的正交旋转法。

a：旋转在 10 次迭代后收敛。

探索性因子分析将感知质量与感知风险两个变量归为一类，这可能是由于质量维度与风险维度往往互为补充，相互关联。由上述信度与效度检验可知，调整后的调查问卷信度、效度良好，可以进行正式调查。

三、企业环境行为消费者感知评价响应数据分析

（一）描述性分析

通过对正式调查阶段回收的问卷进行编码、数据录入，并对录入的数据进行初步处理，得到被调查消费者基本信息如表 5-10 所示。

表 5-10　被调查消费者基本信息统计描述

变量	取值	频数	百分比（%）
性别	女	108	48.6
	男	114	51.4
户籍	非农业户口	133	59.9
	农业户口	53	23.9
	农转非	36	16.2
年龄（岁）	≥60	1	0.5
	46～60	4	1.8
	36～45	14	6.3
	26～35	82	36.9
	18～25	121	54.5
学历	硕士及以上	87	39.2
	大专/本科	127	57.2
	高中/中专/技校	7	3.2
	初中及以下	1	0.5
出国	经常	6	2.7
	偶尔	35	15.8
	没有	181	81.5
收入（元）	≥10000	15	6.8
	5000～10000	57	25.7
	2000～5000	80	36.0
	≤2000	70	31.5

（二）探索性因子分析

1. 初步探索性因子分析

探索性因子分析是一种强大的统计分析工具，旨在通过识别潜在因子来揭示观测变量之间的内在结构和关系，实现数据的降维和简化。不仅能够辅助科研人员理解复杂数据背后的核心因素，还能为理论构建提供实证支持，并在市场研究、心理学、社会学等多个领域发挥实际应用价值。值得注意的是，进行探索性因子分析需要大量的样本，一般经验认为，如果估计的因子数目为 N，则需要有其 5～10 倍的样本数目。同时，探索性因子分析和验证性因子分析是密切相连、不可分割的两个部分，在科学研究中，往往采用的策略是将两者结合使用，并深化科学研究。总体初步探索性因子分析具体见表5-11 和 5-12。

表 5-11　总体初步探索性因子分析的 KMO 和 Bartlett 检验

KMO 和 Bartlett 的检验	
取样足够多的 Kaiser-Meyer-Olkin 度量	0.874
Bartlett 的球形度检验	2789.604
近似卡方 DF	300
Sig.	0

表 5-12　总体初步探索性因子分析的旋转矩阵

	成分				
	1	2	3	4	5
FP	0.614				
UC	0.68				
SG	0.792				
CA	0.456	0.484			
OM	0.478				0.344
ML	0.71				
PS	0.793				
FD	0.825			0.306	
PR	0.795				
PM	0.84				
PE	0.705				
BA		0.742			
QL		0.683		0.316	
FI		0.741			
GA		0.679			
CP		0.365			0.753
OP		0.319			0.75
MS		0.349		0.302	−0.383
ID			0.528		
MP			0.75		

续表

	成分				
	1	2	3	4	5
GS			0.789		
IC			0.487		
SPL				0.646	
PEP				0.821	
BPI				0.708	

提取方法：主成分。旋转法：具有 Kaiser 标准化的正交旋转法。

CA 在因子 1 与因子 2 上的负荷量都在 0.40 左右，差异不大；MS 在因子 2 与因子 4 上的负荷量都在 0.3 左右，所以删除因子条款 CA 与条款 MS，进一步进行探索性因子分析。

2. 最终探索性因子分析结果

上述初步探索性因子分析输出的旋转成分矩阵结果，与预调查阶段探索性因子分析的结果基本一致，即总体变量条款可以提取为五个主要因子。与预调查阶段的探索性因子分析相对比，本次探索性因子分析第一个因子同样包括了产品维修风险（PM）、功能缺陷风险（FD）、产品退换货风险（PR）、身体安全风险（PS）、售后保障（SG）、法律道德风险（ML）、产品淘汰风险（PE）、使用成本（UC）、功能表现（FP）九个条款，分两次探索性因子分析依次筛选掉了预调查阶段探索性因子分析包含的消费者认可（CA）、道德监督（MS）、国外市场（OM）三个条款。经过对总体样本的三次探索性因子分析，第一个因子归纳的条款都是与产品的质量风险密切相关的，可命名为"质量风险"因子。第二个因子包括了消费成就感（BA）、良好印象（FI）、群体认可（GA）、生活品质（QL）四个条款，依旧命名该因子为"感知价值"因子。与预调查阶段探索性因子分析相同，本次分析中第三个因子也包括政府监管（GS）、媒体舆论（MP）、利益动机（ID）、行业竞争（IC），由于这四个条款都与消费者动机感知有关，命名该因子为"感知动机"因子。第四个因子同样包括购买企业产品（PEP）、支持限塑令（SPL）、承受价格涨幅（BPI），命名为"评价响应"因子。第五个因子包括消费行为环境保护（CP）、后代环境保护（OP），该因子与预调查阶段的探索性因子分析相同，这两个条款都反映了影响消费者消费行为的情感因素，消费行为应当承担的环境保护责任、对后代环境保护的认识与理解，进一步影响了消费者对消费行为的价值感知，这又影响着消费者的评价响应，因此可命名为"消费情感"因子。具体如表 5-13 所示。

表 5-13　总体第三次探索性因子分析的旋转矩阵

	成分				
	1	2	3	4	5
FP	0.614				0.329

	成分				
	1	2	3	4	5
UC	0.701				
SG	0.790				
ML	0.691				
PS	0.777				
FD	0.840				
PR	0.803				
PM	0.849				
PE	0.712				
BA		0.749			
QL		0.679		0.327	
FI		0.741			
GA		0.711			
CP		0.320			0.813
OP					0.812
ID			0.518		
MP			0.733		
GS			0.810		
IC			0.498		
SPL				0.640	
PEP				0.823	
BPI				0.718	

提取方法：主成分。旋转法：具有 Kaiser 标准化的正交旋转法。

（三）验证性因子分析

经过预调查阶段与正式调查阶段两个阶段的探索性因子分析，我们共抽出五个共同因子：质量风险、感知价值、感知动机、评价响应、消费情感。这五个共同因子包含的条款如表 5-14 所示。

表 5-14　潜变量测量指标

因素构面	具体内容
质量风险	产品维修风险（PM）、功能缺陷风险（FD）、产品退换货风险（PR）、身体安全风险（PS）、售后保障（SG）、法律道德风险（ML）、产品淘汰风险（PE）使用成本（UC）、功能表现（FP）

续表

因素构面	具体内容
感知价值	消费成就感（BA）、良好印象（FI）、群体认可（GA）、生活品质（QL）
感知动机	政府监管（GS）、媒体舆论（MP）、利益动机（ID）、行业竞争（IC）
消费情感	消费行为环境保护（CP）、后代环境保护（OP）
评价响应	购买企业产品（PEP）、支持限塑令（SPL）、承受价格涨幅（BPI）

为了验证在探索性因子分析中得到的因素结构模型是否与实际数据适配，根据探索性因子分析获取的因素构面，本研究构建了"企业环境行为消费者评价响应量表"因素理论模型，并对其进行了验证性因子分析。"企业环境行为消费者评价响应量表"验证性因子分析的概念模型如图 5-2 所示。

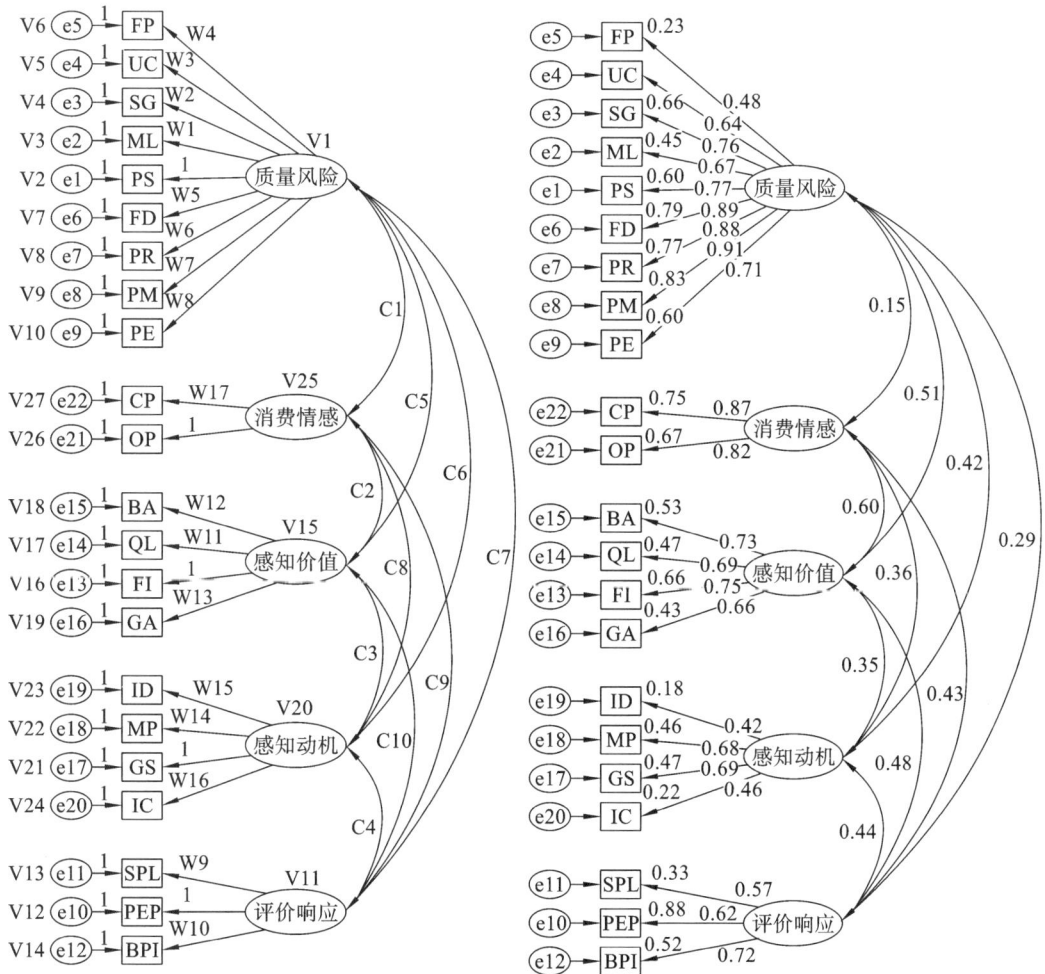

图 5-2　验证性因子分析模型与结果

由于在模型设定上将"质量风险→PS""评价响应→PEP""感知价值→FI""感知动机→GS""消费情感→OP"的未标准化回归系数设为 1，所以这五个参数不需要进行显著性检验。路径系数估计值检验是判别回归路径系数估计值是否等于 0，如果达到显著水平（P 值＜0.05），表示回归系数显著不等于 0。回归估计结果如表 5-15 所示。

表 5-15   回归估计

	Estimate	SE	CR	标准化回归系数	P	Label
PS←质量风险	1			0.774		
ML←质量风险	0.856	0.081	10.588	0.672	＊＊＊	W1
SG←质量风险	1.001	0.084	11905	0.747	＊＊＊	W2
UC←质量风险	1.026	0.105	9.791	0.636	＊＊＊	W3
FP←质量风险	0.763	0.106	7.219	0.48	＊＊＊	W4
FD←质量风险	1.207	0.082	14.765	0.886	＊＊＊	W5
PR←质量风险	1.135	0.078	14.535	0.88	＊＊＊	W6
PM←质量风险	1.18	0.077	15.243	0.91	＊＊＊	W7
PE←质量风险	0.948	0.086	11.084	0.706	＊＊＊	W8
PEP←评价响应	1			0.616		
SPL←评价响应	1.009	0.166	6.075	0.571	＊＊＊	W9
BPI←评价响应	0.958	0.152	6.305	0.724		W10
FI←感知价值	1			0.749		
QL←感知价值	0.96	0.104	9.203	0.688	＊＊＊	W11
BA←感知价值	1.104	0.112	9.829	0.725	＊＊＊	W12
GA←感知价值	0.954	0.108	8.872	0.659	＊＊＊	W13
GS←感知动机	1			0.688		
MP←感知动机	1.032	0.145	7.119	0.681	＊＊＊	W14
ID←感知动机	0.697	0.154	4.532	0.419	＊＊＊	W15
IC←感知动机	0.65	0.13	4.989	0.464	＊＊＊	W16
OP←消费情感	1	0.094	9.529	0.819		
CP←消费情感	0.899			0.865	＊＊＊	W17

由表 5-15 的标准化回归系数可知，FP、ID、IC 的标准化回归系数都未超过 0.5，可以进一步对验证性因子分析模型进行优化。删除这三个条款，进一步进行验证性因子分析。具体结果如表 5-16 所示。

表 5-16   协方差估计

	Estimate	SE	CR	P	Label
质量风险↔消费情感	0.052	0.027	1.922	0.055	C1
感知价值↔消费情感	0.163	0.028	5.799	＊＊＊	C2
感知价值↔感知动机	0.102	0.028	3.631	＊＊＊	C3
评价响应↔感知动机	0.124	0.032	3.83	＊＊＊	C4

	Estimate	SE	CR	P	Label
质量风险↔感知价值	0.178	0.033	5.412	＊＊＊	C5
质量风险↔感知动机	0.159	0.035	4.503	＊＊＊	C6
质量风险↔评价响应	0.1	0.031	3.184	0.1	C7
感知动机↔消费情感	0.105	0.031	3.414	＊＊＊	C8
评价响应↔消费情感	0.114	0.028	4.099	＊＊＊	C9
评价响应↔感知价值	0.127	0.029	4.442	＊＊＊	C10

如表 5-16 所示，五个潜在变量之间的协方差估计值检验结果，除质量风险因子与消费情感因子（P 值＝0.055）、质量风险因子与评价响应因子（P 值＝0.1）未能通过协方差检验外，其他任意两个潜变量之间的检验结果都显著不等于 0。

由表 5-17 可知，潜变量与测量指标的测量误差值均为正数且达到了 0.01 的显著水平，其变异量标准误估计值均很小，其数值为 0.017～0.085，表明不存在模型界定错误的问题。

表 5-17 方差估计

	Estimate	SE	CR	P	Label
质量风险	0.453	0.067	6.746	＊＊＊	V1
评价响应	0.258	0.063	4.097	＊＊＊	V11
感知价值	0.271	0.045	5.981	＊＊＊	V15
感知动机	0.313	0.069	4.559	＊＊＊	V20
消费情感	0.274	0.044	6.206	＊＊＊	V25
e1	0.302	0.032	9.572	＊＊＊	V2
e2	0.404	0.041	9.921	＊＊＊	V3
e3	0.360	0.037	9.712	＊＊＊	V4
e4	0.700	0.069	10.080	＊＊＊	V5
e5	0.881	0.085	10.314	＊＊＊	V6
e6	0.180	0.022	8.300	＊＊＊	V7
e7	0.170	0.020	8.437	＊＊＊	V8
e8	0.131	0.017	7.533	＊＊＊	V9
e9	0.410	0.041	9.907	＊＊＊	V10
e10	0.422	0.055	7.704	＊＊＊	V12
e11	0.542	0.068	8.007	＊＊＊	V13
e12	0.215	0.039	5.511	＊＊＊	V14
e13	0.213	0.027	7.735	＊＊＊	V16
e14	0.277	0.033	8.507	＊＊＊	V17
e15	0.298	0.037	8.126	＊＊＊	V18
e16	0.322	0.036	8.854	＊＊＊	V19
e12	0.349	0.054	6.414	＊＊＊	V21
e18	0.386	0.058	6.674	＊＊＊	V22

	Estimate	SE	CR	P	Label
e19	0.714	0.075	9.488	＊＊＊	V23
e20	0.481	0.053	9.056	＊＊＊	V24
e21	0.135	0.028	4.863	＊＊＊	V26
e22	0.074	0.021	3.526	＊＊＊	V27

　　根据修正指标理论，在不违反"测量指标的残差与潜在因素间无关"的理论假设前提下，如果修正指标值大于5，则需要对模型进行进一步修正。故"质量风险←→e20""质量风险←→e19""质量风险←→e17""感知价值←→e18""评价响应←→e14""评价响应←→e9""消费情感←→e9""消费情感←→e8""消费情感←→e6""消费情感←→e5""消费情感←→e3"的11组共变关系不能释放卡方估计。当然，在SME测量模型当中，允许测量误差间有共变关系并不违反SEM假定（吴明隆，2009）。考虑到FP、ID、IC条款在修正模型中将被删除，在余下的13组共变关系中，最能释放由卡方估计的是e1←→e2、e4←→e9，可以分别减少卡方估计值29.278、24.419。

　　验证性因子分析整体模型适配度检验摘要表见表5-18。

表 5-18　验证性因子分析整体模型适配度检验摘要表

统计检验量	适配的标准或临界值	检验结果数据	拟合情况
绝对适配度指数			
残差均方和平方根（RMR）	＜0.05	0.050	基本理想
渐进残差均方和平方根（RMSEA）	＜0.08（若＜0.05，优良；0.05～0.08，良好）	0.076	理想
适配度指数（GFI）	＞0.90	0.852	基本理想
增值适配度指数			
规准适配度指数（NFI）	＞0.90	0.822	基本理想
增值适配度指数（IFI）	＞0.90	0.892	基本理想
非规准适配度指数（TLI）	＞0.90	0.874	基本理想
比较适配度指数（CFI）	＞0.90	0.891	基本理想
简约适配度指数			
简约适配度指数（PGFI）	＞0.50	0.673	理想
简约调整后的规准适配度指数（PNFI）	＞0.50	0.712	理想
PCFI	＞0.50	0.771	理想
卡方自由度比（CMIN/DF）	＜2.00	2.253	基本理想
Akaike 讯息效标（AIC）	理论模型值小于独立模型值，且同时小于饱和模型值	558.630＜2574.427 558.630＞506.000	不理想

统计检验量	适配的标准或临界值	检验结果数据	拟合情况
调整的 Akaike 讯息效标 （CAIC）	理论模型值小于独立模型值， 且同时小于饱和模型值	796.374＜2671.286 796.374＜1619.877	理想

残差均方和平方根（RMR）由 0.050 改善为 0.036，渐进残差均方和平方根（RMSEA）由 0.076 降低到 0.060；GFI 值由 0.852 改善为 0.901；非规准适配度指数（TLI）由 0.874 提高到 0.934；比较适配度指数 CFI 由 0.891 提高到 0.946；简约适配度指数（PGFI）由 0.673 降为 0.664；简约调整后的规准适配度指数（PNFI）由 0.708 提高为 0.727；PCFI 由 0.767 提高到 0.775；卡方自由度比降低到 1.808。可见，消费者评价响应 CFA 假设模型图的各项拟合度指数数据均达到了标准水平，这说明企业环境行为消费者评价响应因素模型具有较好的拟合度，主要参数均通过检验。修正后的验证性因子分析结果如图 5-3 所示。

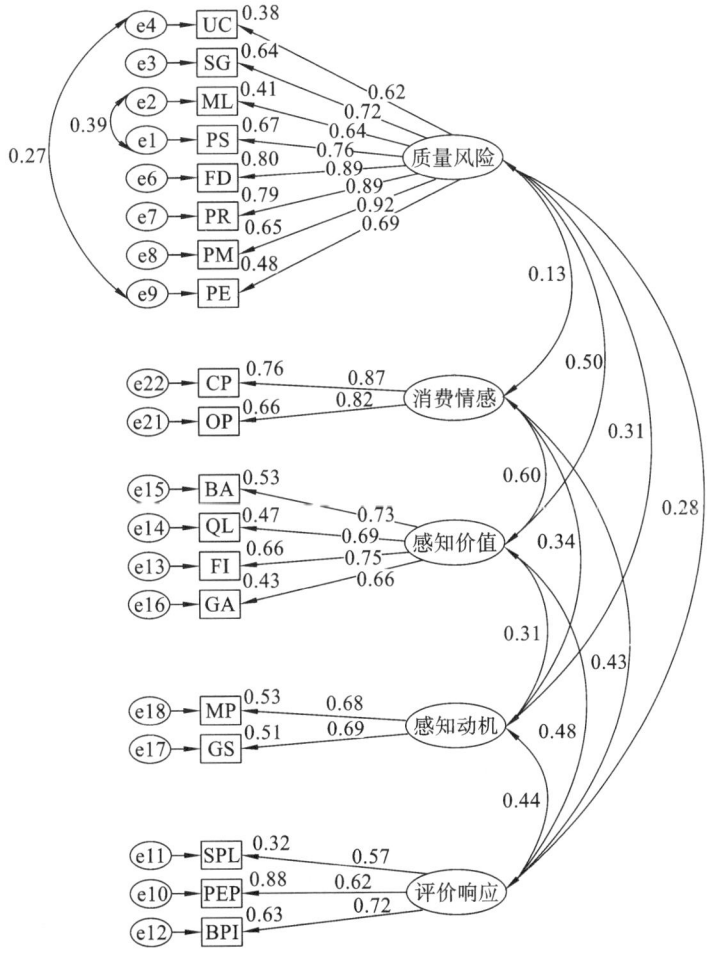

图 5-3　修正后的验证性因子分析结果

因此最终调整后的因素模型就是所探究的符合实际与理论依据的响应评价因素模型。

（四）结构方程模型分析及假设检验

1. 结构方程模型假定

度量和路径模型如图 5-4 所示，模型路径系数如图 5-5 所示。

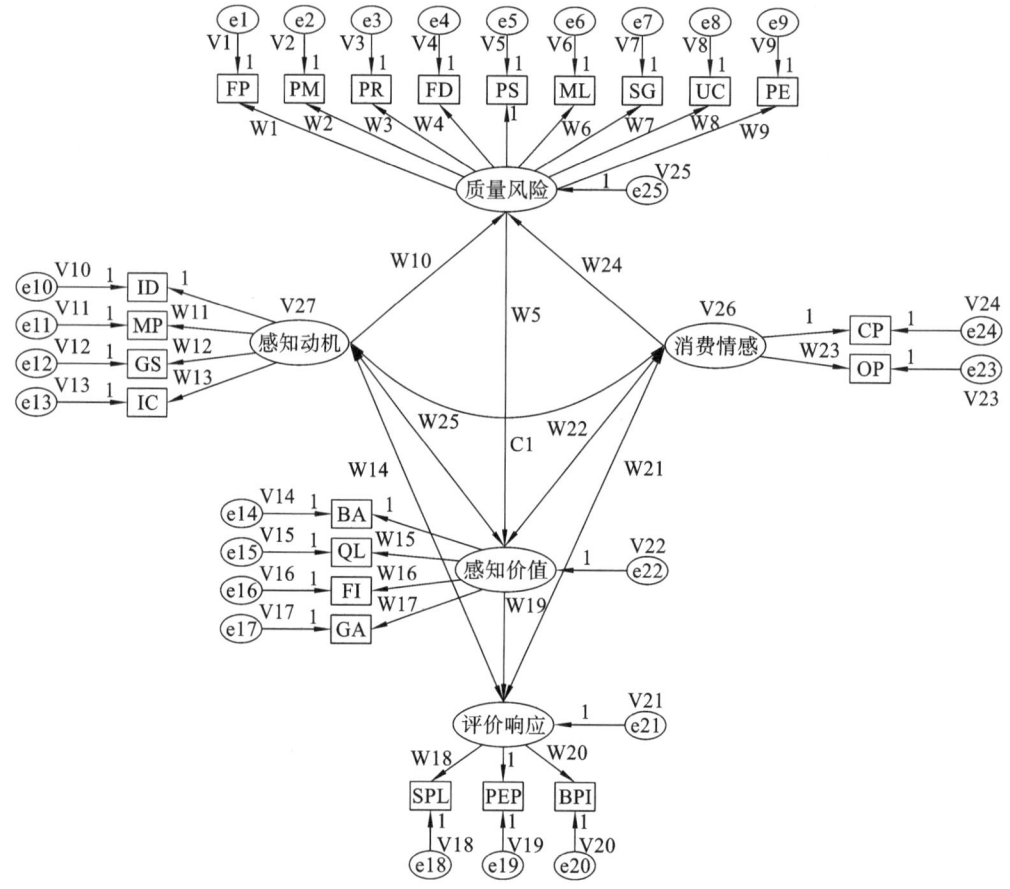

图 5-4　度量和路径模型

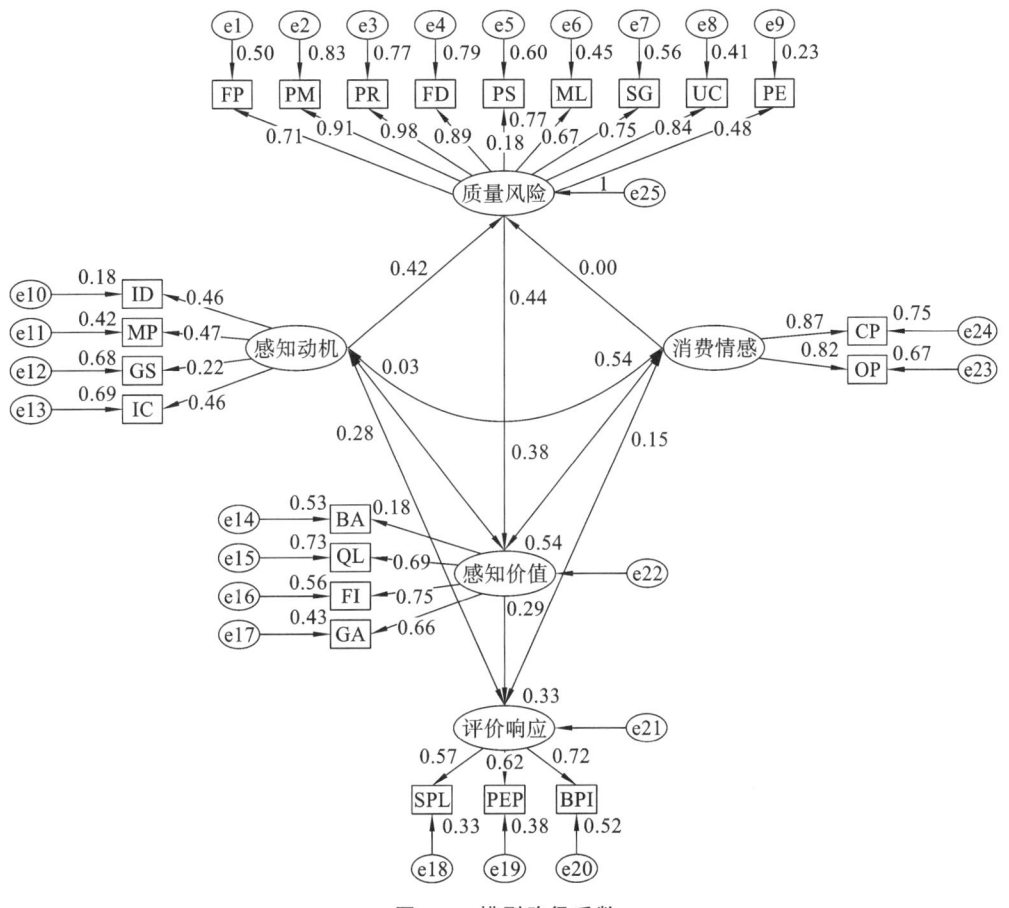

图 5-5 模型路径系数

2. 参数估计与适配指数

模型适配度检验见表 5-19。

表 5-19 模型适配度检验

统计检验量	适配的标准或临界值	检验结果数据	拟合情况
绝对适配度指数			
残差均方和平方根（RMR）	<0.05	0.05	基本理想
渐进残差均方和平方根（RMSEA）	<0.08（若<0.05，优良；<0.08，良好）	0.075	理想
适配度指数（GFI）	>0.90	0.852	基本理想
增值适配度指数			
规准适配度指数（NFI）	>0.90	0.822	基本理想
增值适配度指数（IFI）	>0.90	0.892	基本理想
非规准适配度指数（TLI）	>0.90	0.874	基本理想
比较适配度指数（CFI）	>0.90	0.891	基本理想

统计检验量	适配的标准或临界值	检验结果数据	拟合情况
简约适配度指数			
简约适配度指数（PGFI）	＞0.50	0.673	理想
简约调整后的规准适配度指数（PNFI）	＞0.50	0.712	理想
PCFI	＞0.50	0.771	理想
卡方自由度比（CMIN/DF）	＜2.00	2.253	不理想
Akaike 讯息效标（AIC）	理论模型值小于独立模型值，且同时小于饱和模型值	556.632＜2574.427 556.632＞506.000	不理想
调整的 Akaike 讯息效标（CAIC）	理论模型值小于独立模型值，且同时小于饱和模型值	789.974＜1619.877 796.974＜2671.286	不理想

与验证性因子分析相同，允许测量误差间有共变关系并不违反 SEM 假定。按照优先释放卡方值较大的共变关系，e5←→e6、e7←→e9、e1←→e8、e13←→e17 四组共变关系以此可以释放卡方值 29.284、17.551、14.552、14.032。

3. 修正后的参数估计与适配指数

修正后的整体模型路径系数如图 5-6 所示。

根据王长义（2010）对 SEM 的适配度指数进行的总结，兼顾拟合指数不受样本量的影响、能够惩罚比较复杂的模型、对误设模型具有敏感性，他建议 NNFI、渐进残差均方和平方根（RMSEA）、χ^2/DF 的值可以作为 SEM 中相对值得信赖的拟合指数。由表 5-19 可知，NNFI＝0.909＞0.90、RMSEA＝0.064＜0.08、χ^2/DF＝1.905＜2，模型拟合度良好。修正后的结构方程模型适配度检验摘要见表 5-20。

表 5-20　修正后的结构方程模型适配度检验摘要表

统计检验量	适配的标准或临界值	检验结果数据	拟合情况
绝对适配度指数			
残差均方和平方根（RMR）	＜0.05	0.05	基本理想
渐进残差均方和平方根（RMSEA）	＜0.08（若＜0.05 优良；＜0.08 良好）	0.064	理想
适配度指数（GFI）	＞0.90	0.874	基本理想
增值适配度指数			
规准适配度指数（NFI）	＞0.90	0.849	基本理想
增值适配度指数（IFI）	＞0.90	0.922	理想
非规准适配度指数（TLI 值）	＞0.90	0.909	理想
比较适配度指数（CFI）	＞0.90	0.921	理想

续表

统计检验量	适配的标准或临界值	检验结果数据	拟合情况
简约适配度指数			
简约适配度指数（PGFI）	＞0.50	0.691	理想
简约调整后的规准适配度指数（PNFI）	＞0.50	0.735	理想
PCFI	＞0.50	0.798	理想
卡方自由度比（CMIN/DF）	＜2.00	1.905	理想
Akaike 讯息效标（AIC）	理论模型值小于独立模型	486.963＜2574.427	理想，且同时小于饱和模型值 486.963＜506.000
调整的 Akaike 讯息效标（CAIC）	理论模型值小于独立模型	720.305＜2671.286	理想，且同时小于饱和模型值 720.305＜1619.877

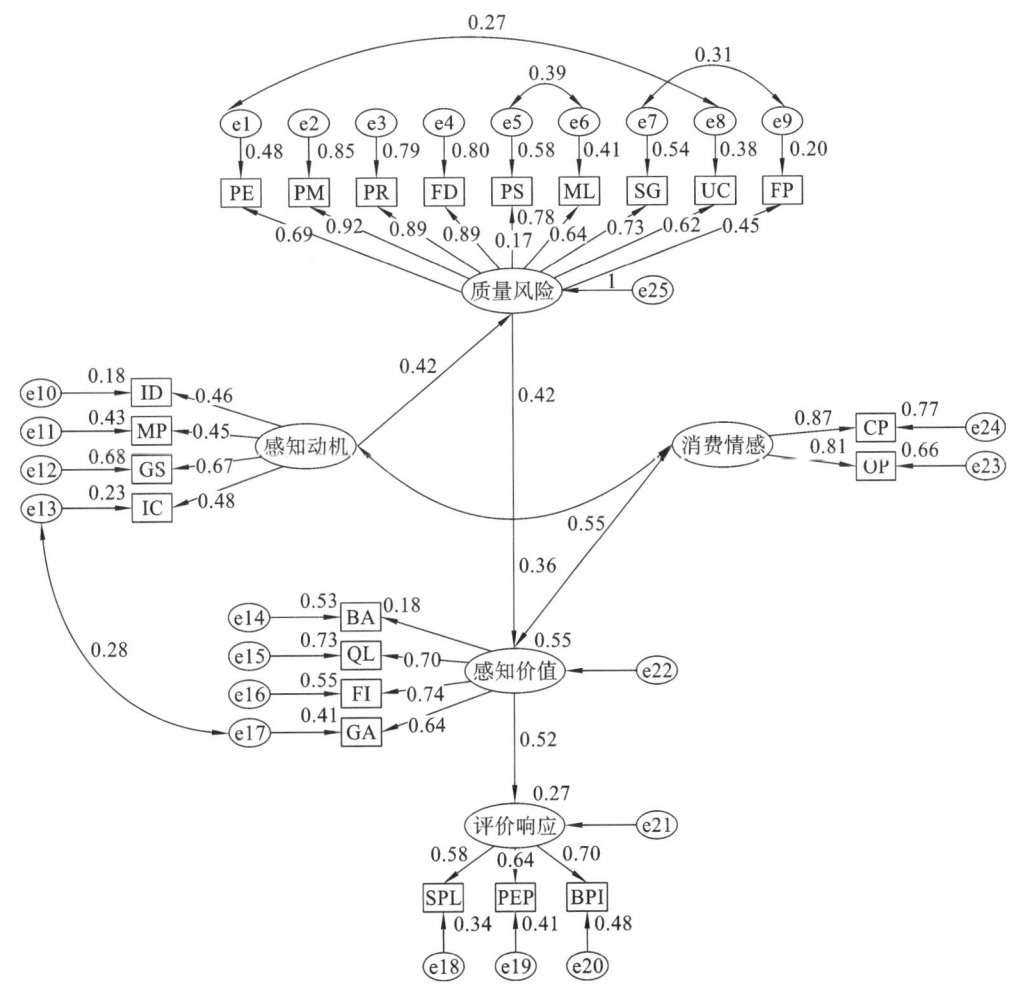

图 5-6 修正后的整体模型路径系数

4. 假设检验结果

由上可知，模型整体拟合度很高。根据模型输出结果可知，模型的 9 个假设中，4 个得到支持，具体如表 5-21 所示。

表 5-21　模型结果

假设	路径	Estimate	SE	CR	P	标准化的回归系数
H1	质量风险→感知价值	0.367	0.061	5.987	＊＊＊	0.421
H2	感知价值→评价响应	0.478	0.091	5.232	＊＊＊	0.518
H3	感知动机→质量风险	0.694	0.174	3.99	＊＊＊	0.417
H8	消费情感→感知价值	0.666	0.096	6.904	＊＊＊	0.551
H9	感知动机↔消费情感	0.067	0.02	3.349	＊＊＊	0.356

假设 1 说明质量风险对感知价值有显著正影响（$\beta_1 = 0.421$）；假设 2 说明感知价值对评价响应有显著正影响（$\beta_1 = 0.518$）；假设 3 说明感知动机对质量风险有显著正影响（$\beta_1 = 0.417$）；假设 8 说明消费情感对感知价值有显著正影响（$\beta_1 = 0.551$）；假设 9 说明感知动机与消费情感之间存在显著的正影响。假设 4、假设 5、假设 6、假设 7 在本次实证分析中未得到验证。

（五）结论分析

由修正后的验证性因子分析测量模型（见图 5-3）可知，质量风险因子中，产品维修风险（PM）的路径系数为 0.92，产品退换货风险（PR）的路径系数是 0.89，功能缺陷风险（FD）的路径系数是 0.89，身体安全风险（PS）的路径系数是 0.76。因此，这些指标是质量风险因子中最主要的指标。在感知价值因子中，消费成就感（BA）的路径系数是 0.73，良好印象（FI）的路径系数是 0.75。因此，这两个测量指标是感知价值因子中影响最为主要的指标。在评价响应因子中，承受价格涨幅（BPI）的路径系数为 0.73，购买企业产品（PEP）的路径系数为 0.62，支持限塑令（SPL）的路径系数为 0.57。因此，BPI 在评价响应因子中是最主要的指标。在感知动机因子中，媒体舆论（MP）的路径系数为 0.73，政府监管（GS）的路径系数为 0.72。此外，在消费情感因子中，消费行为环境保护（CP）的路径系数是 0.87，后代环境保护（OP）的路径系数是 0.81。潜变量间综合影响系数具体见表 5-22。

表 5-22　潜变量间综合影响系数

研究假设	潜变量关系	是否验证	直接影响系数	间接影响系数	总影响系数
H1	质量风险→感知价值	是	0.421	—	0.421
H3	感知动机→质量风险	是	0.417	—	0.417
H9	感知动机↔消费情感	是	0.356	—	0.356
H4	感知动机→评价响应	否	—	0.193	0.193

续表

研究假设	潜变量关系	是否验证	直接影响系数	间接影响系数	总影响系数
H5	感知动机→感知价值	否	—	0.372	0.372
H8	消费情感→感知价值	是	0.551	0.060	0.611
H7	消费情感→评价响应	否	—	0.318	0.318
H6	消费情感→质量风险	否		0.148	0.148
H2	感知价值→评价响应	是	0.518	—	0.518

　　基于结构方程模型，由研究假设与潜变量之间的相互影响关系可知，影响消费者感知价值的三个因素中，质量风险对感知价值的总影响系数为0.421，感知动机对感知价值的总影响系数为0.372，消费情感对感知价值的总影响系数为0.551。因此，消费情感对消费感知价值的影响最大，质量风险其次，感知动机最小。这说明对于企业环境行为水平感知、消费者绿色消费行为的推广普及，消费者的情感、价值观、伦理道德确实起到了决定性作用。而目前国内消费者的环境情感受到抑制，绝大多数消费者在现实中做出妥协。影响消费者评价响应的三个影响因素中，感知价值的总影响系数是0.518，感知动机的总影响系数是0.193，消费情感的总影响系数是0.148。可见，消费者行为价值获得感是影响消费者评价的最主要因素，这与传统的已有研究结论是一致的，付出与收益的权衡是消费者行为决策的最核心因素。在质量风险的两个影响因素当中，感知动机的总影响系数是0.417，消费情感的总影响系数是0.148。可见，尽管消费者对企业环境行为充分肯定，但不同的行为动机，对消费者企业产品质量风险的联想有重要影响。最后，感知动机对消费情感有重要影响。动机越纯粹，越能得到消费者情感上的认同。

第三节　提高消费者企业环境行为积极响应的对策

　　由于受不同的因素影响，消费者对于企业环境行为有着不同响应。居民环境偏好通过市场作用、社会机制等途径传向政府与企业，使其做出相应的行为改善。但传播渠道的有限性与反馈机制的欠缺，使得企业不能及时掌握居民与广大消费者对其行为的了解与响应程度，政府不能有效地实施企业环境行为奖励与惩罚，政策效果评估缺失。实证研究表明，感知动机对消费者质量风险感知有显著正影响、消费者质量风险感知对消费者价值感知有显著正影响、消费者情感因素对消费者感知价值有显著正影响、消费者感知动机与消费者情感之间有显著正影响、消费者感知价值对消费者评价响应有显著正影响。因此，如何将消费者不同影响因素下的环境偏好、产品感知、行为压力通过市场机制、媒体舆论传递给企业、政府，是当前环境行为研究领域急需解决的议题；政府、企业又应如何在当前环境信息传导机制的基础上，进一步完善社会生态环境管理制度与措施以提高消费者感知的时效性与准确性，这也值得研究。

一、政府层面

（一）建立企业环境信息实时发布平台

企业环境信息越透明，消费者感知会更直接，其对企业环境行为和企业产品与服务的态度也会更为明确。多数的企业环境行为、消费者行为相关研究文献中，都对行为影响因素、决策模式进行了探索，而对信息传递渠道与途径缺乏关注。一方面，居民环境偏好向政府、非政府组织的传播，可以促使其调整相关的法律法规，减少可能存在的企业博弈空间；另一方面，政府环境信息获取途径的有限性与信息失真问题导致政府在调整、执行相关环境法律、政策措施的高成本问题。因此，居民环境诉求的传播可以缩减政府的政策制定、执行成本，提高环境问题解决的时效性；而政府与企业完善的信息发布制度又可以反过来降低消费者感知的成本与提高消费者感知的便捷性。同时，信息渠道的广泛性、畅通性对于企业环境管理投入折现又起着至关重要的作用。因此，有必要建立完善的企业环境信息实时发布平台，让消费者感知对企业行为起到约束作用，让更多的企业重视环境破坏成本与环境保护的潜在收益。

（二）加强环境教育

价值观与消费情感确实在企业环境行为消费者响应行为决策过程中有很大的影响力，市场力量成为确保经济发展走上资源节约、环境保护、低碳发展的绿色环保道路的重要推动力量。环境教育学与环境心理学认为"环境知识—环境态度—环境行为"之间有着递进关系，因此要通过环境教育等方式不断提升公民意识和社会责任感，借助消费者对企业社会责任行为的响应提高企业环境意识与态度，以切实推动企业履行环境责任。本书认为，虽然目前对微观层面的环境意识与环境行为之间的关系仍在进一步深入研究，但环境意识会显著影响消费者群体对企业环境行为的响应这一结论是肯定的，并且当社会整体环境意识逐渐增长时，社会个体的消费行为响应具有趋同趋势。因此，政府与社会层面有必要加大对居民（尤其是在校学生）的环境教育，普及绿色消费理念，让更多的人关注环境问题，提高环境感知敏感度，并在消费过程中考虑行为的环境影响。

（三）完善环境资源交易市场机制

尽管产品市场消费者的选择权能够对企业环境行为产生压力，但由于市场产品的丰富性、信息的不充分性以及企业行为主体影响因素的复杂性等都使得消费者力量的发挥有较大局限性。因此，依托单一的企业产品市场进行环境保护的作用到底有多大，尚未有论证。本章验证了消费者感知价值对消费者评价响应的显著影响。因此，政府建立并完善环境资源交易市场是可以确保落实环境政策与法律规范的可行途径之一，通过将环境资源内部化、产权化、稀缺化，从而迫使企业等社会行动者在社会经济行为决策过程中将环境资源与资金、人力资本等共同纳入决策考察因素范围内，以获取消费者积极的价值感知与行为响应，资源约束将促使更多行为主体做出环境友好行为。所以，完善的环境资源交易市场作为企业从产品市场获得环境行为收益的补充途径，能更有效地促进企业保护生态环境，降低行为的环境不良后果。

二、企业层面

（一）完善企业内部治理机制

多数企业在经营过程中，采取了利益相关者目标导向，却忽视了利益相关者治理导向。企业对社会责任的履行需要完善的内部治理机制，只有股东参与的内部治理结构无法代表公司长期利益最大化，市场参与的内部治理机制才能维护好企业的长远发展环境。当前市场需求方往往处于弱势地位，因此企业在公司治理过程中应该建立起客户服务机制，尤其要注重维护消费者对产品质量、公司社会责任承担情况的感知与知情权。加大对企业市场产品的监管，跟踪消费者对企业社会责任、环境保护与企业品牌等认知的动态变化，把保护消费者权益、承担环境责任等内化为公司的经营理念与长远目标。

（二）注重企业绿色营销

因为消费者感知、消费情感在消费者企业环境行为评价响应决策过程中有着重要影响，所以环境行为实施较好的企业在产品的宣传推广过程中，应该借助各种方式，进行广泛宣传，开展绿色营销。一方面，提高消费者对环境行为、绿色消费、绿色产品的认识；另一方面，促进绿色投入的市场回报。为了提高企业产品绿色营销的说服力，企业在依托各种渠道全面、真实、及时地发布企业环境信息的同时，可以聘请第三方认证机构，对企业的环境管理水平进行相关标准认证。如果企业有新的产品投入市场或已有产品进入新的市场领域，就应该对市场目标群体的企业环境行为响应影响因素进行一定的市场调查，以使得企业产品生产原料、工艺及绿色营销手段更符合目标市场的要求，以期获得更好的市场回报。

（三）主动建立环境信息发布制度

环境问题的悖论一方面在于其外部性，即由于环境资源的公共性导致对环境造成危害的同时无须承担与破坏行为相对应的责任与代价，这是法律制度层面的问题；另一方面，消费者的弱势地位以及获取信息的成本代价导致企业环境信息流动的不充分性，信息往往从高处（企业、政府）流向低处（消费者）。消费者主动获取环境信息存在困境，因此企业与政府应当承担起环境信息发布的主要责任，以确保消费者能够便捷地获取与企业相关的环境信息。当然，在互联网时代，企业应该拓宽信息的发布渠道，同时要密切关注与企业相关的消费者感知网络舆论动态与走向，以使得企业环境责任投入与信息发布产生更好的市场价值。

第六章　低碳供应链实施的影响因素

从绿色供应链的视角来看，各节点企业应响应国家的号召，积极实施低碳行为，保证其在低碳经济背景下的竞争优势，抢占较高的市场份额，获得丰厚的利润，最终使整个供应链上的节点企业受益，因此对低碳供应链实施的影响因素展开研究具有重要意义。

第一节　低碳供应链实施的影响因素分析

一、政府和社会

在大数据时代，企业行为不仅受到自身经济利益的驱使，还在无形中受到社会公众的审视和评价。企业在社会中扮演着多面角色，既是经济的主体，也是社会的组成部分。因此，企业不仅要追求经济利益，更要承担起社会责任，这也是社会公众对企业的期待和要求。社会公众作为企业的消费群体，其选择直接关系到企业经营绩效，企业的产品质量、服务水平、环境保护措施等都会成为公众关注的焦点。公众的评价、议论甚至诉讼构成了社会舆论的重要组成部分，这些舆论直接影响着企业的声誉和形象。社会公众对企业的评价并非只停留在口头议论层面，这些评价会通过各种渠道传播开来，影响到更多人的认知。公众的不满和抵制可能会导致企业声誉受损，进而影响其市场地位和经济效益。在当前全球气候变化的背景下，公众对环保和低碳生活的关注度越来越高，如果企业仍然坚持高能耗、高污染的生产方式，必然会引起公众的不满和抵制，从而严重威胁到企业的生存和发展。因此，企业在面对社会舆论的压力时，必须正确认识并积极应对，不仅要加强自身的环保意识，推动低碳生产，还要积极承担社会责任，加强与公众的沟通与交流，努力构建与公众和谐的关系，实现可持续发展的目标。随着环保理念的深入，越来越多的企业已经开始积极行动起来，主动承担起社会责任，推动低碳生产，

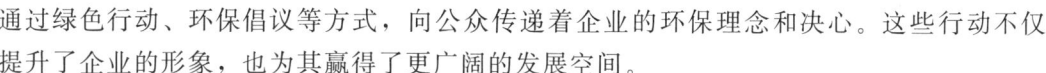

通过绿色行动、环保倡议等方式，向公众传递着企业的环保理念和决心。这些行动不仅提升了企业的形象，也为其赢得了更广阔的发展空间。

二、企业内部

企业目标、企业特征和企业的自身实力也是影响企业实施低碳行为的重要因素，主要表现在企业的规模和类型、管理者素质和企业的自身技术能力。以往研究发现，规模大的企业的低碳意愿更强烈，同时新型行业更有动力实施低碳行为。此外，管理者的整体素质也会影响企业的低碳行为，主要表现为管理者素质的提高，会使企业员工的整体低碳意识提高，从而让企业在运营过程中的低碳行为增多。宫敏丽（2010）认为低碳供应链管理需要技术支持，技术是实施管理和降低成本的核心，任何一个环节缺少了技术支撑都会影响到最终的低碳绩效。企业自身实力的高低在某种程度上也决定了企业实施低碳行为的动力，如果企业有专门的研发部门，或者企业具备专门的低碳技术，将会更愿意迎合环保要求，实施低碳行为。

三、消费者

消费者选择和行为对企业的决策具有重要的影响。随着环境保护理念的深入人心，消费者的消费观念正在发生显著变化，越来越倾向于选择低碳、环保的产品与服务。这种低碳消费偏好，正逐渐成为推动市场变革的重要力量。具体来看，低碳消费偏好就是消费者在购买和使用产品与服务时，不仅考虑个人喜好和需求，还兼顾该行为对环境的影响。相较于传统的消费模式，低碳消费更强调可持续发展和环境友好。当消费者在选择商品时，会倾向于购买碳排放较低、环境影响较小的产品与服务。随着低碳知识的普及和消费者对环保问题的关注增加，低碳产品的需求呈现出不断增长的趋势。这一变化不仅反映了消费者的环保意识提高，也为企业带来了商业机会。为了满足市场的这一需求，越来越多的企业开始关注低碳生产，推出各种环保、低碳的产品与服务；同时消费者对环境保护的要求也在不断提高，期望企业在追求经济利益的同时保护环境，这不仅有利于保护生态环境，也有助于企业赢得消费者的信任和支持，实现可持续发展。综上所述，消费者的低碳消费偏好正推动着整个供应链向低碳化方向转变。随着消费者环保意识的提高和低碳产品需求的增加，企业必须紧跟时代潮流，积极调整自身的发展战略和生产模式，以满足市场需求并实现绿色发展。

四、供应链上下游企业

供应链上下游企业之间既存在竞争关系也存在合作关系。完整的供应链包括供应商、制造商、分销商、零售商、最终消费者和回收商，供应链的每一个节点企业的行为都会对其他节点企业产生影响，尤其是与之直接联系的上下游企业。以制造商为例，制造商的生产制造计划是根据从经销商处获得的订单制定的，当经销商的订单中有低碳产品的需求，那么制造商会向供应商发送低碳原材料的需求信息，在选择供应商时就会将低碳作为标准，选择进行低碳认证的供应商并采购低碳原材料。同时在整个运行过程中还需要相互之间的合作以及信息的共享，如果信息闭塞很可能会出现供不应求或供大于求的状况，这不管是对供应链上的哪一个节点企业来说都是不划算的。因此在实际生产和生活中，供应链上下游企业之间需要建立高度信任，保持长期合作的关系，这样能减少企业之间的交易费用，提高整条链的效率。然而是否进行信息共享要看有无共享的意愿，也就是说在信息共享方面供应链企业之间的合作首先受企业低碳意愿的影响，可通过增强企业低碳意愿来增强企业的低碳行为。由此可见，供应链上下游企业行为会影响其他企业的行为。因而，对于制造商而言，其低碳行为受整条链上企业之间合作以及上游供应商和下游分销商行为的影响。并且供应链企业因素对企业低碳行为的影响主要有两条路径："供应链企业因素—企业的低碳行为"和"供应链企业因素—企业的低碳意愿—企业的低碳行为"。

五、企业的低碳意愿

由理性行为理论可知人的行为是受意愿影响的。企业的决策制定者和行动指挥者是人，因而企业的行为会受到人的意愿的影响，而人的意愿会导致企业的行动意愿，所以企业的低碳行为受企业低碳意愿的影响。朱淀等（2013）的研究证实了制造型企业的低碳意愿能够影响企业的低碳行为，同时政府和社会因素、企业内部因素对企业低碳行为的影响也是通过企业低碳生产意愿的形式间接表现出来的，因此，本章在考虑企业低碳行为的影响因素时也将企业的低碳意愿纳入其中。

第二节　低碳供应链实施的影响因素实证分析

本节将供应链中制造企业作为研究对象，分析其在采购、生产、运输和仓储等方面的低碳行为，并着重从政府和社会因素、企业内部因素、消费者因素、供应链企业因素和企业低碳意愿等方面设计模型的影响因子。

一、低碳供应链实施的影响因素变量设计和研究假设

企业实施低碳供应链的影响因素主要有政府和社会、企业内部、消费者和供应链上下游企业四个方面，具体的表现形式见表6-1。由于大部分影响因素都是通过企业低碳意愿表现出来的，因此将企业低碳意愿作为中介变量，并将企业的低碳行为作为因变量。

表 6-1　低碳供应链实施的影响因素变量设计

研究变量	研究变量的观测变量	参考文献
政府和社会因素	政府扶持（GS） 政府管制（GR） 社会媒体压力（SM）	Calleja et al.，Huhtala（[109]，[110]） Montalvo，Battisti（[111]，[113]）、 Luken et al.（[114]）
企业内部因素	企业目标（CG） 企业管理层低碳意识（MC） 企业自身技术能力（TC） 企业特征（ES）	陈默等（[115]） 杨东宁等[116] Ashford，Zwetsloot[117] Towers，Burnes[118]
消费者因素	消费者的低碳意识（CC） 消费者的消费倾向（CT）	Montalvo，Luken et al.（[111]，[114]） 林永居（[119]）
供应链上下游企业因素	供应链企业的合作（SC） 供应商的行为（SB） 分销商的行为（DB）	胡宇（[120]） 自行开发 自行开发
企业低碳意愿	CE	朱淀等（[121]）
企业低碳行为	CB	王伟（[122]）

（一）低碳供应链实施的影响因素变量设计

1. 政府和社会因素

政府和社会因素主要包含政府扶持（GS）、政府管制（GR）和社会媒体压力（SM）。其中，政府扶持包括推广先进的低碳技术、为企业提供低利率贷款和实施税收优惠等。政府管制则包括行政处罚、环境监管和废弃物排放检测等。社会媒体压力则主要表现在曝光不环保企业事迹，督促企业严格实施低碳行为。政府和社会因素属于影响企业实施低碳行为的外部环境，政府管制、政府扶持和社会媒体压力会通过中介变量企业低碳意愿来影响企业低碳行为。也就是说，政府和社会因素对企业低碳行为的影响是通过企业低碳意愿间接表现出来的。

2. 企业内部因素

企业内部因素包括企业目标（CG）、企业特征（ES）、企业管理层低碳意识（MC）和企业自身技术能力（TC），这些因素会通过中介变量企业低碳意愿对企业的低碳行为产生间接影响。

3. 消费者因素

相关研究表明消费者的低碳意识（CC）和消费者的消费倾向（CT）会对企业的低碳行为产生影响。这一因素属于供应链链条上的影响因素，随着消费者对低碳产品消费倾向的增强，企业生产低碳产品的意愿增强；消费者对低碳产品的需求增加将直接影响企业低碳产品的提供量。

4. 供应链上下游企业因素

供应链上下游企业对企业低碳行为的影响主要表现在供应链企业之间的合作（SC）、上游供应商行为（SB）和下游分销商行为（DB）。其中 SC 对 CB 的影响主要表现在SC—CB 和 SC—CE—CB 两个方面。

鉴于上述分析，在分析企业低碳行为的影响因素时引入了中介变量企业低碳意愿（CE），构建了"影响因素—低碳意愿—低碳行为"的研究模型。

（二）低碳供应链实施的影响因素研究假设

H1：政府和社会因素与企业的低碳意愿显著正相关。

H2：政府和社会因素与企业的低碳行为显著正相关。

H3：企业内部因素与企业的低碳意愿显著正相关。

H4：企业内部因素与企业的低碳行为显著正相关。

H5：消费者因素与企业的低碳意愿显著正相关。

H6：消费者因素与企业的低碳行为显著正相关。

H7：供应链企业因素与企业的低碳意愿显著正相关。

H8：供应链企业因素与企业的低碳行为显著正相关。

H9：企业的低碳意愿与企业的低碳行为显著正相关。

二、低碳供应链实施的影响因素问卷设计

本章测量问卷主要分为两个部分，第一部分是对调查对象所在企业的基本情况和调查者低碳意识的了解。第二部分是对模型所涉及的变量的描述。第二部分的问题设计采用李克特量表法，每一题的答案都设置成完全符合、符合、不确定、不符合和完全不符合模式，分别对应分值 5、4、3、2、1。

三、数据收集与分析结果

（一）问卷收集

问卷的发放主要采用了两种方式。第一种方式是走访调查。走访的企业主要是制造业比较密集的武汉地区的中小型企业，对管理人员和技术人员进行调查。第二种方式是

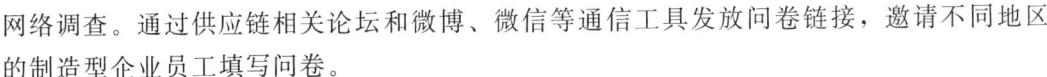

网络调查。通过供应链相关论坛和微博、微信等通信工具发放问卷链接，邀请不同地区的制造型企业员工填写问卷。

（二）描述性分析

问卷调查对象的学历主要集中在大专及以上学历，其中本科学历的调查者占所有调查者的比重最大，达 47.37％；大专学历的比重其次，达 30.08％；硕士及以上学历第三，占 18.05％；大专以下学历最少，占 4.51％。可见近些年企业招聘的员工的整体学历都比较高。从整体来看，调查对象的素质相对比较集中。调查对象的年龄主要集中在 30～45 岁。结合相应的问卷数据来看，高学历的年轻员工相比于其他员工对"低碳"有更多的了解，在生活中对政府出台的环保政策关注度也越来越高。因此，企业可以在工作之余加强低碳理念的宣传和教育，让员工自觉提高低碳意识，支持国家环保政策，提高员工的整体低碳意识。企业性质分布情况见表 6-2。

表 6-2　企业性质分布情况

企业的性质	个数（个）	百分比（％）	累计百分比（％）
国有企业	33	20.25	20.25
民营企业	80	49.08	69.33
私营企业	24	14.72	84.05
外资企业	9	5.52	89.57
其他	17	10.43	100.00
合计	163	100	100

表 6-3 是对企业所属行业的调查，调查数据分布相对集中，代表性较好。

表 6-3　企业所属行业分布情况

企业所在行业	个数（个）	百分比（％）	累计百分比（％）
家具制造	39	23.93	23.93
汽车制造	12	7.36	31.29
服装纺织	15	9.20	40.49
电子厂	41	25.15	65.64
食品加工	17	10.43	76.07
其他	39	23.93	100.00
合计	163	100.00	100

（三）信度检验

信度又被称为可靠度，信度检验是对问卷所获得的数据的一致性和稳定性的分析，具体结果如表 6-4 所示。

表 6-4　调查问卷中各因素的 α 系数

影响因素	观测变量	α 系数	题项	整体 α 系数	项数
政府和社会因素	GS	0.751	4	0.774	10
	GR	0.618	4		
	SM	0.727	2		
企业内部因素	CG	0.776	2	0.798	9
	MC	0.640	3		
	TC	0.710	2		
	ES	0.715	2		
消费者因素	CC	0.653	3	0.685	6
	CT	0.694	3		
供应链上下游企业因素	SC	0.652	2	0.746	6
	SB	0.744	2		
	DB	0.662	2		
企业低碳意愿	CE	0.763	3	0.763	3
企业低碳行为	CB	0.899	11	0.899	11

企业低碳行为（CB）变量的 α 系数为 0.899，大于 0.8，可见，这个变量的信度高，通过了检验。同时，政府扶持（GS）、社会媒体压力（SM）、企业目标（CG）、企业自身技术能力（TC）、企业特征（ES）、供应商的行为（SB）和企业低碳意愿（CE）的 α 系数都为 0.7～0.8，说明这 7 个变量的信度较高，也通过了检验。政府管制（GR）、企业管理层低碳意识（MC）、消费者的低碳意识（CC）、消费者的消费倾向（CT）、供应链企业合作（SC）和分销商的行为（DB）的 α 系数为 0.6～0.7，表明这 6 个变量的信度处于可接受水平，可以采纳。也就是说问卷所得数据的信度都比较好，不需要再进行调整。

（四）效度分析

效度分析和信度分析一样，在数据分析过程中也是不可缺少的。效度也就是通常所说的正确性，它表示一份量表能够真正检测到该量表所要测量变量的能力（林震岩，2007）。效度检测通常包含内容效度检测和结构效度检测。本研究所用量表都是基于国内外研究的成熟量表，并结合我国制造业的情况加入了一些自行开发量表，因而本研究的内容效度可以保证。接下来结构效度分析主要采用的是因子分析法，在用因子分析法提取因子之前需要先进行 KMO 检验（抽样适合性检验），只有 KMO 大于 0.5 的数据才适合做进一步的因子分析。

1. 因变量 CB 和中介变量 CE 结构效度分析

从表 6-5 和表 6-6 可以看出,因变量企业低碳行为 (CB) 和中介变量企业低碳意愿 (CE) 的 KMO 值都大于 0.5,说明适合做因子分析。接着对这两个变量做因子分析,发现企业低碳意愿 (CE) 因子的所有问题项的因子负荷都大于 0.5,累计方差解释量也较合适,说明这个变量的效度比较高。而企业低碳行为 (CB) 因子的累计方差解释量则不太理想,并且 CB11 问题项的因子负荷为 0.430,小于 0.5,按照林震岩给出的标准应该删除这一问题项。删除该问题项后继续对剩下的问题项做因子分析,从表 6-7 可以看出,所有指标均较好,不需要再继续调整。

表 6-5　中介变量企业低碳意愿 (CE) 的因子分析结果

成分矩阵		
题项	成分	其他指标
	1	
CE1	0.763	KMO：0.669
CE2	0.813	Bartlett 近似卡方：87.059 Sig.：0.000
CE3	0.802	累计方差解释量：62.872%

表 6-6　因变量企业低碳行为 (CB) 的因子分析结果

成分矩阵		
题项	成分	其他指标
	1	
CB1	0.762	
CB2	0.737	
CB3	0.742	
CB4	0.694	KMO：0.873
CB5	0.720	Bartlett 近似卡方：737.801
CB6	0.646	
CB7	0.673	Sig.：0.000
CB8	0.695	
CB9	0.686	累计方差解释量：51.251%
CB10	0.608	
CB11	0.430	

表 6-7 删除问题项后企业低碳行为（CB）的因子分析结果

题项	成分	其他指标
	1	
CB1	0.775	
CB2	0.751	
CB3	0.735	
CB4	0.691	KMO：0.885
CB5	0.712	Bartlett 近似卡方：674.299
CB6	0.644	
CB7	0.670	Sig.：0.000
CB8	0.707	累计方差解释量：60.782%
CB9	0.698	
CB10	0.581	

2. 自变量结构效度分析

经过信度分析后，所有的问题项都通过了检验，接下来再分别对每一个自变量对应的问题项进行效度分析。在对变量做因子分析之前必须先对变量进行 KMO 检验。只有 KMO 值大于 0.5 时才适合做进一步的因子分析。

（1）对政府和社会因素进行结构效度分析

政府和社会因素包含政府扶持（GS）、政府管制（GR）、社会媒体压力（SM）3 个观测变量，在对政府和社会因素做因子分析之前先对数据进行 KMO 检测。表 6-8 显示 KMO 值＝0.784，大于 0.5，能够进行因子分析。继续对政府和社会因素进行因子分析。由于这一因素包含了 3 个层面的观测变量，因而在因子分析时系统自动提取了 3 个主成分，从表 6-8 可以看出所有问题项在相应的主成分上的因子负荷都大于 0.5，并且累计方差解释量也较好。所以，针对政府和社会这一因素所设计的问题项的效度比较好，不用再进行修改。

表 6-8 政府和社会因素的因子分析

题项	成分		
	1	2	3
GS1	0.707	0.053	0.104
GS2	0.764	0.158	0.185
GS3	0.633	0.130	0.277
GS4	0.633	0.166	0.082

	成分矩阵		
题项	成分		
	1	2	3
GRI	0.189	0.714	0.091
GR2	0.159	0.612	0.211
GR3	0.054	0.607	0.156
GR4	0.123	0.614	0.155
SM1	0.167	0.395	0.718
SM2	−0.013	0.506	0.613
方差贡献率（%）	36.340	15.825	10.549
累计方差解释量（%）	36.340	52.165	62.714
KMO	0.784		
Bartlett 近似卡方	471.993		
Sig.	0.000		

（2）对企业内部因素进行结构效度分析

企业内部因素包含企业低碳目标（CG）、企业管理层低碳意识（MC）、企业自身技术能力（TC）和企业特征（ES）4 个观测变量。从表 6-9 可以看出所有问题项在相应的主成分上的因子负荷都大于 0.5，并且累计方差解释量也较好。所以，针对企业内部因素所设计的问题项的效度比较好，不用再进行任何修改。具体内容如表 6-9 所示。

表 6-9　企业内部因素的因子分析

	成分矩阵			
题项	成分			
	1	2	3	4
CG2	0.746	0.097	0.422	0.009
CG1	0.739	0.121	0.355	0.295
MC3	0.179	0.192	0.343	0.735
MC1	0.166	−0.093	0.184	0.719
MC2	0.575	0.395	0.378	0.681
ES2	0.543	0.276	0.627	0.108
ES1	0.399	0.227	0.602	0.342
TC2	0.379	0.758	0.270	0.144
TC1	0.484	0.691	0.199	0.049
方差贡献率（%）	39.121	15.309	12.947	8.956
累计方差解释量（%）	39.121	54.430	67.377	76.333

续表

成分矩阵	
KMO	0.753
Bartlett 近似卡方	458.405
Sig.	0.000

（3）对消费者因素进行结构效度分析

消费者因素包含消费者的低碳意识（CC）和消费者的消费倾向（CT）两个观测变量，首先对消费者因素进行 KMO 检验。该因素的 KMO 值＝0.761＞0.5，可以进一步做因子分析。由于消费者变量包含了两个层面的观测变量，因而在因子分析时系统自动提取了两个主成分，从表 6-10 可以看出 CC3 和 CT3 问题项在相应的成分上的因子负荷小于 0.5，表明这两个题项不满足要求，应该被删除。这可能是因为虽然消费者的低碳意识在不断增强，但消费者真正去揭发不低碳现象的做法仍不多，并且消费者普遍对低碳环保标志不够熟悉。其余的各项表现良好，具体内容如表 6-10 所示。

表 6-10　消费者因素的因子分析

题项	成分矩阵	
	成分	
	1	2
CC1	0.739	0.274
CC2	0.655	0.259
CC3	0.461	0.469
CT1	0.077	0.610
CT2	0.175	0.722
CT3	0.351	0.450
方差贡献率（%）	39.757	27.146
累计方差解释量（%）	39.757	66.903
KMO	0.761	
Bartlett 近似卡方	143.285	
Sig.	0.000	

接着再对剩余的问题项进行因子分析，结果发现，所有问题项在相应的主成分上的因子负荷都大于 0.5，并且累计方差解释量也较好。这表明，消费者因素删除题项 CC3 和 CT3 后的效度良好，不用再进行修改。具体内容如表 6-11 所示。

表 6-11　删除问题项后消费者因素的因子分析结果

成分矩阵

题项	成分	
	1	2
CC1	0.781	0.262
CC2	0.614	0.492
CT1	0.360	0.683
CT2	0.027	0.646
方差贡献率（%）	46.767	23.536
累计方差解释量（%）	46.767	70.304
KMO	0.639	
Bartlett 近似卡方	78.090	
Sig.	0.000	

（4）对供应链企业因素进行结构效度分析

供应链企业因素包含有供应链企业之间合作（SC）、供应商的行为（SB）、分销商的行为（DB）3 个观测变量，这一因素直接对企业的低碳行为和企业的低碳意愿产生影响。首先对该因素进行 KMO 检验，结果表明，供应链企业因素的 KMO 值＝0.782＞0.5，可以做进一步的因子分析。由于供应链企业因素包含了 3 个层面的观测变量，因而在因子分析时系统自动提取了 3 个主成分，从表 6-12 可以看出所有题项在相应主成分上的因子负荷都大于 0.5，累计方差解释量为 73.352%，表明量表效度高，不用再进行调整。具体内容如表 6-12 所示。

表 6-12　供应链企业因素的因子分析

成分矩阵

题项	成分		
	1	2	3
SC1	0.755	−0.134	0.173
SC2	0.709	0.254	0.227
SBI	0.383	0.681	0.346
SB2	0.184	0.665	0.108
DB1	0.411	0.396	0.634
DB2	0.086	0.205	0.601
方差贡献率（%）	44.878	15.280	13.193
累计方差解释量（%）	44.878	60.159	73.352
KMO	0.782		

成分矩阵	
Bartlett 近似卡方	197.186
Sig.	0.000

四、模型分析

在对问卷获得的数据进行了信度和效度分析之后，还需要继续分析所有变量之间的关系。本章选择结构方程模型（SEM）来检验变量之间是否相互影响。参考结果主要看变量是否通过了显著性检验以及变量间的路径系数和方向。

只有通过显著性检验的变量才能说明变量之间存在关系，也就是说即使路径系数很大，只要显著性检验没通过，那么都说明两变量之间没有关系，此时模型通过零假设。在路径通过了显著性检验时，路径系数大于零，说明两变量之间正相关，并且系数越大表明相关性越强，反之弱相关。路径系数小于零，则表明两变量之间存在负相关关系，系数绝对值越大表明负相关性越强。采用 AMOS 17.0 软件对模型进行测量，估计模型的拟合情况。模型拟合度分析的评价指标有很多，具体内容如表 6-13 所示。

表 6-13 拟合度指标评价表

指标类型	统计检验量	指标名称	适配标准
绝对适配度指标	CMIN	卡方值（χ^2）	$P < 0.05$
	CMIN/DF	卡方自由度比（χ^2/DF）	$\leqslant 2.00$
	RMR	残差均方根	< 0.05
	RMSEA	近似误差均方根	< 0.08
增值适配度指标	GFI	拟合优度指数	> 0.9
	CFI	比较拟合指数	> 0.9
	NFI	标准适配指数	> 0.9

1. 模型拟合程度分析

本章通过 AMOS 17.0 采用最大似然估计法（ML）对模型进行拟合。模型适配指标主要包括模型基本适配指标和模型整体适配指标两种，吴明隆规定基本适配的标准是判断潜在变量与其测量指标间的因素负荷量，这一数值最好在 $0.50 \sim 0.95$（吴明隆，2007）。首先从路径分析结果（见图 6-1）可以看出，企业内部因素与企业低碳目标 CG 之间的因素负荷量为 0.14，小于 0.50，表明这一观测变量与模型不太匹配，应该删除。继续对模型的整体适配度进行分析，拟合结果如表 6-14 所示，从中可以看出 CFI 的值没有通过检验，表明模型还需要进行调整。

表 6-14 结构方程模型拟合程度指标

统计检验量	CMIN	CMIN/DF	RMR	GFI	CFI	NFI	RMSEA
检验结果	$P=0.00$	1.240	0.036	0.907	0.896	0.925	0.058
拟合效果	好	好	好	好	差	好	好

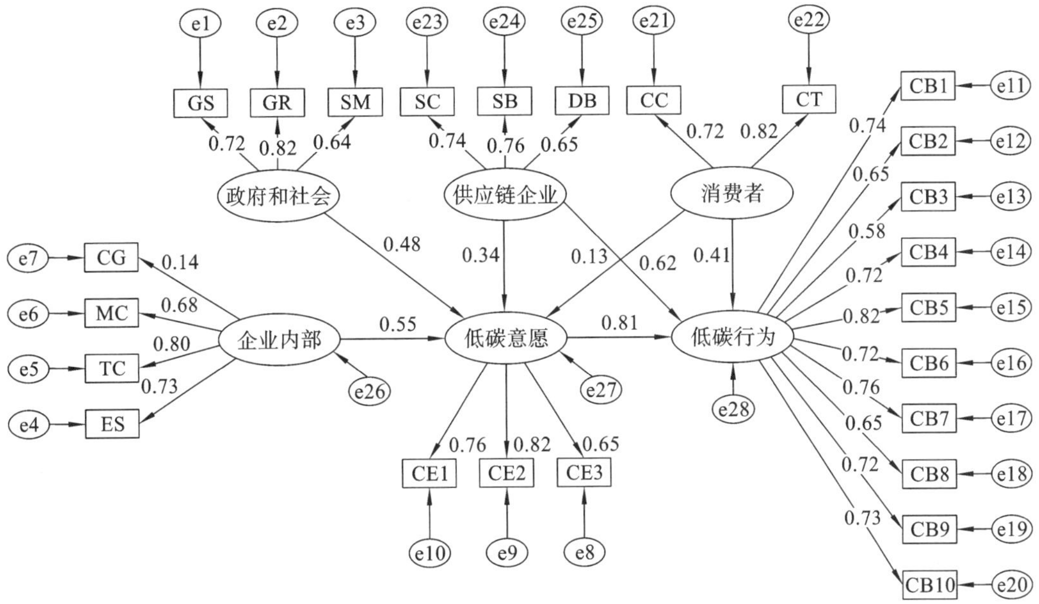

图 6-1 路径显著性图

2. 模型修正

由于模型的初始值没有全部通过拟合检验，所以需要对模型进行调整。从路径显著性图可以看出企业低碳目标与企业内部因素之间的因子载荷低于 0.5，不满足要求，需要将这一变量删除。这一变量的因子载荷低可能是由于所调查的企业还没有将低碳纳入战略层次，这也从某方面说明了我国企业的低碳发展现状。同时从表 6-15 可以看出，消费者因素—低碳意愿因素这一路径的路径系数为 0.13，CR 值和 P 值都没有通过检验，表明这两个因素之间没有直接关系，应该删除这一路径。删除上述没有通过检验的条件后，本章重新构造了模型。

表 6-15 模型的检验结果

假设	路径	SE	CR	P	标准化后路径系数	结果
H1	低碳意愿←政府和社会	0.110	3.867	* * *	0.48	支持
H3	低碳意愿←企业内部	0.157	3.755	* *	0.59	支持
H5	低碳意愿←消费者	0.125	0.792	0.428	0.13	不支持
H6	低碳行为←消费者	0.143	4.290	* * *	0.41	支持

续表

假设	路径	SE	CR	P	标准化后路径系数	结果
H7	低碳意愿←供应链企业	0.173	4.665	＊＊＊	0.34	支持
H8	低碳行为←供应链企业	0.110	3.696	＊＊＊	0.61	支持
H9	低碳行为←低碳意愿	0.173	4.647	＊＊＊	0.81	支持

注：＊＊＊表示 P 值＜0.001。

继续对模型进行拟合度检测，从表 6-16 可以看出 RMR 值＝0.035，小于 0.05，GFI、CFI 和 NFI 分别为 0.907、0.915 和 0.926，均大于 0.9，RMSEA 值＝0.053＜0.08，表明样本数据与模型通过了拟合检验，效果比较好。同时从修正后的模型（见图 6-2）中可以看出，所有潜在变量与其观测指标之间的系数都在 0.50～0.95，而且所有变量之间的路径系数都比较好，也就是说修正后的模型都通过了检验。

表 6-16　修正后结构方程模型拟合程度指标

统计检验量	CMIN	CMIN/DF	RMR	GFI	CFI	NFI	RMSEA
检验值	P＝0.00	1.242	0.035	0.907	0.915	0.926	0.053
拟合效果	好	好	好	好	好	好	好

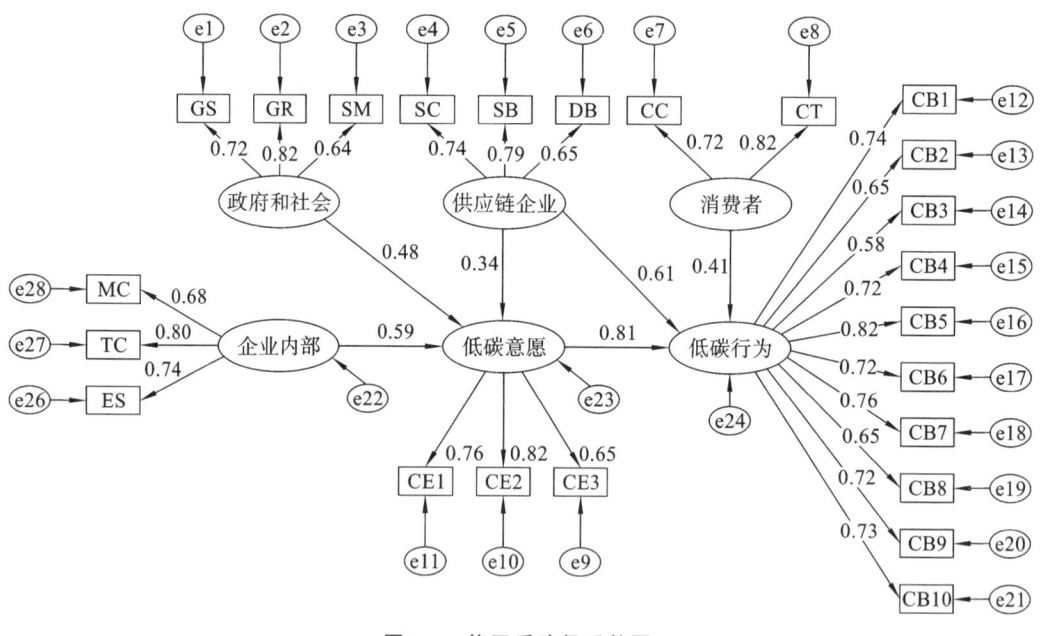

图 6-2　修正后路径系数图

从表 6-15 可以看出，H5 的 CR＜1.96，同时 P 值大于 0.05，表明这一路径没有达到显著性水平，也就是说假设 H5 没有通过假设检验。

3. 模型效应分析与假设检验

各研究变量之间的相关性可以分为直接相关和通过中介变量间接相关两种。本章在分析企业低碳行为的影响因素时引入中介变量企业低碳意愿，这些因素对低碳行为的影响表现在直接相关和间接相关两个方面，同时政府和社会因素对企业低碳行为的影响还可以通过企业内部因素间接表现出来。如果变量之间存在直接相关，那么影响效果就是这两个变量之间的系数；如果变量间接相关，那么影响效果就是自变量到中介变量的系数与中介变量到因变量系数的乘积。如果两个变量之间既直接相关又间接相关，那么影响效果就是其直接影响效果值与间接影响效果值的和。因而，结合拟合效果、检验结果和路径系数可以计算研究变量之间的相关关系并验证模型假设。

（1）政府和社会因素对企业低碳意愿的影响路径为"政府和社会因素—企业低碳意愿"，相关系数为 0.48，表明这两个变量之间显著存在直接相关关系，假设 H1 成立。

（2）政府和社会因素对企业低碳行为的影响路径为"政府和社会因素—企业的低碳意愿—企业低碳行为"，相关系数＝0.48×0.81＝0.39。表明这两个变量之间显著正相关，假设 H2 成立。

（3）企业内部因素对企业低碳意愿的影响路径为"企业内部因素—企业低碳意愿"，相关系数为 0.59，说明这两个变量显著直接正相关，假设 H3 成立。

（4）企业内部因素对企业低碳行为的影响路径为"企业内部因素—企业低碳意愿—企业低碳行为"，相关系数＝0.59×0.81＝0.48，因而假设 H4 成立。

（5）消费者因素对企业低碳意愿的影响路径为"消费者因素—企业低碳意愿"，相关系数为 0.13，同时表 6-15 也显示这一路径没有通过检验，也就是说消费者因素与企业低碳意愿之间的关系不显著，假设 H5 不成立。

（6）消费者因素对企业低碳行为的影响路径为"消费者因素—企业低碳行为"，相关系数为 0.41，假设 H6 成立。

（7）供应链上下游企业因素与企业低碳意愿的影响路径为"供应链上下游企业—企业低碳意愿"，相关系数为 0.34，假设 H7 成立。

（8）供应链上下游企业因素对企业低碳行为的影响表现在两个方面，影响路径为"供应链企业—企业低碳意愿—企业低碳行为"和"供应链企业—企业低碳行为"，相关系数＝0.34×0.81＋0.61＝0.88，假设 H8 成立。

（9）企业低碳意愿对企业低碳行为的影响路径为"企业低碳意愿—企业低碳行为"，相关系数为 0.81，假设 H9 成立。

综上所述，除了假设 H5 以外，其他的 8 个假设均通过了假设检验。

第三节　低碳供应链实施的影响因素实证分析结论

从政府和社会因素来看，首先，政府越来越重视当地低碳经济的发展，导致其对企业不按照规定的行为的监督和惩罚措施越来越严格。受到惩罚的企业不仅会耗费掉一定的资金，企业形象也会受到一定的损害，因而企业为了满足政府的要求，有意愿引进先进的低碳技术来提升自身的低碳能力。其次，政府还可以通过优化财政补贴和税收优惠等扶持政策来鼓励企业实施低碳行为。例如，政府可以提供低利率贷款、补贴贷款和税收优惠等政策。最后，随着社会公众低碳意识的不断增强，社会组织参与监督企业低碳行为的事例越来越多，主要表现在社会媒体曝光企业的不环保行为。

从企业内部因素来看，规模大的企业实施低碳行为的意愿更强，同时新型行业相比传统行业实施低碳行为的意愿也更高。并且企业的低碳行为在很大程度上受企业生产工艺、设备和技术的影响，因而，企业可以通过引进或研发先进的低碳技术来增强低碳效果。

从消费者因素来看，随着人们低碳消费意识的增强，消费者参与监督企业低碳行为的意愿越来越强，对低碳产品的需求量也日益增加。企业为了保持竞争优势必须迎合低碳发展的需要。

从供应链企业因素来看，供应链企业的合作会使企业有意愿实施低碳行为，同时上游供应商的行为和下游分销商的行为也会对企业的低碳行为产生直接影响。

第四节　企业低碳行为的提升措施

从实证分析结果可以看出，在政府管制和社会媒体监督的双重压力以及政府的政策扶持的鼓励下企业管理层的低碳意识会加强，企业有意愿实施低碳行为。从供应链视角来看，鉴于消费者对低碳产品的青睐，供应链节点企业都开始关注低碳原材料和低碳产品，为了避免供应链上企业之间不良竞争，上下游企业之间应该相互信任，采用统一的采购和生产标准，利用自身的低碳技术在产品设计、产品制造、产品运输和产品销售上实施低碳行为。本章从政府和社会、企业内部特征、消费者、供应链企业几个方面给出了相应的提升措施。

一、政府和社会方面

根据前文研究，政府和社会因素通过中介变量企业低碳意愿间接影响企业低碳行为，相关系数为 0.36，表明政府和社会因素对企业低碳行为的影响比较大，而本章设定的政府和社会因素的观测变量是政府管制、政府扶持和社会媒体三个方面。这三个变量会显著影响企业的低碳行为，可以从这三方面出发来提出增加企业低碳行为的有效措施。

（一）强化政府管制来提升企业低碳行为

实证研究表明，如果政府加强对企业的低碳管制，那么企业触犯规定后受到的惩罚就会相对严厉，因而企业在某种程度上会增强实施低碳行为的意愿。这表明加强政府管制能够使企业的低碳行为增加。

首先，丰富对违规企业的处罚方式。政府应该从当地实际情况出发，对于不按规定实施低碳行为的企业，参照国家相关环保法的规定，进行严格的处罚。对于情节较轻的企业可以采取下发责令限期整改通知的方式警告，规范其低碳行为的实施，如果警告后企业仍然不采取行动，可以直接采取收缴原料和移走设备等措施，对于影响比较恶劣的企业则勒令其停业整顿并吊销其营业执照。其次，为配合处罚的顺利落实，政府应加强处罚力度，对于对周围环境污染较大的企业，除了采取上述相应的惩罚方式以外，还可对其依法处以相应的罚款，这样既起到了警示作用，还使这些企业为其污染环境的行为付出经济代价。再次，加强环保部门的监督力度，丰富监督检查方式，采取以经常性检查为主突击检查为辅、明察为主暗访为辅的检查方式，并适度提高突击检查和暗访的频率。最后，依法征收排污费，组建专业团队检测企业废水污染状况，依法按照标准征收排污费，加强环保部门的监督力度，杜绝一切谎报排污量的情况发生，同时对拖欠排污费用和拒不配合参与废水污染物检查的企业予以一定的惩罚。

（二）加大政府扶持力度来增加企业低碳行为

研究发现，政府扶持与企业低碳行为显著正相关，因此加强政府扶持力度可以增加企业的低碳行为。从问卷调查的结果也可以看出，如果政府在低碳技术引进方面为企业提供低息贷款，大多数企业的管理层都会选择引进低碳技术，可见政府的政策扶持对企业低碳行为有着引导性作用。首先，各地政府应积极采取财税政策，在低碳技术引进方面为企业提供低息贷款甚至无息贷款、贴息贷款等引导企业引进先进的低碳技术。其次，政府应该在当地低碳技术的引进方面增加资金的赞助额度，鼓励创新，从发达国家引进先进的低碳技术。再次，鼓励企业进行低碳技术研发，加大低碳环保技术研发的财政补贴力度，鼓励大公司成立专门的研发部门，激励企业参与低碳项目建设，在项目启动阶段给予一定的启动资金，项目完成后再根据完成情况补足剩余的资金，这样可以保证资金的使用效率和效果。同时，还可以为企业提供废旧品回收补贴。最后，完善对企业低碳投资的税收政策，参照国家关于环保的税收优惠政策，对于投资环保项目或购买环保设备的企业减免或抵免企业所得税；降低企业引进先进的进口环保设备的税收额度。除了上述现有的优惠政策以外，还应及时出台新的优惠政策，以激励企业认真贯彻低碳行为。

（三）增加社会媒体对企业低碳行为的监督力度

研究表明，社会媒体压力会增加企业的低碳行为，因而有必要强化新闻媒体和社会公众对企业的监督力度。首先，制定详细的法规让社会公众进行环境监督时有法可依。根据相关规定，公众有权利举报未按规定排放废弃物和排放量超标的企业，即社会公众有权利监督企业的行为。社会公众力量在环保方面是不容忽视的，从问卷收集的数据可以看出消费者的环保意识在加强，对环境的要求也越来越高，因而有必要出台细致的法律法规，以保证公民在行使这一权利时不至于畏首畏尾。其次，支持民众成立带有公益性质的环保组织，这一组织有权对企业的低碳行为进行信访和走访。最后，借助新闻媒体的力量，揭露不低碳的企业，曝光不环保的企业行为，表扬为环境保护做出贡献的

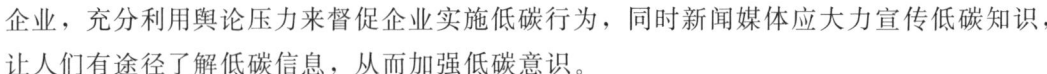

企业，充分利用舆论压力来督促企业实施低碳行为，同时新闻媒体应大力宣传低碳知识，让人们有途径了解低碳信息，从而加强低碳意识。

二、企业内部特征方面

企业内部因素对企业低碳行为的影响系数为 0.48，并且这一影响是通过中介变量企业低碳意愿表现出来的。在分析过程中，除了企业低碳目标观测变量外，其他观测变量均通过了检验，即可以从企业管理者的素质、企业的特征和企业的自身技术能力三个方面给出具体的措施。

（一）增强企业的自身实力

企业之所以出现高消耗和高污染的现象主要还是由产业结构不合理造成的。从实证分析结果可以看出，规模越大的企业的低碳意愿越强，相反，规模小的企业不太愿意采取低碳行为，同时新兴行业往往比传统行业的低碳意识强，因而在当今低碳背景下，企业进行结构调整已经势在必行。首先，鼓励企业摒弃耗费高的生产线，对在规定期限关停的企业给予一定的补偿，并帮助其进行合理转型，对不按照规定执行、继续推进耗能高的技术和设备生产的企业则进行严格处罚，对耗能大、污染强、效益差的企业则鼓励其兼并重组。其次，扶持新兴节能行业的加入。鼓励小企业兼并重组，使企业的自身实力增强，进而使企业的低碳投资能力增加。最后，提高企业管理者的整体素质，使企业所有员工的低碳意识增强，从而促进企业实施低碳行为。

（二）加大技术引进力度

企业的技术能力也与企业的低碳行为正相关，而企业的技术能力又影响企业实施低碳行为的成本，因此，企业应加强自身技术能力来提升企业低碳行为。企业应在生产过程中引进先进的低碳技术和生产设备，从产品的生产过程开始控制废弃物的产生，为企业节约后续治理废弃物的成本，提高企业的污染控制能力，从而促进企业实施低碳行为。同时，也应该更新企业的理念，在包装和设计上实施低碳。

三、消费者方面

通过前文数据分析结果发现，消费者的低碳意识和消费倾向对企业低碳行为有显著直接正影响。随着政府和社会对低碳的宣传，消费者的低碳意识越来越强，低碳产品需求也越来越大。企业为了保持竞争优势、抢占市场份额，会生产消费者所偏好的低碳环保产品。低碳消费意识的增强能够督促企业提高低碳意识。然而，尽管低碳这一概念已经被人们接受，但是多数消费者仍然对其内涵不是特别了解，因而有必要增强消费者对低碳知识的学习。除了借助新闻媒体的力量以外，学校也应该发挥自身优势，在对学生的培养方案中有意识地加入低碳知识的学习，让消费者从根本上改变消费观念，追求低碳消费意识，使消费者感受到低碳消费的益处。

四、供应链企业方面

供应链企业因素对企业的低碳行为有显著的影响，这一影响表现在直接和间接两个方面。实证分析结果表明，这一因素对企业低碳行为的影响效果为0.88，表明这一因素对企业低碳行为的影响非常强。因而，可以从供应链的角度给出应对措施。

（一）增强供应链企业之间的合作

在实际生产和生活过程中，仅仅通过制造业的力量来实现低碳减排是很难的，为了实现低碳减排的目标，供应链上下游企业之间需要合作。企业作为低碳行为的实施者，对整个供应链的低碳行为起着至关重要的作用。研究表明，供应链企业合作这一观测变量对供应链企业因素变量的影响系数为0.74，表明加强企业之间的合作来提高企业的低碳行为是必要的。然而，在低碳行为的实施过程中，企业不可避免地会消耗一定的资本，导致企业的低碳意愿不强，而加强供应链上下游企业之间的合作可以减少单个企业实施低碳行为的投入成本，从而使企业进行低碳行为的意愿增强。在供应链中，制造商是信息交汇的中心，从上游供应商处获得的原材料要经过制造商加工，加工后的最终产品会通过销售流向销售商和终端消费者，在这个过程中，优质的信息交流会对整个供应链的效率产生影响。企业要想让对方进行信息共享就需要增强对方的共享意愿，但在信息共享过程中很容易出现搭便车的现象，因而强迫的方式无法实现真正的信息共享，只有彼此都有信息共享的意愿才能避免搭便车现象的发生。因此，在实际运营中，应该增强企业与企业之间的合作，共同分享有价值的资源和信息。首先，建立信息共享平台，积极公开低碳商业信息。其次，共同进行低碳技术的研发，一起分担成本，减少单个企业的投资成本。最后，企业之间保持长期合作，建立可信度。

（二）建立合适的供应商选择与评价机制

对于制造企业而言，原材料的采购、信息的获取都来自供应商，选择合适的供应商是正确实施低碳行为的关键。在低碳背景下，选择供应商时不再只关注其能力、质量和信誉等基本要素，还会将低碳指标纳入其中。因而，有必要制定一套合适的供应商选择与评价机制，以便准确了解供应商信息，进而提高成员企业实施低碳项目（低碳采购、产品设计、生产、运输以及营销）的积极性，保证供货企业能达到制造企业的环保要求。

（三）实现物流和回收的低碳化

在物流和回收阶段，企业的低碳行为主要是在产品包装、产品运输、产品仓储、产品配送和产品回收过程中实现低碳化。第一，选择无毒无害、可分解、可再生的材料进行包装，包装风格也应尽量简单，避免不必要的浪费。第二，综合评估所有运输路线和运输方式的能耗量，采用能耗相对低的运输方式和路线，例如，可以选择共同配送，降低空载率。第三，遵循科学布局、合理选址的原则，布局不应太过密集，也不能过于疏散；选择太阳能或光伏等节能的储存设施；选择合理的拣选和搬运方式；采用低碳物流软件实现物流过程的低碳化，比如，可以采用 WMS、TMS 和 CAPS 等。第四，实现配送过程网络化，除了运用联合配送的方式减少空驶率增加低碳行为外，还可以利用物联网的优势，实现配送过程网络化。利用网络搜集路况信息，随时向司机发送，保证其选择合适的路段。第五，加大回收环节重复使用废旧品的力度。

（四）加强供应链企业的监督

从路径系数图可以看出，供应商和经销商的低碳行为与制造企业的低碳行为显著正相关，并且相关系数比较大，表明制造企业的行为受到上下游企业行为的影响。首先，制定统一的环保准则，通过合同的方式规定产品质量标准和企业环境责任标准。其次，加强供应链企业对低碳知识的宣传力度，保证成员企业都有较强的低碳意识。最后，设置相同的环境目标，加大成员企业之间的监督力度，使供应链上的所有企业的低碳管理得到督促。

第七章 绿色供应链实践与企业经营绩效的关系

绿色供应链管理，作为环境保护领域的一项革新性举措，不仅具体展现了企业在环境保护方面的责任担当，还是企业探索新型利润增长点的重要策略。从供应链的宏观视角审视，各节点企业的绿色供应链管理实践，具有不可忽视的学术价值和实践意义。这些实践不仅对推动环境保护工作的深入发展至关重要，同时也为企业实现可持续发展提供了有力的理论支撑和实践指导。

为深入剖析制造企业实施绿色供应链管理实践与其环境绩效和经营绩效之间的深层联系，并指导企业在实践中更加高效地推行绿色供应链管理，本章聚焦于供应链中的制造商角色，旨在深入分析绿色供应链管理实践中的环境协同、环境监督与企业环境绩效和经营绩效的关系。

第一节 企业绿色供应链管理的研究背景与研究意义

20 世纪末以来，随着工业革命的深入推动，科学技术取得显著突破，生产力迅猛发展。在这一过程中，人类社会对自然资源的开发与利用规模急剧扩大，达到了前所未有的程度。然而，这种迅猛的发展也伴随着一系列严峻的环境问题：制造企业的活动对全球自然环境造成了严重破坏，对人类健康安全构成了巨大威胁。面对这一紧迫形势，各国政府和国际组织承受着巨大的压力，积极寻求有效途径减少生产、消费及回收再利用等各环节对环境造成的负面影响。我国作为人口众多、能源资源丰富的国家，面临着环境恶化和资源枯竭的双重压力，这使得我们更加需要深入探究环境问题的本质，并寻求切实可行的解决方案。因此，政府高度重视可再生能源的研发，并将其纳入科技攻关计划。这种关注不仅能推动技术进步，也为相关产业发展注入动力。

随着新经济环境的不断演变，传统企业管理理念和运营模式正面临着严峻的挑战，其适应性逐渐减弱。在这一背景下，绿色供应链管理（GSCM）作为一种创新性的企业战略管理模式，逐渐引起了各国政府、企业及学术界的深度关注与探讨。绿色供应链管理不仅要求企业追求经济效益，还强调将"绿色"理念深度融入供应链的每一个环节，这意味着需要在传统供应链管理模式的基础上，积极引入环境保护和可持续发展的核心要素，确保从产品研发、生产制造、物流配送到废弃物回收的整个生命周期都贯彻实施环保措施。通过优化资源利用、减少环境污染，进而降低企业在供应链各环节的总能耗，以及减轻对生态环境的负面影响。

当前绿色供应链管理理论与实践尚未实现深度融合，导致企业在推行 GSCM 时缺乏系统有效的理论指导。现有研究多聚焦于产品绿色度、绿色供应链绩效以及宏观层面的绩效评价，研究方法主要依赖于主观判断色彩较重的网络层次分析法、德尔菲法和模糊综合评价等。尽管这些方法在一定程度上能够解决相关问题，但其主观性较强的特点不容忽视。近年来，为克服前期评价的主观性问题，部分学者开始探索采用更客观、科学的评价方法，并结合定性和定量分析，更全面地评估绿色供应链管理的实施效果。然而，现有研究在方法的创新性和实用性方面仍有待加强，需要进一步探索更为精准、有效的评价手段，以更好地指导企业在实践中应用绿色供应链管理策略。

绿色供应链管理作为环保领域的一次重大革新，成功地将环境要素深度嵌入供应链的每一环节，致力于减少企业对环境造成的负面影响，同时优化资源利用效率。在当前商业生态中，企业已从追求单一的经济利益最大化转向经济效益与环境保护的协同共进。本章旨在深化绿色供应链管理的理论与实践研究，突破传统分析框架，集中探讨企业与其供应链伙伴间的合作关系、协同机制与监督机制。通过系统分析制造企业绿色供应链管理实践与其环境和经营绩效之间的关联，本研究力求为企业高效实施绿色供应链管理策略提供指导，并为绿色供应链理论贡献新的见解。这不仅有助于企业在追求经济效益的同时实现环境友好型发展，也为我国绿色供应链管理的研究和实践提供了新的思路和方向。

深入探索绿色供应链管理实践有助于增强社会各界对其重要性的认识。从宏观层面来看，研究我国企业实施绿色供应链管理对环境绩效和经营业绩的促进作用，能够促使政府采取相应措施激励企业行为，推动绿色供应链管理的普及和发展；从微观层面看，有利于激发企业自主采纳绿色供应链管理实践的内在动力，进而助力企业精准实施绿色供应链管理策略。这一实践不仅有助于企业提升自身绩效，还能让其在激烈的国际市场竞争中占据有利地位，实现环境改善与可持续发展的双重目标，推动整个行业的绿色转型与进步。

第二节　绿色供应链实践与企业经营绩效研究模型构建

本节以制造企业作为核心研究对象，深入剖析其与上下游企业在环境协同和环境监督方面的绿色供应链实践。现有研究成果不仅为绿色供应链管理的深入理解提供了理论支撑，而且为绿色供应链管理实践的测量变量设计提供诸多参考。

一、绿色供应链实践与企业经营绩效研究模型

（一）环境协同和环境监督

在绿色供应链管理的宏观架构下，各节点企业需携手构建利益共享、风险共担的共同体，通过深度整合资源，如产品、服务、劳动力、技术等，共同培育社会责任与商业伦理的土壤，从而优化资源配置，降低消费者负担，同时最小化环境负面效应。环境协同不仅是文化价值、技术、经营模式的深度融合，更是风险共担、资源共享、运作协调的战略举措，能够降低供应链整体的内外部冲突，激发潜在竞争力。通过环境激励与相互约束的巧妙结合，环境协同能够推动上下游企业间形成无缝对接，实现协同增效的乘数效应（曾文杰和马世华，2010）。同时，信息共享在绿色供应链管理中扮演着重要角色，将供应链各节点紧密相连，确保信息的畅通无阻。通过高效的信息传递与共享，企业能够精准把握市场动态，优化生产流程，提升供应链整体运作效率。这不仅是实现精益生产的关键所在，更是推动供应链成员间深度合作的坚实基础。因此，在绿色供应链管理的征程中，我们应深化环境协同，强化环境监督，同时加强信息共享与传递，以构建更加高效、绿色、可持续的供应链体系。

随着企业对外部合作伙伴的信任度不断提升，关系效率得到了显著提高，进而推动了运营效率和经营绩效的稳步增长。在绿色供应链管理实践中，供应链中各节点成员的紧密合作是我国制造业推动绿色供应链管理实践的关键所在。同时，随着绿色消费理念的深入人心，环境监督在促进制造业绿色供应链管理中的作用日益凸显。因此，为了建设环境友好型企业，必须从整个供应链的角度出发，通过实施环境预防与控制措施，确保经营活动中各环节的有效相互监督，从而最大限度地减少对环境的负面影响。基于上述深入剖析，对绿色供应链管理实践中的环境协同与环境监督提出以下假设。

H1：环境协同与环境监督之间存在积极的正相关关系。

H1a：企业与供应商之间的环境协同将有效推动企业加强对供应商的环境监督与管理。

H1b：企业与顾客之间的环境协同将有效促进顾客增强对企业的环境实践监督意识，进而形成良性的互动监督机制。

（二）环境监督与企业环境绩效

随着环境保护意识的日益增强和相关法规的逐步完善，制造企业正积极将绿色供应链管理提升至战略高度，以强化对供应链各环节的环境监督，从而最小化对环境的潜在影响，并有效规避环境风险。在这一进程中，企业正通过一系列严格措施，如加强排放控制、实施能耗监测以及提升回收再利用效率等，来确保供应链的绿色可持续发展。Kenneth W. Green 等（2012）的研究指出，对供应商实施有效的环境监督是实现制造企业绿色生产的关键环节。同时，大型跨国企业已将环境管理体系认证视为选择合作伙伴的重要标准，这进一步凸显了环境监督在绿色供应链管理中的核心地位。在强制法规的引导和市场需求的推动下，环境监督已成为绿色供应链管理中不可或缺的一环，对于促进环境绩效的稳步提升起到关键作用。这一转变不仅有助于企业树立绿色形象、提升品牌影响力，还与公众对环保的日益关注相契合，满足了消费者对环保产品的迫切需求。基于上述分析，提出以下假设。

H2：环境监督与环境绩效之间存在显著的正向联系，即随着环境监督力度的加大，环境绩效将实现显著提升。

H2a：企业对供应商实施的环境监督将有效推动环境绩效的改善，确保供应链的绿色高效运行。

H2b：顾客对企业的环境监督同样对环境绩效具有积极的推动作用，通过市场机制激励企业不断提升环境管理水平。

（三）环境绩效和经营业绩

尽管部分企业对经济效益与环境保护的兼容性存疑，担忧环境治理成本高昂且回报不明，但大量研究已证实绿色供应链管理的益处。Scott（1998）利用平衡计分卡研究发现，环境绩效与经济绩效呈正相关，支持绿色管理对财务战略目标的贡献。王能民等（2005）的研究进一步指出，绿色供应链管理通过满足消费者对环保产品的需求，提高了消费者忠诚度，从而促进了企业财务绩效的提升。环境信息披露详尽的企业往往具有更高的环境与经济绩效，降低环境风险可以减少财务成本，提升财务绩效。陈璇和淳伟德（2010）的研究通过回归模型证实了环境绩效对财务绩效的正向影响，尽管地区之间存在差异。这些研究均表明，实施环境友好型的绿色供应链管理不仅不会损害企业经济效益，反而能有效提升其经营绩效。鉴于上述研究，本章将不再单独讨论成本因素，而是聚焦于在考虑成本的前提下，环境绩效对经营业绩的影响。基于此提出以下假设。

H3：企业的环境绩效与经营业绩之间存在正相关关系。

（四）企业绿色形象

绿色企业文化作为企业塑造绿色形象的重要基石，不仅体现了企业对高标准社会责任的承诺，还在竞争激烈的市场中为企业赋予了独特的竞争优势。环境绩效对于塑造并强化企业的绿色形象具有积极作用。企业的绿色形象作为关键维度之一，得到了充分的重视。企业的绿色形象并非凭空而来，而是企业在实践中采纳并实施一系列绿色战略和行动后的自然结果。这些绿色战略和行动不仅涵盖了降低生产运营成本等经济层面，还体现了企业对环境保护和可持续发展的深刻理解和承诺。鉴于环境绩效与绿色形象之间的紧密联系，本书旨在深入剖析企业环境绩效是否通过塑造和提升绿色形象，从而间接地对企业的经营业绩产生积极影响。基于此，提出以下研究假设。

H4：企业环境绩效与其绿色形象之间存在显著的正相关关系，即环境绩效的提升能够有效增强企业的绿色形象，进而为企业的经营业绩带来正面效应。

H5：企业的绿色形象对经营业绩具有正向促进作用，即绿色形象的强化能够有效提升企业的经营业绩。

综上所述，本章构建了一个概念模型，系统地描述了绿色供应链管理实践中环境协同和环境监督的作用，以及如何与制造企业的环境绩效、经营业绩和企业绿色形象相互关联，如图 7-1 所示。

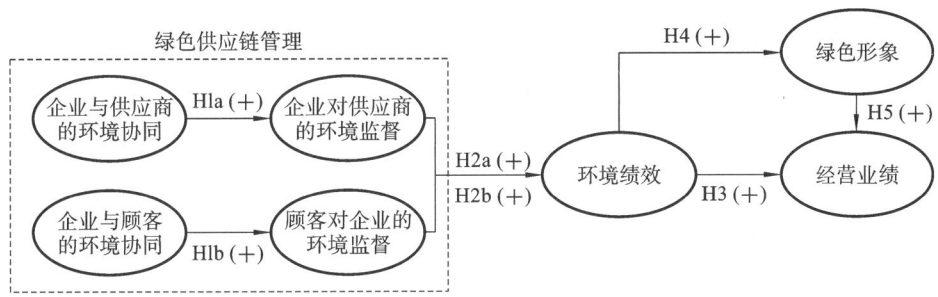

图 7-1　供应链绿色实践与企业经营绩效关系研究模型

二、绿色供应链实践与企业经营绩效研究假设

(一) 环境协同

绿色供应链管理的深入推进，其核心不仅在于技术革新或单一环节的优化，还在于构建一个稳固且高效的协同合作机制，这种机制需要企业与上游供应商和下游客户之间形成紧密的联结。在绿色供应链管理实践中，企业与供应链伙伴之间不再是简单的买卖关系，而是需要共同面对环境挑战、分享绿色创新成果的合作伙伴。尽管目前国内外对环境协同的专项研究仍显匮乏，但这并不妨碍我们认识到其在绿色供应链管理中的重要地位。

环境协同旨在实现环境效益与经济效益的双赢，通过整合供应链上下游的技术、信息等资源，共同规划和执行环保策略，确保各方在履行环保责任的同时，实现供应链的整体协调与同步。这种协同不局限于企业与供应商之间，还可拓展至与顾客之间的环境协同。企业的环境管理行为并非孤立存在的，需要依托整个供应链的协同合作。在企业运营中，供应链成员之间的沟通至关重要。环境协同应贯穿供应链各环节，通过协同管理减少资源消耗和污染，增强供应链竞争力，实现可持续发展。环境协同问卷测量题项如表 7-1 所示。

表 7-1　环境协同问卷测量题项

变量	测量题项
企业与供应商的环境协同（ECS）	ECS1 贵公司与供应商共同确立并强化环保责任意识，形成共同的环保理念
	ECS2 贵公司与供应商定期讨论并设定共同的环境保护目标，确保双方行动的一致性
	ECS3 贵公司与供应商在规划经营活动时，共同预测并评估可能对环境产生的影响

变量	测量题项
企业与供应商的 环境协同（ECS）	ECS4 针对预测的环境影响，贵公司与供应商联合制定改善或解决方案，共同应对环境挑战
	ECS5 贵公司与供应商依据制定的解决方案，共同采取环境管理措施，确保环境目标的达成
企业与顾客的 环境协同（ECC）	ECC1 贵公司与顾客共同树立环保责任意识，形成环保共识，推动环保行动
	ECC2 贵公司与顾客就共同关心的环境问题展开讨论，设定共同的环境保护目标
	ECC3 贵公司在开展经营活动时，与顾客共同预测并评估可能对环境产生的影响
	ECC4 针对可能的环境影响，贵公司与顾客共同商讨并制定改善或解决方案
	ECC5 贵公司与顾客依据制定的解决方案，共同采取环境管理措施，实现环境效益的提升

（二）环境监督

环境监督在绿色供应链管理中很重要，包括 ISO14000 认证、公开环境报告和第三方审计报告等。这些监督有助于企业规范环境行为，并推动供应链成员共同提高环境管理水平。本节研究了企业对供应商和顾客对企业的环境监督，并设计了测量题项以评估实践情况。环境监督问卷测量题项如表 7-2 所示。

表 7-2　环境监督问卷测量题项

变量	测量题项
企业对供应商的 环境监督（EMS）	EMS1 贵公司选择供应商时将环境因素纳入选择标准
	EMS2 贵公司用书面文件的形式对供应商的环境提出要求
	EMS3 贵公司对供应商的环境情况进行调查
	EMS4 贵公司要求供应商按照 ISO14000 标准实施环境控制
	EMS5 贵公司要求供应商提出废物减排目标并承诺达到目标
顾客对企业的 环境监督（EMC）	EMC1 顾客要求贵公司选择供应商时综合考虑环境因素
	EMC2 顾客要求贵公司做出对顾客的环境管理承诺
	EMC3 顾客要求贵公司制定并实施环境管理制度
	EMC4 顾客要求贵公司完成废物减排目标
	EMC5 顾客用书面文件的形式对贵公司的环境管理提出要求

（三）环境绩效

环境绩效是衡量企业活动对环境影响的重要指标，包括环境、能源和资源等多个方面。国内外研究均表明，实施绿色供应链管理能显著提升企业环境绩效，因为它使企业更关注减少对环境的影响。本节通过测量题项评估企业实施绿色供应链管理后的环境绩效。环境绩效问卷测量题项如表 7-3 所示。

表 7-3　环境绩效问卷测量题项

变量	测量题项
环境绩效 （EP）	EP1 贵公司实施绿色管理后提高了废物回收利用率
	EP2 贵公司实施绿色管理后更符合环境法规的要求
	EP3 贵公司实施绿色管理后减少了有害物质等排放
	EP4 贵公司实施绿色管理后减少了电、水、燃气及石油等的消耗

（四）经营绩效

企业经营绩效作为评估投入与产出效率的核心指标，不仅体现了企业的经济效益，还直接体现企业追求利润最大化。鉴于其重要性，提升经营业绩已成为企业实施绿色供应链管理实践的关键驱动力。绿色供应链管理通过优化资源配置、提升运营效率，以及建立协同与监督机制，实现了信息、技术等资源的共享，有效减少了经营活动中的资源浪费，提升了资源利用效率，进而降低了成本。国内外学者已经广泛探讨了企业经济绩效与财务绩效在推动企业绿色供应链管理实践中的作用。经济绩效和财务绩效作为衡量企业发展及盈利能力的关键指标，直接反映了企业的盈利能力，并预示着企业的长远发展潜力。企业经济绩效和财务绩效的增长与绿色供应链管理实践之间存在着显著的正相关关系。

基于上述研究背景，提出经营绩效这一变量，该变量融合了经济绩效和财务绩效，旨在深入考察企业的盈利能力。企业经营绩效问卷测量题项如表 7-4 所示。

表 7-4　企业经营绩效问卷测量题项

变量	测量题项
企业经营业绩 （BP）	BP1 贵公司实施绿色管理后提高了资源利用率
	BP2 贵公司实施绿色管理后占领了更有利的竞争地位
	BP3 贵公司实施绿色管理后提高了盈利能力
	BP4 贵公司实施绿色管理后提高了生产效率

（五）企业绿色形象

企业在实施绿色供应链管理后，通过显著降低资源消耗和有害气体排放，显著提升了其在供应链上下游的声誉。在环保意识日益增强的商业环境中，这种实践为企业塑造了正面的社会形象，使企业在消费者和合作伙伴心中成为具有高度社会责任感的代表。这样的形象不仅增强了企业的市场吸引力，也使得企业在合作中成为值得信赖的伙伴。企业绿色形象问卷测量题项如表 7-5 所示。

表 7-5　企业绿色形象问卷测量题项

变量	测量题项
绿色形象 （GI）	GI1 贵公司在环境管理方面是专业的
	GI2 贵公司在环境管理方面是成功的
	G13 贵公司一直在进行环境管理
	GI4 贵公司有关环境管理的声誉是稳定的
	GI5 贵公司的环境管理是值得信赖的

第三节　绿色供应链实践与企业经营绩效实证分析

一、问卷发放与数据采集情况

问卷设计作为研究的关键环节，其质量直接关系到研究结果的可靠性。为了确保问卷能够真实、有效地反映研究所需数据，本章在问卷设计过程中，深入参考了国内外成熟的量表，并充分考虑了我国制造企业的特性，对问卷内容进行了精心打磨和修订，以确保调查工具的适用性和准确性。之所以选择制造企业作为调查对象，主要是基于其在绿色供应链管理实践研究中的显著代表性和重要性。制造企业拥有完整的供应链体系，涵盖了从采购、生产到销售的各个环节，其中的不确定性和复杂性使得与上下游企业的协同与监督关系尤为重要。因此，以制造企业为研究样本，有助于更深入地探讨绿色供应链管理实践的效果和影响。针对制造业集中的武汉地区企业，进行了实地访谈和问卷调查；同时，通过论坛、微博等社交和通信平台公开发布网络问卷，广泛邀请不同地区和行业的制造企业员工参与。

二、描述性统计分析

调查对象的年龄主要集中于 21～40 岁，表明年轻员工在企业中占据主导地位，且年龄分布均衡。这一数据有助于更准确地分析和理解不同年龄段员工对企业绿色供应链管理实践的看法和态度。分析调查者职位情况，发现约七成（70.89％）的受访者为企业管理人员。这些管理人员在企业中担任着重要的角色，对企业的管理实践活动有着深入的了解和丰富的经验，因此问卷内容能够较为真实地反映出企业的管理现状和实践情况，为研究提供数据支持。

调查对象的学历分布呈现出高学历集中的特点。具体而言，本科及以上学历的调查者占据了绝大多数，其中本科学历占比最高，达到了 57.89％，硕士及以上学历次之，占 25.26％。相比之下，大专学历和大专以下学历的调查者占比较少，分别为 11.58％和 5.26％。这一数据反映出近年来企业招聘趋势中，对学历要求的提升，使得调查对象的学历水平普遍较高且分布集中，这有利于他们更好地理解和回答问卷，从而确保调查结果的有效性和准确性。此外，如表 7-6 和表 7-7 所示，调查对象所在企业类型多样，包括民营企业、国有或国有控股企业以及合资企业等，同时企业所属行业分布广泛，显示出样本的广泛性和代表性。这种多样化的企业性质使得本章的研究能够更全面、客观地反映不同企业在绿色供应链管理方面的实际情况，从而更有力地支撑相关问题的分析和讨论。

表 7-6　企业性质分布情况

企业的性质	个数（个）	百分比（%）	累计百分比（%）
民营企业	70	35.53	35.53
国有企业或国有控股	68	34.52	70.05
合资企业	35	17.77	87.82
外商独资	9	4.57	92.39
其他	15	7.61	100.00
合计	197	100.00	100.00

表 7-7　企业所属行业分布情况

企业所在行业	个数（个）	百分比（%）	累计百分比（%）
化学制品与石油化工	19	9.64	9.64
木材与家具	32	16.24	25.88
汽车制造	29	14.72	40.60
纺织品与服饰	16	8.12	48.72
电子产品与电器	35	17.77	66.49
医药	16	8.12	74.61
农副食品	13	6.60	81.21
其他	37	18.78	100.00
合计	197	100.00	100.00

三、信度分析与效度分析

（一）信度分析

研究数据的信度检验结果如表 7-8 所示，各因素 α 系数均大于 0.7，说明问卷数据具有较高的信度。

表 7-8　调查问卷中各因素的 α 系数

因素	观测变量	α 系数	题项
环境协同	ECS	0.940	5
	ECC	0.951	5

因素	观测变量	α 系数	题项
环境监督	EMS	0.907	5
	EMC	0.946	5
环境绩效	EP	0.915	4
经营业绩	BP	0.899	4
绿色形象	GI	0.931	5

（二）效度分析

效度与信度分析是数据分析的核心组成部分。其中，效度涉及量表测量目标变量的准确性，包括内容效度和结构效度，具体如表 7-9 所示。

表 7-9　因子分析结果

题项	成分						
	1	2	3	4	5	6	7
ECS1	0.243	0.332	0.157	0.170	0.708	0.156	0.100
ECS2	0.236	0.456	0.149	0.151	0.735	0.063	−0.013
ECS3	0.213	0.360	0.309	0.101	0.711	0.257	−0.103
ECS4	0.136	0.404	0.326	0.092	0.681	0.259	0.098
ECS5	0.140	0.424	0.292	0.184	0.661	0.252	0.062
ECC1	0.183	0.685	0.184	0.187	0.184	0.313	0.067
ECC2	0.197	0.781	0.330	0.159	0.267	0.075	0.032
ECC3	0.182	0.817	0.259	0.149	0.294	0.101	−0.035
ECC4	0.135	0.811	0.271	0.136	0.310	0.101	0.016
ECC5	0.089	0.787	0.271	0.176	0.357	0.183	−0.029
EMS1	0.301	0.376	0.429	0.096	0.250	0.437	0.232
EMS2	0.231	0.424	0.277	0.151	0.308	0.510	0.111
EMS3	0.335	0.540	0.187	0.160	0.309	0.406	0.273
EMS4	0.206	0.219	0.238	0.210	0.221	0.762	−0.023
EMS5	0.166	0.260	0.428	0.193	0.327	0.642	−0.076
EMC1	0.163	0.235	0.705	0.144	0.282	0.255	0.241
EMC2	0.274	0.298	0.756	0.184	0.290	0.143	0.081
EMC3	0.262	0.276	0.797	0.116	0.187	0.197	−0.031
EMC4	0.360	0.264	0.732	0.106	0.195	0.236	−0.133
EMC5	0.284	0.336	0.781	0.160	0.100	0.058	−0.010
EP1	0.362	0.221	0.187	0.269	0.189	0.198	0.717

续表

题项	成分						
	1	2	3	4	5	6	7
EP2	0.046	0.173	0.142	0.386	0.087	0.230	0.687
EP3	0.123	0.154	0.106	0.316	0.069	0.345	0.701
EP4	−0.041	0.145	0.098	0.271	0.153	0.193	0.766
BP1	0.766	0.112	0.229	0.195	0.228	−0.008	0.286
BP2	0.804	0.131	0.226	0.125	0.107	0.056	0.026
BP3	0.793	0.088	0.195	0.145	0.098	0.021	−0.346
BP4	0.781	0.151	0.315	0.145	0.174	0.040	−0.051
GI1	0.263	0.148	0.171	0.645	0.298	−0.003	0.320
GI2	0.336	0.111	0.120	0.809	0.168	−0.003	0.135
GI3	0.302	0.168	0.044	0.811	0.096	0.230	0.151
GI4	0.203	0.111	0.134	0.885	0.015	0.137	−0.027
GI5	0.163	0.178	0.135	0.892	0.090	0.119	−0.024
方差贡献率（%）	20.572	15.542	12.476	8.611	6.626	5.277	4.817
累计方差解释量（%）	20.572	36.114	48.590	57.201	63.827	69.104	73.921
KMO	0.910						
Bartlett 近似卡方	3328.646						
Sig.	0.000						

经过 KMO 检验，数据适宜性高（KMO 值＞0.5），同时 Bartlett 球形检验的显著性水平为 0.000，表明相关系数矩阵非单位矩阵，适合进行因子分析。接着，采用主成分分析法，通过提取特征根大于 1 的主因子，并应用最大方差法旋转，最终收敛得到七个互不重叠且意义明确的主成分，所有问题项的因子负荷均大于 0.5，共同解释了总方差的显著部分，验证了量表的高效度。通过效度分析，本章验证了本章所使用的量表具有较高的内容效度和结构效度，为后续的数据分析提供了坚实的基础，因此无需对量表进行进一步的调整。

四、结构方程模型检验与分析

在完成问卷数据的信度和效度分析后，本章进一步采用结构方程模型（SEM）方法，借助 AMOS 工具，旨在检验先前提出的假设模型的有效性。通过评估分析结果的显著性、变量间的路径系数与方向以及相关指标值，本章将系统地评判假设模型的拟合程度。

（一）结构方程拟合优度检验

本章利用结构方程模型（SEM）和 AMOS 工具检验假设模型。通过显著性检验、路径系数及其方向和相关指标值，全面评估模型拟合度。首先，模型拟合优度是关键，显著性检验是判断变量间关系的基础。即使路径系数大，若不显著，也不接受变量间的关系假设。显著路径系数的方向揭示了变量关系的方向。正系数表示正相关，且系数越大，相关性越强；负系数则相反。

为了准确测量模型拟合度，本章使用 AMOS 17.0 软件进行检验，并重点考虑了两类适配指标：基本适配指标和整体模型适配指标。基本指标关注潜在变量与测量指标间因素负荷量，理想值在 0.50 至 0.95 之间；同时，确保输出临界比 C.R. 大于 1.96，以验证估计系数在 0.05 显著性水平上的统计意义。整体模型适配度则通过一系列重要指标综合评估，如表 7-10 所示，这些指标为全面评价模型拟合程度提供了有力依据。

表 7-10　拟合度指标评价表

指标类型	统计检验量	指标名称	适配标准
绝对适配度指标	CMIN	卡方值（χ^2）	$P<0.05$
	CMIN/DF	卡方自由度比（χ^2/DF）	$\leqslant 3.00$
	RMR	残差均方根	<0.05
	RMSEA	近似误差均方根	<0.08
增值适配度指标	CFI	比较拟合指数	>0.8
	NFI	标准适配指数	$\geqslant 0.8$
	GI	拟合优度指数	>0.8

（1）卡方指标（χ^2）：这一指标用于衡量理论模型与观察数据的拟合程度。理想情况下，P 值应小于 0.05，同时卡方值越小，表明模型的解释力越强。较小的卡方值意味着模型与数据之间的契合度更高，有助于增强模型的预测能力和可靠性。

（2）卡方与自由度之比（χ^2/DF）：此指标通过将卡方值与自由度进行比较，进一步评估模型的拟合程度。一般而言，该比值越小越好，通常应小于 3。较小的比值意味着模型与数据的匹配度更高，而较大的比值可能表明数据与模型之间存在较大的差异。

（3）残差均方根（Root Mean Square Residual，RMR）：此指标衡量未标准化的假设模型整体残差，反映了模型与数据之间的拟合程度。当 RMR 值越接近 0 时，说明模型的拟合度越高，即模型能够更好地解释数据中的变异。

（4）近似误差均方根（RMSEA）：RMSEA 用于衡量模型中未能揭示的残差大小。当 RMSEA 小于 0.1 时，表明模型拟合度较好；当其值小于 0.05 时，说明模型拟合得非常出色。较小的 RMSEA 值意味着模型能够更好地捕捉数据的内在结构。

（5）比较拟合指数（Comparative Fit Index，CFI）：作为模型拟合效果的评价指标，其值介于 0 至 1 之间，值越趋近于 1，表明模型拟合效果越佳。一般而言，CFI 值大于 0.90 表示模型适配良好。鉴于数据收集过程中存在的偏差，本章将模型适配度的接受标准适度放宽，要求大于 0.80。

（6）拟合优度指数（Goodness-of-fit Index，GFI）：GFI 作为模型适配程度的评价指标，其值域为 0 至 1。与 CFI 类似，GFI 值越接近 1，表明模型拟合度越高。本章对 GFI 采用与 CFI 相同的评估标准。

（7）标准拟合指数（Normed Fit Index，NFI）：NFI 通过比较设定模型与独立模型的卡方值来评估模型的拟合效果。其接受标准与 CFI 一致，即值越大表示模型拟合效果越好。

需要注意的是，模型拟合度评价并非纯粹的统计问题。模型拟合度不高，可能是测量方法或数据误差等因素所致，而并非模型本身的问题。实际应用中，模型往往难以达到理想的拟合标准。考虑到本章数据的潜在误差，本章对模型拟合指标的标准进行了合理调整，借助 AMOS 17.0 工具，通过最大似然估计法深入分析了模型拟合度。路径显著性分析显示（见图 7-2），所有因素负荷量均超过 0.5，表明观察变量与模型之间存在良好的匹配性。这一结果为模型的可靠性和有效性提供了有力的支持。

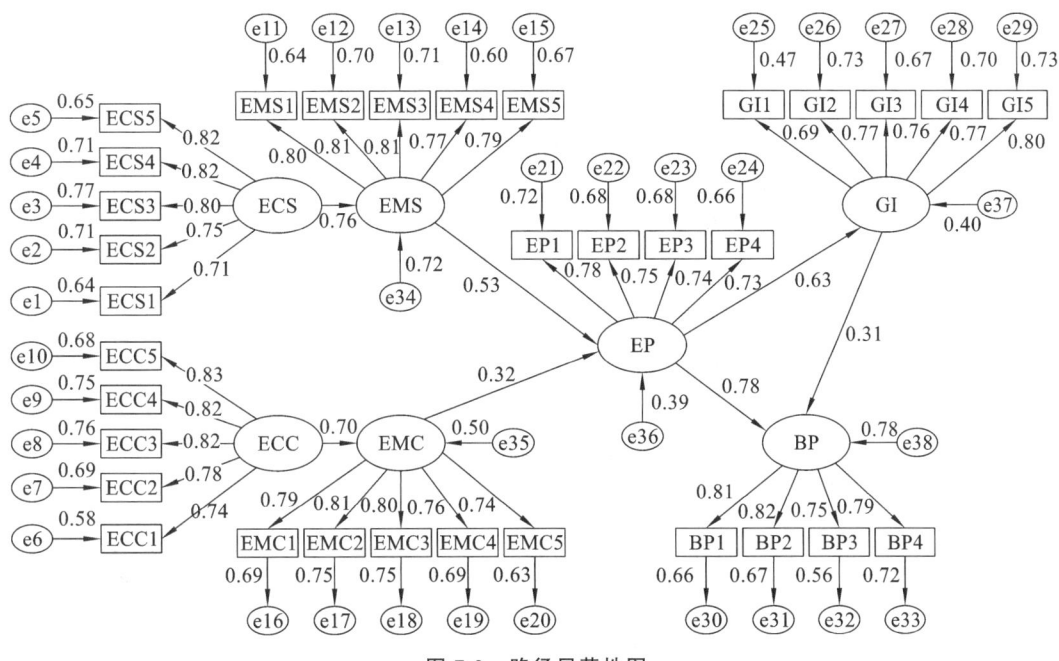

图 7-2 路径显著性图

经过对模型的整体适配度进行详尽的分析，本章获得了如表 7-11 所示的结果。从表 7-11 可以看出，GFI、NFI 以及 RMSEA 等关键评价指标尚未达到预定的标准，这表明模型当前未能通过严格的检验。因此，为了确保模型的准确性和有效性，本章需要对模型进行进一步的修正和优化。

表 7-11 结构方程模型拟合程度指标

统计检验量	CMIN	CMIN/DF	RMR	GFI	CFI	NFI	RMSEA
检验结果	$P=0.00$	1.904	0.048	0.668	0.866	0.756	0.089
拟合效果	好	好	好	差	好	差	差

（二）模型修正

前文所构建的模型虽然路径系数均通过了显著性检验，但整体拟合指标并未完全达标，因此需要对模型进行必要的修正。鉴于模型中各路径系数均表现出较高的显著性，本章未对模型进行路径的删除或限制。依据吴明隆（2010）的理论，当模型变量残差间非完全独立时，添加变量间的共变路径有助于提升模型拟合效度。因此，本章依据 M.I. 指标值对模型进行了优化调整。通过选择具有较大 M.I. 值的路径关系进行添加，本章期望能够进一步提升模型的拟合优度。表 7-12 列出了所选的 M.I. 值及其对应的路径关系。

表 7-12　添加路径 M. I. 值

路径	M. I. 值	Par Change
ECS→ECC	62.562	0.689
e1←→e2	15.558	0.185
e14←→e15	15.406	0.282

在模型修正过程中，本章将误差项由固定参数调整为自由参数，通过三次修正逐步释放原先的假设条件，依次确定了 ECC 与 ECS、e1 与 e2 以及 e14 与 e15 之间的共变关系。每次增加共变关系后，模型的卡方值显著提高，分别提升了 62.562、15.558 和 15.406，显示这些新增关系对模型拟合度具有显著影响。修正后的模型如图 7-3 所示，图中显示所有潜在变量与其观察指标间的系数均在合理范围内（0.50 至 0.95），且变量间路径系数正常。这一结果进一步验证了修正后模型的合理性和有效性，为后续的分析和解释提供了坚实的基础。

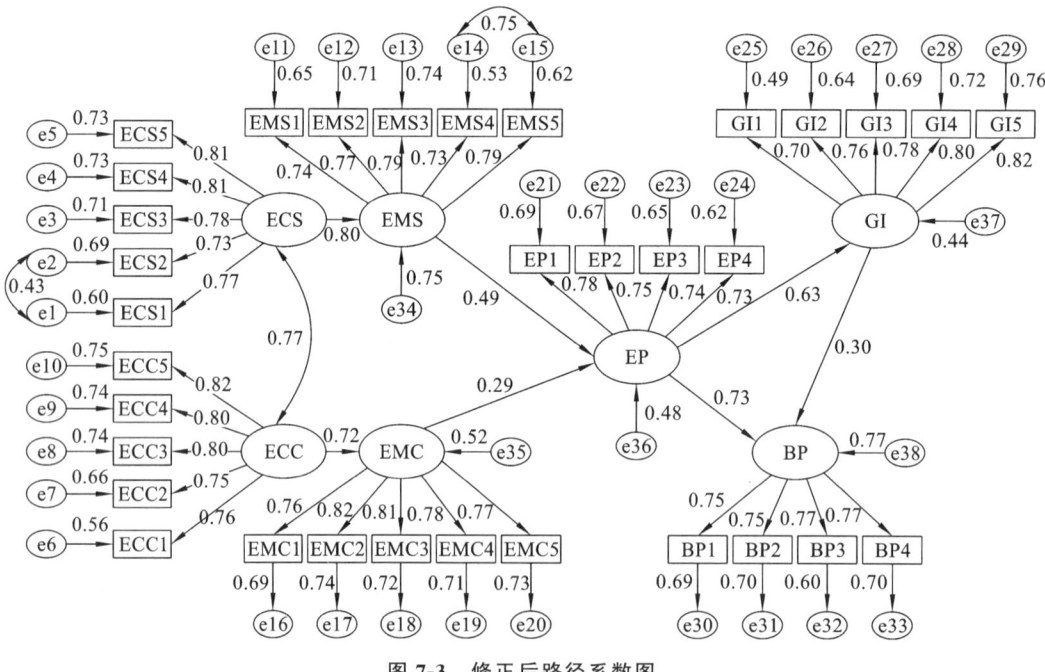

图 7-3　修正后路径系数图

经过修正后，模型的结果拟合情况表现出色。具体表现为 χ^2 值从 928.943 显著下降到 790.569，表明模型和数据的拟合程度得到显著提升。此外，模型的各项拟合指标均达到了理想标准，具体如表 7-13 所示。其中，RMR 值为 0.043，远低于 0.05 的临界值，显示出模型残差较小，拟合效果良好。同时，GFI、CFI 和 NFI 的值分别为 0.841、0.907 和 0.879，均大于 0.8 的接受标准，进一步证明了模型与数据之间的适配度较高。此外，RMSEA 值为 0.076，小于 0.08 的阈值，这进一步验证了模型的拟合效果较为理想。因此，本章可以认为修正后的模型是有效且可靠的，为后续的研究提供了坚实的基础。

表 7-13　修正后结构方程模型拟合程度指标

统计检验量	CMIN	CMIN/DF	RMR	GFI	CFI	NFI	RMSEA
检验结果	$P=0.00$	1.630	0.043	0.841	0.907	0.879	0.076
拟合效果	好	好	好	好	好	好	好

通过添加的三条共变关系，模型的拟合程度得到了逐步提升，进一步验证了修正策略的有效性。在本章的研究中，本章发现企业与供应商的环境协同以及企业与顾客的环境协同在绿色供应链中表现出强烈的相互影响作用，相关系数高达 0.77。这揭示了企业与供应商、顾客间存在深度互动关系，但具体机制尚需进一步探究。可推测，企业与上游供应商的协同可能促进企业与下游顾客的协调，反之亦然。在"企业与供应商的环境协同"构面中，"确定共同责任环境意识"与"讨论共同环境目标"存在理论上的因果关系，原模型处理得当。同样，在"企业对供应商的环境监督"构面中，"要求供应商按照ISO14000 实施环境控制"与"要求供应商做出废物减排目标的承诺"逻辑上相辅相成，均属于同一变量的测量指标，原模型设定合理。模型的检验结果如表 7-14 所示。

表 7-14　模型的检验结果

假设	路径	SE	CR	P	标准化后路径系数	结果
H1a	企业对供应商的环境监督←企业与供应商的环境协同	0.126	7.373	＊＊＊	0.801	支持
H1b	顾客对企业的环境监督←企业与顾客的环境协同	0.081	7.862	＊＊＊	0.719	支持
H2a	环境绩效←企业对供应商的环境监督	0.125	3.387	＊＊＊	0.491	支持
H2b	环境绩效←顾客对企业的环境监督	0.096	2.133	0.033	0.291	支持
H3	经营绩效←环境绩效	0.126	8.317	＊＊＊	0.729	支持
H4	绿色形象←环境绩效	0.107	5.535	＊＊＊	0.633	支持
H5	经营业绩效←绿色形象	0.105	2.215	0.044	0.303	支持

注：＊＊＊表示 P 值＜0.001。

（三）假设检验

本章重点分析了企业环境协同、环境监督、企业环境绩效、经营业绩与企业绿色形象间的复杂关系。对于直接相关关系，其影响效果直接通过相关系数表现出来；对于间接相关关系，则通过计算自变量与中介变量、中介变量与因变量的系数乘积得出。若两变量间同时存在直接和间接关系，总影响效果为二者之和。综合表 7-13 的拟合效果、表 7-14 的检验结果及图 7-7 的路径系数，本章精确计算了变量间相关关系，验证了模型假设，为理解变量间相互作用机制提供了理论基础。

（1）企业环境协同对环境监督的影响通过"环境协同—环境监督"路径体现，具体细化为"企业与供应商的环境协同"与"企业对供应商的环境监督"，以及"企业与顾客的环境协同"与"顾客对企业的环境监督"两条子路径。数据分析揭示，这两条路径的相关系数分别为 0.801 和 0.719，显著证明了两维度间的直接正相关关系。由此，假设 1 得到验证，即企业环境协同对环境监督具有显著正向影响。

（2）企业环境监督与环境绩效之间的关系通过"环境监督—企业环境绩效"路径展现，具体包含"企业对供应商的环境监督—企业环境绩效"和"顾客对企业的环境监督—企业环境绩效"两条子路径。分析表明，这两条子路径的相关系数分别为 0.491 和 0.291，揭示了两个维度间存在直接正相关关系。因此，假设 2 得以验证，即企业环境监督对环境绩效具有直接的正向影响。

（3）企业环境绩效通过直接和间接路径正向影响企业经营绩效，其中间接路径涉及企业绿色形象。总相关系数 0.921 显著，验证了假设 3：企业环境绩效正向影响企业经营绩效，且通过企业绿色形象产生间接影响。

（4）企业环境绩效通过系数为 0.633 的路径正向影响企业绿色形象，支持假设 4：环境绩效的提升有助于塑造积极的企业绿色形象。

（5）企业绿色形象对企业经营绩效的正向影响得到验证，相关系数为 0.303，支持假设 5。

企业与上下游之间的环境协同对上下游企业间的环境监督具有显著的正向促进作用。具体而言，企业与上游供应商的环境协同（影响系数为 0.801，P 值＜0.001）及其环境监督（影响系数为 0.491，P 值＜0.001）相比下游顾客（环境协同影响系数为 0.719，P 值＜0.001；环境监督影响系数为 0.291，P 值＝0.033）更为显著。因此，企业应优先强化与供应商的环境协同及监督。此外，企业环境绩效不仅直接影响经营业绩，还通过企业绿色形象间接影响，呈现出显著正相关关系。这种影响表现在两个方面：一方面，企业环境绩效的提升能够直接促进企业经营绩效的增长；另一方面，企业环境绩效通过塑造积极的绿色形象，间接提升了企业经营绩效。

绿色供应链的环境协同与环境监督是其运作的基石，其中环境协同对推动环境监督的实施至关重要。通过上下游企业确立共同环保意识和目标，并利用各自资源共同制定解决方案，实现集成管理、信息共享与共同决策，进而形成紧密的战略联盟。这种协同是环境监督的前提，缺乏协同的单方面监督可能导致合作关系紧张甚至破裂。环境监督虽对提升环境绩效有积极作用，但当前上下游监督对环境绩效的影响相对有限，提示需完善监督机制以提升监督效果，进而更有效地推动绿色供应链环境绩效的提升。

企业环境绩效是衡量企业环保成效的关键指标，能够通过塑造企业绿色形象，直接或间接地对企业经营绩效产生深远影响。当企业积极实施环境协同和环境监督措施时，其环保行为将朝着更加积极、可持续的方向发展。企业实施节能减排、遵循环保规定以

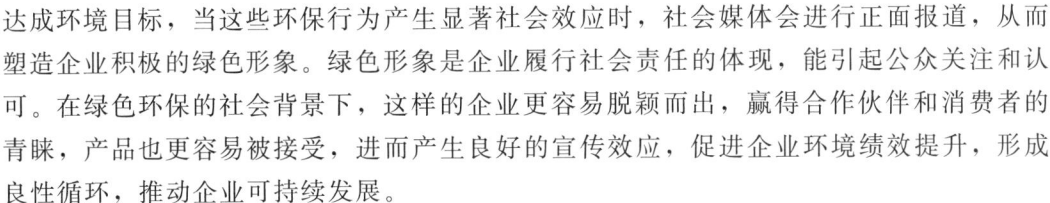

达成环境目标，当这些环保行为产生显著社会效应时，社会媒体会进行正面报道，从而塑造企业积极的绿色形象。绿色形象是企业履行社会责任的体现，能引起公众关注和认可。在绿色环保的社会背景下，这样的企业更容易脱颖而出，赢得合作伙伴和消费者的青睐，产品也更容易被接受，进而产生良好的宣传效应，促进企业环境绩效提升，形成良性循环，推动企业可持续发展。

第四节　绿色供应链实践与企业经营绩效研究的结论与启示

一、绿色供应链实践与企业经营绩效研究的结论

绿色供应链管理模式的复杂性决定了需要通过实践积累对其进行完善。企业需树立绿色供应链管理理念，培养节点企业人员的环保意识，营造绿色管理氛围。本章以制造商为例，通过问卷调查分析了制造企业环境协同与环境监督对企业及社会效益的影响机制。尽管关于绿色供应链管理实践对企业绩效的影响已有大量研究，但环境协同与环境监督的研究视角仍具有新颖性。

本章聚焦于供应链节点企业间的集成管理，强调通过企业间的紧密合作与协调，共同应对环境挑战，以实现环境破坏的最小化。为了实现这一目标，本章选择了141家制造企业作为研究样本，这些企业涵盖了不同的行业类型和规模，具有较高的代表性和普遍性。在研究方法上，本章采用了结构方程模型（SEM）作为分析工具，通过构建环境协同、环境监督与企业环境绩效及经营业绩之间的理论模型，并利用SPSS和AMOS软件对模型进行实证检验。这一方法不仅能够揭示变量之间的复杂关系，还能够提供量化分析的结果，使研究结果更具说服力和可信度。通过实证分析，本章发现环境协同与环境监督对企业环境绩效及经营业绩具有显著的正向影响。具体而言，企业间的环境协同能够促进信息共享、资源优化和合作创新，进而提升企业的环境绩效；而环境监督则能够强化企业的环保意识和责任感，推动企业加大环保投入，取得环境治理成效。同时，这种积极的影响也进一步体现在企业的经营业绩上，绿色供应链管理实践不仅能够提升企业的环保水平，还能够为企业带来经济效益的增长。

二、绿色供应链实践与企业经营绩效研究的启示

首先，企业作为绿色供应链管理的核心驱动力，在减少环境污染中起关键作用。为践行可持续发展战略，企业应积极推行绿色供应链管理，将环保融入供应链管理全过程。这要求企业树立绿色意识，与供应链伙伴紧密合作，并将绿色理念融入企业文化与运营各环节。随着消费者对绿色产品的需求增长，企业应适应市场变化，满足绿色消费需求。实施绿色供应链管理不仅有助于提升环境绩效，还能塑造企业绿色形象，提升企业的市场竞争力。企业应关注上下游企业环境绩效，强化绿色环境管理，降低供应链成本，同

时注重信息化建设，以适应现代社会需求。有效的绿色供应链管理是企业实现经济效益与环境效益双赢的重要途径，还有助于提升企业在国际市场上的竞争力，推动可持续发展。

其次，数据分析证实环境协同与环境监督对企业绩效的积极促进作用。企业应深化对这两大机制的理解与应用，强化与供应链上下游的信息共享、沟通与协作，以及相互监督。这种深度的协同与监督机制不仅有助于优化环境绩效，还能通过增强企业绿色形象来提升经济效益，实现环境与经济双重效益的共赢。同时，企业还需重视并评估供应链各节点的环境管理表现，确保整体供应链的绿色环境管理水平得到有效提升。通过强化绿色环境管理，企业不仅能够在符合环境标准的基础上运营，还能够降低供应链成本，提升整体竞争力。此外，在当前信息化社会的背景下，企业还应关注供应链企业的信息化建设。通过加强信息化建设，企业可以更有效地实施绿色供应链管理，提高管理效率，优化资源配置，进一步推动企业的可持续发展。

最后，企业在公众心目中的形象塑造对其长期发展具有重要意义，这既关乎企业形象也涉及市场声誉。在当前绿色消费趋势日益明显的国内外市场中，企业的绿色管理水平直接关系到其社会形象。随着环保意识的增强，那些能够有效实施绿色管理的企业更容易获得公众的认同，进而提升无形的声誉和有形的市场份额。企业应深刻认识到，满足消费者的绿色消费需求不仅是对社会责任的履行，更是实现经济利益的途径。企业定期发布环境报告，能够公开透明地展示其环保努力和成效，进而赢得公众的持续关注。这种信任的建立将增强企业产品与服务的市场竞争力，推动业绩提升。此外，良好的绿色形象不仅有助于企业在国内市场获得竞争优势，还能为其在国际市场上打开新局面，提升合作机会和市场份额，进一步拓展业务版图。

综上所述，在提升全球市场竞争力以及保护环境的背景下，实现经济与环境和谐共生的绿色供应链管理显得尤为重要。这种"双赢"模式不仅能够有效提升企业的经济效益和社会效益，更具备显著的扩散效应，惠及整个供应链生态。因此，对于我国而言，推广和实施绿色供应链管理具有深远的现实意义和重要的战略价值。通过积极推行绿色供应链管理，企业不仅能够强化自身的可持续发展能力，还能为构建绿色、低碳的社会经济体系做出积极贡献。

第八章 低碳经济压力与供应链企业绩效的关系

随着资本、技术、服务在世界贸易中的自由流动和迅速调配，国家与国家之间、区域与区域之间、企业与企业之间在各个领域展开了激烈的竞争。企业如何在推动社会经济发展的同时兼顾赖以生存的自然环境，成为全球化进程中人类所关注的焦点。本章以绿色供应链管理、环境行为、环境责任满意度、企业绩效等相关理论为支撑，对新常态下绿色供应链建设问题进行探讨，研究发现低碳经济压力能够推动企业积极实施环境行为，企业环境行为作为企业实施低碳发展的核心内容将直接对企业综合绩效产生积极影响。

第一节 低碳经济压力与供应链企业绩效的关系研究缘起

国内外关于绿色供应链管理的理论研究已取得颇多成果，不同的学者研究的侧重点不同，有些学者基于概念对绿色供应链理论、政策进行探讨，有些学者运用定量分析的方法探索绿色供应链管理的形成机制及实施效果评价等。但是，鲜有研究对推动绿色供应链管理的多个动力因素进行综合分析。

在当今激烈的市场竞争环境中，企业与其上游和下游的合作伙伴形成同盟关系，以利益共同体的形式参与市场竞争，企业之间的竞争，就是供应链之间的竞争。在此基础上，将低碳理念引入传统的供应链管理，与供应链中合作伙伴一起实施环境管理，绿色供应链管理由此诞生。绿色供应链管理为企业带来的效益已获得了国内外学术权人士和企业高管的认可，但是与国外相比，我国企业缺乏主动实施绿色供应链的积极性。究其原因，一是国内企业对绿色供应链的认识不足，二是没有相应的有效推动机制，三是绿色供应链的实施效果难以在短期内实现。基于此，探讨绿色供应链实施动力机制和实施效果之间的关系尤为重要，这将为实施绿色供应链的利益相关者提供决策依据和理论参考。

近年，我国经济建设为社会发展提供了丰厚的物质基础，同时也对自然环境产生了严重影响。生存环境恶化、水土流失、土地沙漠化、二氧化硫超标排放、酸雨污染严重、城市生活垃圾高速增长等环境问题制约着我国经济的快速、可持续发展。基于这样的国情，企业作为经济发展的主体，必须将低碳理念、绿色设计应用于采购、设计、生产、销售、回收等环节，由传统的"三高一低"生产方式向绿色化、集约化的现代生产方式转变，实施绿色供应链管理。本章基于传统绿色供应链研究，引入低碳经济理论，探讨绿色供应链中企业面临的低碳经济压力与企业绩效之间的关系，阐明低碳经济压力与企业绩效两者之间的作用机理，从而实现企业经济绩效和非经济绩效的和谐发展。

现有研究大多从定性角度对推动绿色供应链管理的因素进行分析，而从定量角度的分析多以描述性统计、回归分析、因子分析、问卷调查为主，上述研究方式对于揭示绿色供应链中企业低碳经济压力与绩效之间的关系有一定的局限性。现有的企业绩效理论都是以企业的财务绩效为研究对象，对企业的非经济绩效关注较少。基于此，本章运用利益相关者理论，将除政府之外的其他压力因素如竞争者、消费者、供应商等考虑在内，以低碳经济为出发点，将经济绩效和非经济绩效作为绿色供应链中的评价对象，综合考虑企业绩效，并结合低碳经济理论、环境行为理论、企业环境责任满意度理论，运用结构方程模型对企业绩效进行研究，拓展现有的企业绩效研究理论。

第二节 低碳经济压力与供应链企业绩效的关系研究设计

在深入剖析绿色供应链管理、低碳经济、环境行为、企业环境责任满意度及企业绩效等现有文献的基础上，本节旨在为构建低碳经济压力与企业绩效之间的关系模型提供坚实的理论支撑与实证依据；以绿色供应链管理为研究背景，聚焦于供应链企业在低碳转型过程中所面临的压力，并将企业绩效作为最终的评价目标；通过探究供应链中企业环境行为、企业环境责任满意度等关键变量的作用，旨在揭示这些变量在低碳经济压力向企业绩效转化这一过程中的传导机制。

一、研究假设

（一）低碳经济压力和企业环境行为

近年来，我国环境质量危机事件层出不穷，发展低碳经济是解决当前日益严重的环境危机和资源危机的关键所在。为改善居民居住环境、推动产业升级，政府颁布了严厉的环境保护制度，社会公众的绿色环保意识（如绿色消费、绿色出行、绿色生活）不断增强。企业作为经济发展的主体，其生产方式是否符合环保标准，是否符合当下社会公众的消费理念，决定了企业能否实现可持续发展。在现代商业模式下，传统的企业之间的竞争与合作已转变为供应商之间的竞争与合作，因此，供应链中企业环境行为的实施不仅需要企业自身积极参与，更需要上下游企业的协同与配合。政府的制度措施可以对企业实施环境行为造成影响，企业可将该部分成本转化为产品成本（Biglan，2009）。但是，通过分析企业面临的市场压力和环境压力发现，市场压力对企业环境行为的推动作用更强。企业实施环境行为的因素分为内部因素和外部因素，内部因素包括规模、财务状况、员工环保意识和行业类别等；外部因素包括政府制度、消费者关注度、社会监督、同业竞争与合作者需求（孟庆峰等，2010）。在对企业环境创新行为进行研究的过程中，管理者的行为态度、政府、媒体、市场、内外部资源整合力能共同对企业环境行为创新意愿产生影响（杜建国和陈亚琼，2016）。通过对现有研究进行梳理，影响企业环境行为实施的压力因素可以归类为两个方面：一方面是由政府、消费者、媒体、竞争者、合作伙伴等组成的外部压力因素；另一方面是由企业高层意识、盈利动机、技术水平等组成的内部压力因素。基于上述分析，提出以下假设。

H1：低碳经济压力与企业环境行为呈正相关。

H1a：外部压力因素与企业环境行为呈正相关。

H1b：内部压力因素与企业环境行为呈正相关。

（二）企业环境行为和企业环境责任满意度

企业的产品与服务最终是由顾客进行买单，在买方市场中，顾客所面临的选择越来越多。在物质文化相对丰富的现代社会中，商品如果只具有基础功能，已不能满足消费者的要求，更不能在激烈的市场竞争环境中脱颖而出。低碳、绿色、环保的新型生活理念已经成为社会生活中人们关注的热点，企业生产的产品必须在所需功能的基础上具有满足现代消费理念的附加价值。企业只有通过将低碳、环保的理念切实地融入生产中，才能提高客户满意度，实现真正的经济效益（易丽君，2014）。

除此之外，企业开展环保行为也可以促进顾客对不同行业属性的认识，树立企业在顾客心目中的环保形象，提高客户的满意度和忠诚度。绿色采购是企业实施环境行为的第一步，颠覆了末端治理污染的传统思想，体现企业以顾客为中心的现代经营理念。绿色技术是企业环境行为的核心部分，企业在生产过程中，应当从低碳角度出发，在消费者低碳意识较高的情况下，企业实施低碳技术与以前相比，将获得更高的利润（熊中楷和胡金辉，2014）。基于上述分析，提出如下研究假设。

H2：企业环境行为与企业环境责任满意度呈正相关。

（三）企业环境责任满意度和企业绩效

现有研究结果都表明企业环境责任满意度和企业绩效之间存在正相关关系（Williams and Naumann，2011；Grewal，Citrin and Chandrashekaran，2010）。这些研究结果都是基于以下三种前提：首先，客户作为一种资产是企业的利润源泉；其次，客户满意度是描述企业和消费者之间关系最合适的指标；最后，客户数量的增加可以提高企业的绩效。客户满意度的提高无疑将提高客户忠诚度，客户忠诚度的提高将会使客户采取更多的有利于企业绩效提高的购买行为，这种重复的购买行为将会使企业与客户之间建立长久稳定的关系，在现有客户数量不变化的情况下，企业也会维持较高的营业收入、资金周转率等（王毅和赵平，2012）。企业的生存不能脱离其所处的现实环境，只有得到周围环境中利益相关者的支持，企业才能具有良好的形象和声誉，而客户满意度的提高使企业具有推动经济增长、提供工作岗位、为社会谋取福利的经济基础。在低碳生活理念下，客户的绿色消费需求刺激了企业在产品设计和研发上的绿色创新。为了提高客户满意度，企业不仅要提供高品质的产品、低廉的价格、完善的售后服务，还应担负起低碳生产、自然保护、节能减排等非经济责任。因此，基于上述分析，提出如下假设。

H3：企业环境责任满意度与企业绩效呈正相关。

H3a：企业环境责任满意度与经济绩效呈正相关。

H3b：企业环境责任满意度与非经济绩效呈正相关。

（四）企业环境行为和企业绩效

企业的生产技术创新一直以环保为中心。企业将社会责任融入生产运营中可以提高产品的竞争力和议价能力，从而提高企业绩效。供应链中企业的环境行为可以通过多条途径影响企业的综合绩效。首先，企业实施环境行为是面对各方压力的被动表现，在政府、市场和自身利益的共同驱动下，企业采取各种绿色生产措施，对企业的环境绩效产生了积极影响。其次，企业通过采取低碳采购、低碳设计、低碳制造、低碳营销等环境保护措施，降低了企业能耗和环境成本，提高了资源利用效率和客户满意度，这无疑将给企业带来经济绩效（李颖，2010）。最后，基于绿色创新的环境行为可以使产品具有环保属性，比如，企业通过制造具有绿色环保特点的产品满足客户对社会责任的诉求；基于绿色设计的制造企业可以减少有害物质的排放，降低对周围生态环境和居民的影响，从而提高企业环境行为的非经济绩效（Sen and Bhattacharya，2011）。基于上述分析，提出如下假设。

H4：企业环境行为与企业绩效呈正相关。

H4a：企业环境行为与经济绩效呈正相关。

H4b：企业环境行为与非经济绩效呈正相关。

二、问卷设计

（一）低碳经济压力

基于利益相关者概念，企业作为社会生产活动中的主体，其生产方式受到周围诸多因素的约束，企业之所以采取环境行为、节能环保措施，是因为传统的粗放式发展方式已经产生了不利影响。虽然，政府、消费者、合作者、竞争者等环境利益相关者不能直接干涉企业的生产经营方式，但是可以通过法律法规、行业规范等影响企业的生产经营方式。而企业为了获取更大的利益，必然会采取各种措施去迎合环境利益相关者。面对严峻的环境形势、资源状况，各级政府机关都颁布了多项环境保护制度，从不同层面对各个行业的生产行为进行约束，企业如果突破环保底线，将会面临高额的环境成本。为了符合各项环境保护制度的要求，企业必须进行环境管理，提高资源利用效率，降低三废排放量，通过环境绩效提高经济绩效（李怡娜和叶飞，2013）。低碳经济压力测量题项如表 8-1 所示。

表 8-1　低碳经济压力测量题项

变量	测量题项
外部压力 （EP）	EP1 企业生产必须符合国家环保法律法规要求
	EP2 行业中大部分企业都采取了绿色生产措施
	EP3 客户绿色消费意识增强对产品环保属性有一定的要求
	EP4 社区居民和新闻媒体对企业所在地的环境状况关注度高
	EP5 企业合作伙伴在绿色生产方面的需求
内部压力 （NP）	NP1 企业生产引起的环境问题产生了环境管理的需要
	NP2 管理层对企业的环境保护措施给予高度关注
	NP3 企业落实绿色环保措施可以提高整体效益
	NP4 企业可以通过环境保护措施树立良好的市场形象
	NP5 企业员工从事绿色生产的意愿较高

（二）企业环境行为

企业在创造我们赖以生存的物质基础的同时也对我们的生活环境、自然资源造成了不利影响。企业环境行为是企业面对低碳经济压力，结合自身特点出发，所采取的一系列环境保护措施。企业的环境行为可以通过企业的一系列生产方式表现出来，从生产运营角度，可将企业的环境行为分为环境投入、环境污染、环境管理等内容；从行为策略角度，可以将企业的环境行为分为政策应对型、风险规避型、机会追求型、持续发展型等，其中政策应对型是企业面对政府环境保护措施所采取的被动环境行为，风险规避型是企业为了提高产品竞争力、避免污染处罚而实施的环境行为，机会追求型是企业为了市场利益而采取的环境行为，持续发展型是指企业将环境行为纳入公司战略制定高度。本书认为，企业的环境行为是指企业在进行某种产品的生产之前，为了减少对生态环境的负面影响，从全生命周期的角度出发所采取的低碳采购、低碳生产、低碳制造、低碳营销、低碳回收等措施，具体可以进一步细分为生产设计、材料采购、过程管控、废物处理等内容。基于这一概念，可以对环境行为的开展情况、开展程度进行测量。企业环境行为的测量内容可以分为产品的研发是否融入了绿色环保理念，产品的制造材料是否符合国家环境标准，生产工艺是否采用低碳环保技术，是否建立废物处理、材料回收利用等机制以及采用绿色物流、低耗仓储等运输和存储方式（杜建国和陈亚琼，2016）。根据上述分析，本书所设计的环境行为测量题项如表 8-2 所示。

表 8-2　环境行为测量题项

变量	测量题项
企业环境行为 （EB）	EB1 企业设计产品时使用可循环或可回收材料
	EB2 企业选择通过 ISO14001 认证的供应商采购环保材料
	EB3 企业选择环境友好型生产工艺和环保设备
	EB4 企业对全体员工开展环境教育和环保培训
	EB5 企业积极采取措施减少三废污染物排放量

（三）企业环境责任满意度

低碳是当今世界经济发展的主要方向，绿色消费是顺应这一趋势的重要动力。消费者的绿色消费理念、绿色产业、绿色生产技术、生态城市建设是新常态经济建设的重要组成部分。消费者的绿色消费理念可以推动绿色产业的发展，为发展低碳经济提供动力支持。研究单个企业产品的满意度已不适合现代市场竞争形式，因为一个企业的发展离不开其上游和下游的合作伙伴，企业之间的竞争已经转变为供应链之间的竞争，所以，探讨低碳经济背景下客户对企业环境责任的满意度具有一定的实践意义。传统供应链中客户满意度的测量主要围绕交货、产品质量、服务水平、信息沟通、产品价格、企业信誉等内容。企业环境责任满意度的测量应以传统企业中客户满意度的测量为基础，引入产品绿色属性、低碳配送、售后服务等因素。这是对低碳背景下供应链客户满意度的全面考察，与传统的客户满意度相比具有科学性和实用性，在借鉴传统供应链客户满意度研究成果的同时，要重视绿色供应链独有的特性，将企业与环境的关系、产品使用的环保性作为满意度评价的重要内容。根据上述分析，企业环境责任满意度测量题项如表 8-3 所示。

表 8-3　企业环境责任满意度测量题项

变量	测量题项
企业环境责任 满意度 （SCER）	SCER1 企业生产对职工健康的保障性
	SCER2 企业生产对居民健康的保障性
	SCER3 企业生产对周围环境的保障性
	SCER4 使用企业产品对人体健康的保障性
	SCER5 使用企业产品对环境安全的保障性

（四）企业绩效

企业所开展的各项经营活动都是以盈利为目的，在以往的企业绩效研究中，多以企业的经济绩效为研究主体，因为企业的经济绩效是反映其实现其全部运营规划的直接指标。经济绩效作为企业盈利目标的重要体现，不同学者从不同角度进了研究，一部分学者以市场占有率、利润水平、资产回报率为研究对象，还有一部分学者考虑了产品的生产过程和库存水平，总体来讲，企业经济绩效的提高为社会发展和居民生活水平的提高做出了巨大贡献。但是，随着国际社会日益重视生态环境和能源消耗，在经济全球化背景下，企业要想做一名合格的"企业公民"不能仅仅重视经济绩效。我国虽然已经成为经济全球化进程中的主要力量，有大批的跨国企业，但是大型企业的供应商仍以国外企业为主，国内企业影响力较弱。究其原因，环境绩效不达标成为企业参与国际竞争的重要障碍。关于环境绩效的研究主要有两个视角，即以单个企业的降能减排、环境管理为研究主体或以供应链为主体建立环境指标体系（常媛和熊雅婷，2016）。除此之外，企业为了树立良好的社会形象，应积极的承担社会责任，由此产生的社会绩效将成为企业的无形资产，提升企业品牌价值。根据上述分析，本研究所设计的用于界定企业绩效的测量题项如表 8-4 所示。

表 8-4　企业绩效测量表

变量	测量题项
经济绩效 （EA）	EA1 提升了企业产品的市场份额
	EA2 提高了企业的盈利能力
	EA3 提高了企业的投资回报率
	EA4 降低了企业产品的生产成本
	EA5 降低了企业污染处理费、罚款等环境成本

第三节　低碳经济压力与供应链企业绩效关系的实证分析

一、数据收集方法与调查过程

抽样调查作为一种严谨且系统的定量研究方法，遵循着明确的实施步骤。此方法通过从研究总体中，依据科学的方法选择或抽取部分样本进行调查，进而推断总体的特征。在这一过程中，抽样调查采用定量的方式描述和研究总体，并借助统计方法对数据进行分析，从而确保所得结论的可靠性和准确性。因此，抽样调查也被广泛认可为统计调查的一种重要形式。本章调查问卷共包含五个核心部分：首先是关于企业及其受访者的基本信息，为后续分析提供背景信息；其次，探讨当前企业在低碳经济背景下所面临的压力与挑战；再次，深入剖析企业所实施的环境管理行为及其效果；随后，评估企业环境责任满意度的现状，了解企业在环境责任方面的表现；最后，分析企业当前的绩效状况，以全面反映企业的运营成果。这五个部分相互关联，共同构成了本研究的数据收集框架，旨在全面、深入地揭示企业在低碳经济背景下的运营状况及表现。

二、信度分析与效度分析

（一）信度分析

信度作为评估测量数据稳定性和一致性的核心指标，是确保研究结果可靠性的重要依据。具体分析结果如表 8-5 所示。

表 8-5　各量表整体可靠性统计量

名称	观测变量	系数	题项	整体系数	项数
低碳经济压力	EP	0.829	5	0.89	10
	NP	0.801	5		
环境行为	EB	0.873	5		
企业环境责任满意度	SCER	0.903	5		
企业绩效	EA	0.859	5	0.922	10
	NEA	0.903	5		

从表 8-5 中可以看出，调研问卷整体可信度 α 系数为 0.959，低碳经济压力量表的 α 系数为 0.89，其中外部压力的 α 系数为 0.829，内部压力的 α 系数为 0.801。企业绩效量表的 α 系数为 0.922，经济绩效的 α 系数为 0.859，非经济绩效的 α 系数为 0.903。环境行为量表的 α 系数为 0.873，企业环境责任满意度量表的 α 系数为 0.903。

（二）效度分析

1. 因子分析

效度主要是对问卷数据有效性进行度量。从不同角度考察问卷的有效性，就有不同种类的效度。此处主要对问卷的结构效度进行检验，统计学中运用因子分析法对结构效度进行分析。

（1）通过计算 KMO 统计量得出。KMO 的功能是考察原始变量之间的偏相关系数大小，计算 KMO 的公式为：

$$KMO = \frac{\sum\sum r_{ij}^2}{\sum\limits_{i \neq j}\sum r_{ij}^2 + \sum\limits_{i \neq j}\sum a_{ij}^2}$$

判断的标准是：KMO 值 >0.7，表示可以做因子分析；$0.6 \leqslant$ KMO 值 <0.7，表示勉强可以做因子分析；KMO 值 <0.6，表示不能做因子分析。

（2）进行 Bartlett 球形检验。Bartlett 球形检验是检验原始变量的相关系数矩阵是否为单位矩阵。其假设为原始变量的相关性系数矩阵是单位矩阵，如果经过验证得到上述假设，即相对应的 P 值大于给定的显著性水平（如 0.05），那么下一步的因子分析结果无效，否则可以做因子分析。使用 SPSS 对问卷数据进行分析，得出结果如表 8-6 所示。

表 8-6   **KMO 和 Bartlett 球形检验**

Kaiser-Meyer-Olkin 度量	0.919
Bartlett 检验近似卡方	823.381
DF	435
Sig.	0.000

从表 8-6 可以看出，量表的 KMO 值为 0.919，大于 0.7，Bartlett 球形检验的显著性水平是 0.000，小于 0.05，表明问卷数据可以进行下一步因子分析。抽取特征根大于 1 的主因子，按特征根大小依次列出所有主成分，如表 8-7 所示。

表 8-7   因子分析结果

成分	初始特征值			提取平方和载入		
	合计	方差的%	累积%	合计	方差的%	累积%
1	13.924	46.413	46.413	13.924	46.413	46.413
2	1.978	6.594	53.007	1.978	6.594	53.007
3	1.717	5.723	58.730	1.717	5.723	58.730
4	1.476	4.919	63.648	1.476	4.919	63.648
5	1.165	3.882	67.530	1.165	3.882	67.530
6	1.026	3.086	70.616	1.026	3.086	70.616
7	0.835	2.784	73.400			
8	0.803	2.678	76.077			
9	0.739	2.462	78.540			
10	0.599	1.998	80.537			
11	0.569	1.896	82.433			
12	0.530	1.767	84.200			
13	0.503	1.677	85.877			
14	0.465	1.549	87.426			
15	0.425	1.416	88.842			
16	0.398	1.325	90.167			
17	0.355	1.184	91.351			
18	0.372	1.107	92.458			
19	0.283	0.944	93.402			
20	0.264	0.880	94.283			
21	0.251	0.836	95.119			
22	0.228	0.761	95.879			
23	0.216	0.720	96.599			

成分	初始特征值			提取平方和载入		
	合计	方差的%	累积%	合计	方差的%	累积%
24	0.192	0.639	97.238			
25	0.177	0.591	97.828			
26	0.160	0.534	98.362			
27	0.139	0.463	98.826			
28	0.135	0.450	99.276			
29	0.124	0.412	99.688			
30	0.094	0.312	100.000			

由表 8-7 可知，量表数据可以分为六个主成分，特征根依次为 13.924、1.978、1.717、1.476、1.165、1.026，方差贡献率依次为 46.413%、6.594%、5.723%、4.919%、3.882%、3.086%。六个主因子一共解释了 70.616% 的总方差，反映出量表数据的大部分信息。

由表 8-8 可以看出，所有题项的负荷载数在对应的主成分中都大于 0.5，这表明六个主因子之间的含义明确并且无重叠。因子分析的结果与量表的维度分类相同，问卷的整体效度较好。

表 8-8 成分矩阵

题项	成分					
	1	2	3	4	5	6
EP1	0.517	0.133	0.425	−0.116	0.185	−0.474
EP2	0.640	0.239	0.406	0.007	−0.075	0.079
EP3	0.620	0.397	0.328	0.030	0.303	−0.092
EP4	0.553	0.366	0.020	−0.113	−0.162	0.262
EP5	0.714	0.296	0.296	0.161	0.162	0.185
NP1	0.338	0.592	−0.146	0.027	0.097	0.344
NP2	0.248	0.705	0.319	0.030	−0.080	0.276
NP3	0.136	0.687	−0.018	0.154	0.265	−0.307
NP4	0.254	0.616	−0.157	−0.098	0.412	0.068
NP5	0.057	0.660	0.033	0.412	0.067	−0.115
EB1	0.369	0.076	0.691	0.054	−0.145	−0.082
EB2	0.196	−0.063	0.671	−0.176	−0.459	−0.024
EB3	0.169	−0.090	0.757	−0.201	−0.281	−0.001
EB4	−0.073	0.059	0.753	0.109	−0.220	0.184
EB5	−0.015	−0.141	0.734	−0.224	−0.183	0.013

题项	成分					
	1	2	3	4	5	6
SCER1	0.033	−0.415	0.150	0.685	−0.097	−0.002
SCER2	0.123	−0.488	0.190	0.670	−0.015	−0.025
SCER3	0.076	−0.483	0.130	0.699	0.169	0.077
SCER4	0.076	−0.237	0.001	0.611	0.325	0.254
SCER5	0.057	−0.406	0.157	0.655	0.169	0.081
EA1	−0.127	0.043	−0.321	0.385	0.669	0.044
EA2	−0.111	0.091	0.299	0.300	0.716	−0.177
EA3	−0.048	0.040	−0.270	0.269	0.714	−0.018
EA4	−0.195	0.058	−0.284	0.511	0.569	−0.157
EA5	0.027	−0.015	−0.222	−0.257	0.726	−0.195
NEA1	−0.004	0.098	−0.207	−0.331	0.104	0.772
NEA2	0.101	−0.053	−0.326	−0.216	0.209	0.661
NEA3	−0.218	0.006	−0.103	−0.263	−0.167	0.758
NEA4	−0.059	−0.051	−0.257	−0.309	0.044	0.784
NEA5	−0.013	0.041	−0.311	−0.302	−0.008	0.743

2. 区别效度分析和收敛效度分析

本章将围绕外部压力、内部压力、环境行为、企业环境责任满意度、经济绩效、非经济绩效六个构面进行效度检验。收敛效度从以下三个方面评判：①标准化后因子载荷不能低于 0.5 且达到显著性水平（P 值 < 0.05）；②组合信度不低于 0.8；③平均方差抽取量不低于 0.5。区别效度的评判方法采用置信区间法，若变量之间的相关系数包含 1，则没有区别效度；若不包含 1，则有区分效度（赵晓飞和田野，2016）。使用 AMOS 对量表数据进行分析，具体结果如表 8-9 所示。

表 8-9　模型效度检验结果

潜变量	问项	标准性因子载荷	组合信度	平均方差抽取量	区别效度
EP	EP1	0.59 * * *	0.8345	0.5059	
	EP2	0.746 * * *			
	EP3	0.726 * * *			
	EP4	0.629 * * *			
	EP5	0.838 * * *			

潜变量	问项	标准性因子载荷	组合信度	平均方差抽取量	区别效度
SCER	SCER1	0.83 * * *	0.9023	0.6494	
	SCER2	0.815 * * *			
	SCER3	0.853 * * *			
	SCER4	0.734 * * *			
	SCER5	0.793 * * *			
NP	NP1	0.603 * * *	0.8023	0.5494	EP↔SCER [0.223, 0.520]
	NP2	0.735 * * *			EP↔NP [0.277, 0.537]
	NP3	0.702 * * *			EP↔EB [0.307, 0.580]
	NP4	0.625 * * *			EP↔EA [0.188, 0.456]
	NP5	0.678 * * *			EP↔NEA [0.259, 0.540]
EB	EB1	0.73 * * *	0.8739	0.5814	SCER↔NP [0.206, 0.486]
	EB2	0.709 * * *			SCER↔EB [0.308, 0.661]
	EB3	0.806 * * *			SCER↔EA [0.227, 0.476]
	EB4	0.792 * * *			SCER↔NEA [0.288, 0.550]
	EB5	0.771 * * *			NP↔EB [0.254, 0.512]
EA	EA1	0.726 * * *	0.856	0.5451	NP↔EA [0.207, 0.474]
	EA2	0.781 * * *			NP↔NEA [0.249, 0.507]
	EA3	0.775 * * *			EB↔EA [0.231, 0.510]
	EA4	0.612 * * *			EB↔NEA [0.300, 0.609]
	EA5	0.783 * * *			EA↔NEA [0.264, 0.582]
NEA	NEA1	0.839 * * *	0.094	0.6541	
	NEA2	0.706 * * *			
	NEA3	0.829 * * *			
	NEA4	0.855 * * *			
	NEA5	0.806 * * *			

注：* * * 表示 $P < 0.001$，* * 表示 $P < 0.01$，* 表示 $P < 0.05$。

从表 8-9 可以看出，标准性因子载荷都大于 0.5，组合信度大于 0.8，平均方差抽取量大于 0.5，区别效度区间未包含 1，基于上述结果，测量模型通过了区别效度和收敛效度检验。

三、模型拟合与假设验证

本书在测量模型拟合度时，采用了 AMOS 17.0 软件。对于模型适配度的评估，我们遵循了模型基本适配指标和整体模型适配指标的标准。具体而言，基本适配指标关注潜在变量与测量指标间因子负荷量，理想值应位于 0.50 至 0.95 之间，以确保模型参数估计的合理性。此外，我们还关注输出临界比 CR，若 CR 值大于 1.96，则表明该估计系数在 0.05 的显著性水平下是显著的，从而支持了模型参数的有效性。至于整体适配度指标，我们依据了如表 8-10 所示的判断标准，该标准详细列出了各项适配度指标及其相应的阈值，用于全面评估模型的拟合效果。

表 8-10　模型适配度的评价指标及其评价标准

指标类型	统计检验量	指标名称	适配标准
绝对适配度指标	CMIN	卡方值（χ^2）	$P<0.05$
	CMIN/DF	卡方自由度比（χ^2/DF）	<3.00
	RMR	残差均方根	<0.05
	RMSEA	近似误差均方根	<0.08
增值适配度指标	CFI	比较拟合指数	>0.9
	NFI	标准适配指数	>0.9
	GFI	拟合优度指数	>0.9
	TLI	非规标适配指标	>0.9

（一）企业环境责任满意度中介效应分析

本书对低碳经济压力、环境行为、企业环境责任满意度、企业绩效进行了信度分析和效度分析，结果显示数据通过了可靠性检验，可以做结构方程模型分析。运用 AMOS 对模型进行实证分析，通过比较模型的分析结果，可以得出企业环境责任满意度是否在环境行为与企业绩效之间起到中介作用，具体结果如表 8-11 所示。

表 8-11　验证性分析结果

结构方程模型	χ^2	χ^2/DF	RMSEA	TLI	CFI
部分中介模型	349.561	2.119	0.077	0.918	—
完全中介模型	404.951	2.425	0.109	0.847	0.866
直接作用模型	430.005	2.560	0.114	0.833	0.852

如表 8-11 所示，部分中介模型的适配度评价指标与其他模型相比，拟合度显得更加具有优势，企业环境责任满意度在企业环境行为与企业绩效的关系中起部分中介作用。

（二）结构方程拟合优度检验

1. 原结构方程的拟合

原结构方程的拟合模型如图 8-1 所示。

基于构建的研究模型，将量表数据使用 AMOS 进行统计分析，检验模型路径系数是

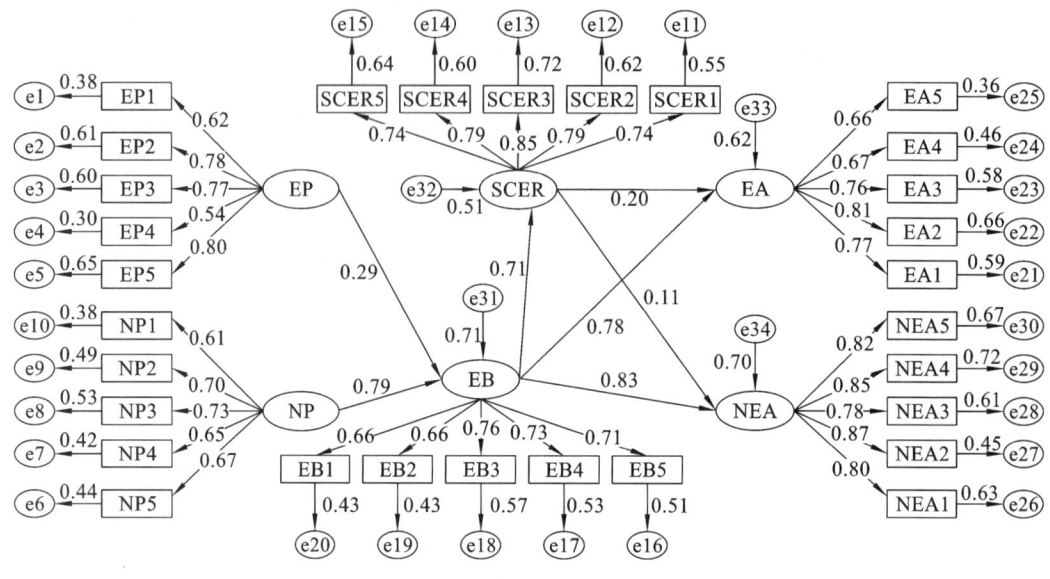

图 8-1　原结构方程标准化路径分析图

否显著，通过分析模型拟合结果，检验变量与模型匹配度，分析结果如表 8-12 和表 8-13 所示。

表 8-12　模型路径系数表

模型路径	Estimate	SE	CR	P	是否显著
EB←EP	0.293	0.068	3.789	***	是
EB←NP	0.788	0.144	6.079	***	是
SCER←EB	0.714	0.132	6.222	***	是
EA←SCER	0.200	0.099	2.155	***	是
NEA←SCER	0.110	0.096	3.119	***	是
EA←EB	0.776	0.142	5.273	***	是
NEA←EB	0.830	0.145	5.882	***	是

注：＊＊＊表示 $P<0.001$，＊＊表示 $P<0.01$，＊表示 $P<0.05$。

表 8-13　结构方程拟合度指标

统计检验量	CMIN	CMIN/DF	RMR	GFI	CFI	NFI	RMSEA
检验结果	723.967	2.322	0.061	0.902	0.801	0.700	0.102
适配度标准	—	＜3	＜0.05	＞0.9	＞0.9	＞0.9	＜0.08
拟合效果	好	好	差	好	差	差	差

所有潜在变量与测量指标间因子负荷系数都大于 0.5，并且达到了显著性水平，测量误差值也都大于零，但是适配度指标 RMR、CFI、NFI、RMSEA 未达到设定标准，表明模型拟合度未达到标准，不能证明原假设的合理性，需要在上述分析的基础上进行下一步修正。

2. 结构方程模型修正

当初始分析结果显示适配度不佳时可以对模型进行适当修正，修正的目的在于模型适配度的改善。可以看出，原结构方程潜变量之间的路径系数都较为显著，在修正的过程中，不需要对现有模型路径进行修改。由于残差变量之间是独立无关的，在同一个潜变量不同测量项目的残差之间添加共变路径会在一定程度上改变模型的拟合效度。因此，对模型中的残差变量进行微调，具体修正结果如图 8-2 和表 8-14 所示。

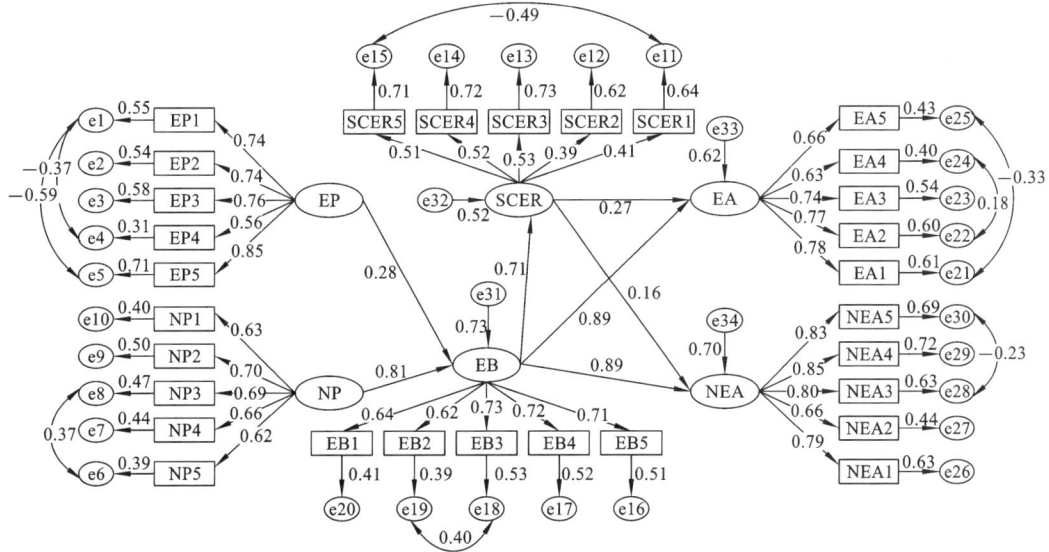

图 8-2 修正后结构方程标准化路径分析图

表 8-14 修正后模型路径系数表

模型路径	Estimate	SE	CR	P	是否显著
EB←EP	0.278	0.062	3.785	＊＊＊	是
EB←NP	0.811	0.168	5.720	＊＊＊	是
SCER←EB	0.723	0.135	6.499	＊＊＊	是
EA←SCER	0.265	0.091	2.571	＊＊＊	是
NEA←SCER	0.156	0.090	3.523	＊＊＊	是
EA←EB	0.886	0.147	5.841	＊＊＊	是
NEA←EB	0.894	0.149	6.118	＊＊＊	是

注：＊＊＊表示 $P<0.001$，＊＊表示 $P<0.01$，＊表示 $P<0.05$。

从上述分析结果可以看出，修正后模型路径都具有良好的显著性，修正后的结构方程模型卡方值从 723.967 减少到 653.946，卡方自由度比小于 3，RMR 值小于 0.05，GFI、CFI、NFI 均大于 0.9，表明修正后的结构方程模型与观察数据具有较好的拟合度。

3. 假设检验

低碳经济压力对企业环境行为可以产生正向影响，其影响方式可以分为两条子路径：外部压力对环境行为有正向促进作用，内部压力对环境行为有正向促进作用。环境行为可以直接对企业的经济绩效和非经济绩效产生影响，也可以以企业环境责任满意度为中介变量间接对企业经济绩效和非经济绩效产生影响；企业环境责任满意度受企业环境行为的正向影响，并对企业经济绩效和非经济绩效产生正向影响。综上所述，本章提出的研究假设通过实证分析得到了验证，具体结果如表 8-15 所示。

表 8-15　研究假设验证结果

假设	检验结果
低碳经济压力与企业环境行为呈正相关	支持
外部压力因素与企业环境行为呈正相关	支持
内部压力因素与企业环境行为呈正相关	支持
环境行为与企业环境责任满意度呈正相关	支持
企业环境责任满意度与企业绩效呈正相关	支持
企业环境责任满意度与经济绩效呈正相关	支持
企业环境责任满意度与非经济绩效呈正相关	支持
企业环境行为与企业绩效呈正相关	支持
企业环境行为与经济绩效呈正相关	支持
企业环境行为与非经济绩效呈正相关	支持

第四节　低碳经济压力与供应链企业绩效关系研究结论与展望

一、低碳经济压力与供应链企业绩效关系研究结论

工业革命之后，世界经济进入了快速发展时期，高消耗、高污染的生产方式给生态环境带来了沉重的负担，人类社会的可持续发展面临着严峻的挑战。为了经济社会的可持续发展，发展低碳经济、实施绿色供应链管理成为解决人类与自然矛盾的重要措施，也成为新常态下我国经济建设新的出发点。低碳经济背景下，企业实施绿色供应链的影响因素复杂多样，由此产生的实施结果也难以衡量，因此，在绿色供应链背景下，阐明企业面临的低碳经济压力与绩效之间的关系，对推动绿色供应链管理的实施尤为重要。本研究在现有理论的基础上，对绿色供应链管理、低碳经济压力、环境行为、企业环境责任满意度、企业绩效理论进行了梳理，分析了低碳经济压力与企业绩效之间的影响机制，最终得到以下结果。

企业作为社会发展的主要动力，担任着经济建设和环境保护的双重责任，同时也受

到社会各方的监督。企业作为社会公民，在环境保护这一问题上，面临着来自政府、竞争者、合作者、消费者的外在压力，也面临着来自企业高层、员工的内部压力。从实证分析结果中可以看出，低碳经济压力对企业环境行为有正向影响，在内部压力和外部压力的双重作用下，企业实施环境行为的积极性较高。为推动企业改善生产方式、实现产业转型，在企业外部方面，政府可以通过行政措施加大对环境污染行为的惩罚力度；制定严格的行业环境保护标准，提高行业准入门槛；消费者作为产品的最终所有者，应提高环境保护意识。在企业内部方面，企业员工尤其是企业管理层应将环境保护提升至战略管理高度，主动积极推行各项环境保护措施，加强与上下游企业信息共享、沟通、合作与监督。

企业实施环境行为不仅可以提高企业的经济绩效和非经济绩效，还可以提高企业环境责任满意度，改善企业与政府、社区居民的关系，改善企业的社会形象。在新常态经济建设过程中，环境保护已经成为社会发展不可忽视的一部分。传统的高污染、高消耗发展模式，已经不能持续地提高企业绩效，反而将会使企业面临高昂的环境成本和行政制裁。在绿色消费理念的驱动下，买方市场中，企业产品要想在大量同质的产品中有较高的辩识度，除了符合消费者基本需求外，还应具有额外的附加功能。此外，随着大众环境素质的提高，消费者不仅关注企业的终端产品，还关注企业生产过程中所造成的环境影响。因此，必须主动开展绿色设计、绿色采购、绿色营销等绿色生产活动，积极向社会公众定期公布环保信息，以提高企业的整体绩效。

二、低碳经济压力与供应链企业绩效的关系研究展望

在深入探究低碳经济压力与供应链企业绩效的关联性的过程中，我们面临若干挑战，这些挑战不仅影响了研究的全面性，也对研究的学术价值产生了影响。尽管我们在研究过程中力求广泛选择调研对象，但受限于自身资源和能力，收集到的有效数据量仍然较为有限。这一局限性直接影响了实证分析的广度和深度，导致我们所得出的结论在适用性方面可能存在一定的边界条件。此外，问卷内容聚焦于企业环保这一敏感话题，这可能导致企业成员在回答时产生一定的心理预期和防御心理，倾向于采用积极正面的方式回答。这种倾向性可能导致所收集到的数据存在一定的主观性偏见，即数据可能更多地反映了企业的正面形象而非真实情况，从而影响了研究结果的客观性和准确性。

在问卷样本选择上，我们注意到高层管理者所占比例较低。这一群体在企业运营中扮演着至关重要的角色，通常掌握着企业环境战略、经济绩效、非经济绩效等核心信息，对企业当前的运营状态有着深入且清晰的认识，他们的参与对于研究的全面性和深入性至关重要。然而，由于样本中高层管理者比例较低，可能未能充分捕捉到这一群体的观点和看法，这在一定程度上影响了研究结果的完整性和准确性。

本章将低碳经济压力分为内部压力和外部压力，并分别分析了内部压力和外部压力对环境行为的作用机制，但缺乏对两者之间的作用机制分析。与此同时，本章将企业绩效分为经济绩效和非经济绩效，尚缺乏对经济绩效与非经济绩效两者之间的关系分析。

第九章　制度压力视角下绿色供应链管理实践与企业绩效的关系研究

制度压力在推动企业实施绿色供应链管理方面发挥着举足轻重的作用。因此，本章基于制度理论与生态现代化理论，回顾了绿色供应链管理定义的演变历程，深入剖析了制度压力与绿色供应链管理实践之间的内在联系，并探讨了相关实践与企业绩效之间的相关性。本章以汽车行业为案例，细致分析了制度压力如何影响绿色供应链管理的实施及其对企业绩效的促进作用。此外，本章还探讨了绿色供应链管理实践的实施时间和企业规模对实践效果与绩效之间关系的影响。最后，从政府管理的视角出发，提出了制定科学合理规章制度的重要性，以期通过政策引导，推动企业积极实施绿色供应链管理实践，从而实现环境保护与企业发展的双赢局面。

第一节　制度压力、绿色供应链管理实践与企业绩效的研究缘起

一、制度压力、绿色供应链管理实践与企业绩效的研究现状

Large 等研究团队的发现引发了企业对供应链管理的新认识：在供应链中，客户和其他利益相关者通常不会对各个环节进行详细区分，这意味着供应链的核心企业需要为整个供应链的环境绩效负责。这一认识推动了绿色供应链管理（GSCM）的广泛实施。Sarkis 等学者对 GSCM 的定义强调了将环境问题融入供应链管理过程的组织实践。通过GSCM，企业不仅可以提升自身的运营绩效，还能有效减少对环境的负面影响，实现了环境和经济的双赢（朱庆华和耿涌，2009）。目前，学者正在深入研究推动企业实施GSCM 的原因以及这些实践对企业绩效的影响。制度压力被认为是推动企业实施 GSCM的关键因素，企业面临来自政府法规、客户和竞争对手等方面的压力，因此通过实施GSCM 来减少环境风险、避免负面宣传，并树立环保的企业形象成为一种必然选择。

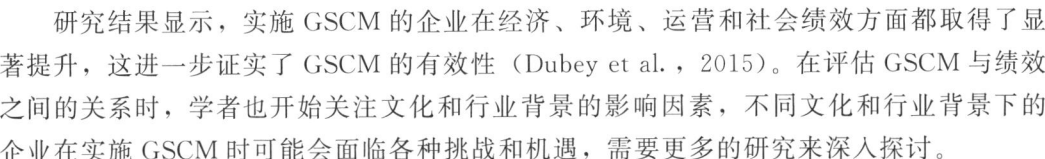

研究结果显示，实施 GSCM 的企业在经济、环境、运营和社会绩效方面都取得了显著提升，这进一步证实了 GSCM 的有效性（Dubey et al.，2015）。在评估 GSCM 与绩效之间的关系时，学者也开始关注文化和行业背景的影响因素，不同文化和行业背景下的企业在实施 GSCM 时可能会面临各种挑战和机遇，需要更多的研究来深入探讨。

二、制度压力、绿色供应链管理实践与企业绩效的研究意义

改革开放以来，中国的工业部门蓬勃发展，特别是汽车产业在中国加入世贸组织后实现了快速发展。中国的汽车工业已经成为国民经济的一个重要支柱产业。然而，这种迅速的发展也带来了严重的环境问题，直接影响到企业的业绩和社会的可持续发展。考虑到环境资源的有限性和经济发展的需求，实施绿色供应链管理对于企业和社会的可持续发展至关重要。

现有研究表明，在亚洲新兴经济体中，GSCM 与绩效之间存在着密切的关系，而汽车工业在所有地区和所有行业中的影响尤为显著。然而，中国企业在实施 GSCM 方面的积极性并不高（曹裕和刘子豪，2017）。汽车行业的绿色供应链管理存在改进空间。因此，研究中国制度压力、企业 GSCM 实践和绩效之间的关系，对政府引导政策、企业提升绩效和促进经济与环境和谐发展具有重要意义。另外，实施绿色供应链管理需要耐心和持续的努力，因为它是一个长期的过程，只有经历时间和资源的积累才能带来显著的成果，绿色供应链管理实践与绩效之间存在着积极的关联。因此，本章将企业规模和绿色供应链管理实践的实施时间作为研究的调节变量，以探讨其对绩效的影响及调节作用。在这个背景下，研究中国汽车制造商在制度压力下实施绿色供应链管理实践与企业绩效之间的关系，将为中国汽车制造商和政策制定者提供重要的理论和实践启示，进一步推动中国汽车产业朝着更加可持续的发展方向前进。

第二节　制度压力、绿色供应链管理实践与企业绩效的研究方案设计

一、制度压力、绿色供应链管理实践与企业绩效的研究假设

（一）制度压力与 GSCM 实践

在强大的制度压力下，企业倾向于更加明智地运用资源，并广泛实施环境实践，以回应利益相关者的期望，从而塑造并维持其竞争优势。DiMaggio 进一步强调，企业的商业战略不可避免地受到来自多个方面的制度环境影响，如供应商、资源、客户、政府机构及竞争对手等。从制度理论的观点来看，企业被视为社会网络的一部分，因此不可避

免地受到其他利益相关者的影响。根据制度理论，通过满足利益相关者的需求，企业可以提高自身的竞争力。这种制度压力主要来自三个方面：强制性压力、规范性压力和模仿性压力。本章重点探讨了企业与利益相关者（如客户、消费者、竞争对手和供应商）之间的关系对绿色供应链管理的影响。研究发现，这些制度压力构成了一个复杂的系统，企业需要制定策略以应对多方压力，保持竞争力和可持续发展。多项研究证实，制度环境与绿色供应链管理密切相关，企业受到制度压力驱动，更倾向于采取绿色供应链管理实践，这进一步印证了制度压力对企业实施绿色供应链管理的重要性。基于此，提出以下假设。

H1：制度压力积极影响中国汽车供应链制造商实施 GSCM 实践。

（二）GSCM 实践与制造商企业绩效

在深度剖析绿色供应链管理实践时，本书选择朱庆华等（2009）所提出的分类框架作为我们的理论基础，并将 GSCM 实践系统地划分为内部 GSCM 实践、外部 GSCM 实践以及后 GSCM 实践这三个核心类别。

第一，内部 GSCM 实践主要聚焦于企业的内部环境管理与绿色设计策略。这些实践通常由单个制造商负责实施与监控，旨在通过优化生产流程、减少资源消耗以及推动绿色创新等方式，实现企业的可持续发展。这些实践不仅有助于提升企业的环境绩效，还能够为企业带来长期的竞争优势。

第二，外部 GSCM 实践则涉及与供应链伙伴之间的紧密合作。这包括绿色采购策略的实施，通过与供应商建立绿色合作关系，确保所采购的原材料和产品符合环保标准；绿色客户合作的开展，与客户共同推动绿色消费和可持续发展；以及投资回收机制的建立，通过回收和处理废旧产品，实现资源的循环利用。这些实践需要企业与供应链伙伴之间建立深厚的信任关系，共同推动供应链的绿色化进程。

第三，后 GSCM 实践则以逆向物流为核心，涵盖了与供应链伙伴及客户等多方共同参与的一系列复杂流程。逆向物流不仅涉及废旧产品的回收和处理，还包括对回收产品的再利用、再制造和再销售等环节。这一实践不仅有助于降低企业的运营成本，还能够提升企业的社会责任感和品牌形象。

GSCM 实践在生产和运营领域受到广泛的关注。研究者从环境绩效、经济绩效、运营绩效和社会绩效等多个维度，对企业开展这些实践后的效果进行了深入评估。环境绩效是评估 GSCM 实践效果的重要指标之一，它反映了企业在生产过程中对环境的保护程度（Golicic and Smith，2013）。经济绩效则关注企业实施 GSCM 实践后的经济效益，包括成本节约、收入增长等方面。运营绩效则反映了企业在生产过程中的效率和效果，如生产效率、产品质量等。社会绩效则关注企业实施 GSCM 实践后对社会的影响，如企业形象、公众关系等。除了环境绩效，评估 GSCM 对运营绩效的影响也至关重要。通过实施 GSCM 实践，企业可以优化生产流程、提高资源利用效率、降低运营成本，从而提升运营绩效。这不仅有助于企业提高市场竞争力，还能够为企业创造更多的商业机会。在运营绩效方面，多项前期研究已经表明，企业内部的环境管理实践能够显著提升运营效率。例如，通过实施绿色设计和清洁生产等技术手段，企业可以降低能耗和减少废物排

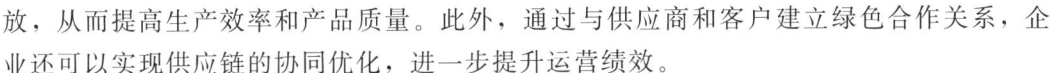

放，从而提高生产效率和产品质量。此外，通过与供应商和客户建立绿色合作关系，企业还可以实现供应链的协同优化，进一步提升运营绩效。

至于社会绩效方面，尽管有些研究认为实施 GSCM 并不必然导致企业形象和公众关系的显著改善，但也有研究证实其积极影响。例如，通过采纳如 ISO 认证等内部 GSCM 实践，企业可以展示其在环境保护方面的努力和成果，从而提升公众对企业的信任和认可。此外，积极参与社会公益活动和环保项目等外部 GSCM 实践，也有助于提升企业的社会责任感和品牌形象。基于上述分析，笔者提出如下假设。

H2：GSCM 的实施对中国汽车供应链中制造商的企业绩效产生积极影响。

（三）制度压力与供应商企业绩效

学术界对制度压力与企业绩效之间的关系进行了深入探讨，并指出制度压力在推动企业减少资源浪费、提升环境绩效方面所起到的积极作用。在市场竞争日益激烈的背景下，市场的规范性压力和监管的强制性压力共同作用于企业，促使其关注环保问题，努力减少资源浪费。这种外部压力不仅促使企业更加注重环保，还有助于提升企业的环境绩效，从而增强企业的竞争力（胡美琴等，2016）。同时，制度压力也对企业的社会绩效产生了积极的影响。在制度压力的推动下，企业不仅关注自身的经济利益，还积极履行社会责任，提升品牌形象。这种社会责任感的增强有助于企业在社会上树立良好的形象，从而吸引更多的消费者和合作伙伴。此外，高层领导者的环保意识和环保承诺对于企业应对制度压力也有关键作用。当企业高层领导者对环保问题给予高度重视时，企业往往能够更积极地应对制度压力，采取更加有效的环保措施。高层领导者的环保意识不仅提升了企业应对制度压力的水平，还为企业制定科学合理的战略提供了有力支持。本章从经济、环境、运营和社会四个维度综合分析企业绩效，以期全面揭示制度压力与企业绩效之间的互动关系。通过多维度分析，我们将更深入地了解制度压力如何影响企业的不同方面，并为企业制定更加科学合理的战略和决策提供有力支持。基于此，提出如下假设。

H3：制度压力对中国汽车供应链中制造商的企业绩效产生积极影响。

（四）企业 GSCM 实践的实施时间和企业规模对 GSCM 实践与企业绩效的关系具有调节作用

GSCM 实践是一个长期且需要持续投入的过程，只有经过不懈的坚持，才能最终获得预期的收益。在早期的文献中，普遍的观点是环境保护要求的提升会增加企业的预防和治理成本，导致生产运营成本上升，产品价格上涨，并可能使企业减少对核心竞争力的关注和投入，进而损害其经济利益，降低在行业中的竞争力，并影响到整体的社会效益。这些观点反映出当时对 GSCM 实践与绩效之间关系的看法是负面的，即两者之间存在负相关关系。然而，随着时间的推移，越来越多的企业开始实施 GSCM 实践，相关的实证研究也不断深入。近年来，研究结果表明，GSCM 实践与绩效之间其实存在着正相关关系。这意味着，随着企业实施 GSCM 实践的年限增长，其实践的效果会更加明显，为企业带来的收益也会更多。企业的 GSCM 实施年限对实践和绩效之间的关系有着不可忽视的影响。企业在进行 GSCM 实践时，应该充分认识到这一过程的长期性和持续性，坚持投入和努力，以期待在未来获得更好的绩效和收益。基于上述分析，提出如下假设。

H4：企业 GSCM 实践的实施时间对 GSCM 实践与企业绩效的关系具有调节作用。

Geng 等（2016）的研究表明，企业规模、行业特性、ISO 认证以及出口导向等因素，在 GSCM 实践与企业绩效的关系中扮演着不可忽视的调节角色。尤其值得注意的是，不同规模的企业在实施 GSCM 实践时，GSCM 实践与企业绩效之间的关系呈现出明显的差异。这一发现为我们理解 GSCM 实践在不同企业背景下的作用效果提供了重要线索。然而，有学者提出，企业规模可能并不是影响 GSCM 实践与企业绩效关系的决定性因素。这种分歧使得我们有必要进一步探讨企业规模在 GSCM 实践与企业绩效关系中的真实作用。本章重点关注企业规模这一因素，认为企业规模是影响 GSCM 实践与企业绩效的关系的关键因素，旨在通过深入探究这一假设，为企业制定更加精准的 GSCM 实践策略提供有力的理论支持和实践指导。基于此，提出如下假设。

H5：企业规模对 GSCM 实践与企业绩效的关系具有调节作用。

二、制度压力、绿色供应链管理实践与企业绩效关系的研究模型构建

本章将企业绩效细分为环境绩效、经济绩效、运营绩效和社会绩效四个维度。环境绩效侧重于企业在节能、减排、废物管理等方面的表现，以及其对环境的积极影响；经济绩效则反映了企业在财务方面的表现，主要是盈利能力；运营绩效关注的是企业运营效率和流程管理的优化；而社会绩效则衡量企业在社会责任、员工福利和社区关系等方面的贡献。这些制度压力在推动企业实施 GSCM 策略方面起到了决定性的作用，同时，企业的 GSCM 行为也会反过来对其环境绩效、经济绩效、运营绩效和社会绩效产生深远的影响。通过深入分析汽车制造业中的制度压力、GSCM 实践与企业绩效的关系，本书成功构建了一个基于结构方程的研究模型。这一模型不仅为我们提供了一个全新的视角来理解和探讨该领域的问题，还为未来的研究和实践提供了有力的理论支持。研究模型如图 9-1 所示。

三、制度压力、绿色供应链管理实践与企业绩效的研究设计

（一）调查问卷的设计

调查问卷的设计严格遵循了量表设计流程，确保问卷的科学性和有效性。在问卷预测试阶段，通过实地访问湖北省的汽车制造企业，对问卷的可理解性和完整性进行了验证，并根据受访者的反馈对问卷进行调整，使其更贴近实际情境，进而更准确地反映测量项目。最终，问卷分为企业所面临的制度压力、绿色供应链管理实践、企业绩效以及受访者基本信息四部分。基本信息部分采用选择题形式，而主体部分则采用 5 分制李克特量表进行量化评估。

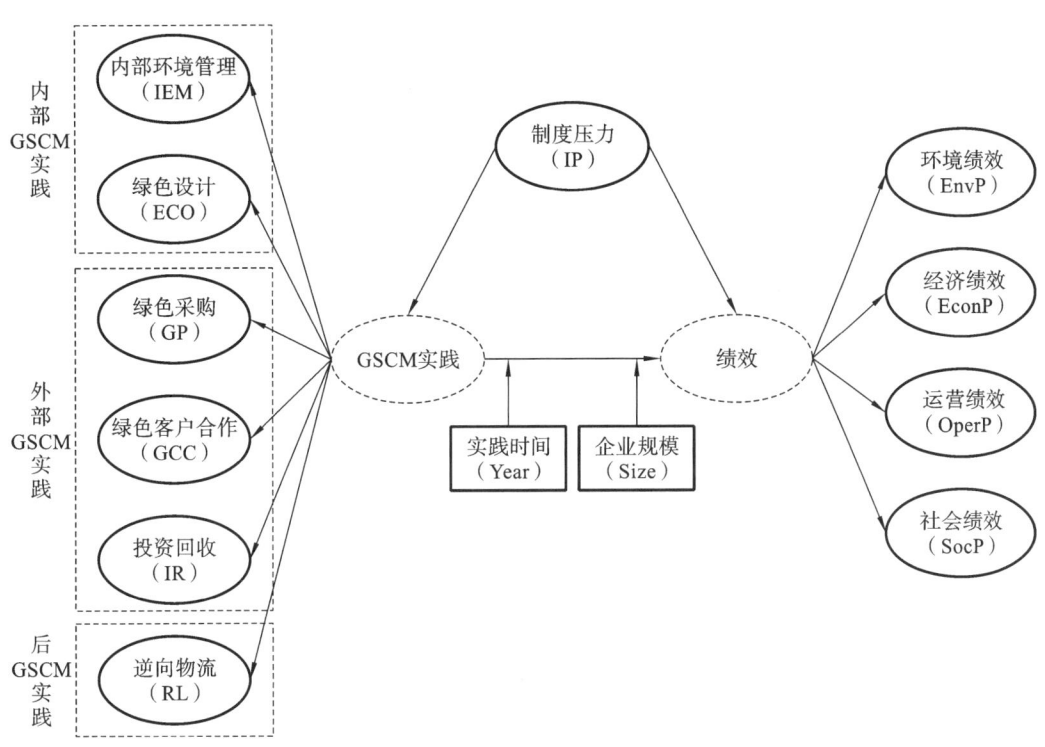

图 9-1　基于结构方程的制度压力、GSCM 实践与绩效关系的研究模型

（二）变量测量量表的设计

1. 企业所面临的制度压力

企业基于一定的策略动机采取 GSCM 实践，本章基于制度理论和相关文献研究选择了 15 个制度压力（IP）来对企业实施 GSCM 实践的压力进行测量，如表 9-1 所示。

表 9-1　制度压力量表

量表题项	题项编号
国家环保法规要求（如废物排放、清洁生产等）	IP1
国家资源节约和保护条例	IP2
区域环境法规（如废物排放、清洁生产等）	IP3
区域资源节约和保护条例	IP4
出口国家环境法规	IP5
出　口	IP6
向国外客户销售本公司产品	IP7
国内客户环保要求	IP8
国内消费者（客户）环保意识	IP9
建立公司绿色形象	IP10

量表题项	题项编号
追踪该行业的媒体	IP11
公众（社区、非政府组织等）环保意识	IP12
政府的环保策略	IP13
工业专业团体活动	IP14
与供应商的环境伙伴关系	IP15

2. 绿色供应链管理实践

结合 GSCM 实践特征和汽车制造业的实际情况，最终确定了 5 个指标来测量内部环境管理（IEM），如表 9-2 所示。

表 9-2　内部环境管理量表

量表题项	题项编号
贵公司中高级管理人员对 GSCM 给予了承诺	IEM1
贵公司中级管理人员对 GSCM 给予了充分的支持	IEM2
贵公司进行了促进环境改善的跨职能合作	IEM3
贵公司已经完全建立环境管理体系	IEM4
贵公司通过了 ISO14001 认证	IEM5

绿色设计（ECO）是产品和流程中的生态属性，以及公司利益相关者对产品设计和开发的过程。本章从 GSCM 实践特征和供应链伙伴间的关系入手，最终确定了 4 个指标来测量绿色设计，如表 9-3 所示。

表 9-3　绿色设计量表

量表题项	题项编号
贵公司在设计产品时注重减少材料或能源消耗	ECO1
贵公司在设计产品时注重考虑产品或零部件的再利用和循环	ECO2
贵公司在设计产品时注重考虑避免或减少使用有害材料或环境影响严重的制造工序	ECO3
贵公司在设计产品时注重考虑使废物最少化	ECO4

绿色采购（GP）是 GSCM 实践的另外一种形式，已经具有一定规模的企业相对更便于进行绿色采购。本章最终确定了 4 个指标来测量绿色采购，如表 9-4 所示。

表 9-4　绿色采购量表

量表题项	题项编号
贵公司会向供应商提供符合环境要求的产品设计书	GP1
贵公司会要求供应商使用环保包装（如使用可降解或非危险材料）	GP2
贵公司会对供应商进行环境管理审计	GP3

量表题项	题项编号
贵公司会要求供应商通过 ISO14001 认证	GP4

绿色客户合作（GCC）涉及核心公司与客户之间的战略信息共享与协作，旨在提高可见性并实现环境管理联合规划。曾有学者提出我国的汽车制造商只考虑与供应商在 GSCM 方面的合作，而在与客户的合作方面较弱，因此，对于企业是否进行绿色客户合作相关的实践，实践又能否起到应有的作用，还需要进行进一步的调查研究。本章确定了 5 个指标来测量企业的绿色客户合作情况，如表 9-5 所示。

表 9-5 绿色客户合作量表

量表题项	题项编号
贵公司会积极与客户合作进行绿色设计	GCC1
贵公司会积极与客户合作清洁生产	GCC2
贵公司会积极与客户合作开展绿色包装	GCC3
贵公司会努力与客户合作在产品运输过程中节约能源	GCC4
贵公司会积极与客户合作进行产品回收	GCC5

投资回收（IR）在发展中国家的关注度相对较低，为了探索制度压力与投资回收的关系、投资回收与企业绩效之间的关系，本章确定了 4 个指标来测量企业的投资回收，如表 9-6 所示。

表 9-6 投资回收量表

量表题项	题项编号
贵公司经常将过剩库存/材料进行回收（销售）	IR1
贵公司经常将废旧材料进行出售	IR2
贵公司经常将超额资本设备进行出售	IR3
贵公司有完善的缺陷产品循环系统	IR4

逆向物流（RL）是与循环经济的三个"Re"相关的任务：循环利用、重复利用和减少生产阶段或后期消费过程中的原材料消耗量。本章结合绿色供应链管理实践确定了 3 个指标来测量企业逆向物流的实施情况，如表 9-7 所示。

表 9-7 逆向物流量表

量表题项	题项编号
贵公司会收集可回收产品	RL1
贵公司会进行可重复利用产品（部件）分离	RL2
贵公司会回收可重复使用的部件，并在修理、翻新或再制造其他产品时重复使用	RL3

3. 企业绩效

环境绩效（EnvP）尤为关键，不仅涵盖了节能减耗、减少废物以及降低污染物排放量等方面，还与制造业的供应链绩效密切相关，具体表现为减少三废（废气、废水和固体废物）的排放量，以及降低有害物质的消耗。为了确保评估的精确性，本章特别选取了 2 个关键指标来测量企业环境绩效的变化，具体如表 9-8 所示。

表 9-8　企业环境绩效量表

量表题项	题项编号
贵公司三废的排放量明显减少	EnvP1
贵公司的危险/有害/有毒物质的消耗明显降低	EnvP2

经济绩效（EconP）与企业的盈利能力息息相关，一般来说盈利能力是企业实施 GSCM 实践的重要原因，因此本章确定了 3 个指标来测量企业经济绩效的变化，如表 9-9 所示。

表 9-9　企业经济绩效量表

量表题项	题项编号
贵公司能源消耗成本明显降低	EconP1
贵公司废物排放及处理费用明显减少	EconP2
贵公司环境事故的罚款明显减少	EconP3

运营绩效（OperP）与公司运营有关，如废品率下降和交货周期缩短等与公司经营效率相关的各种指标，本章选取了 5 个指标来测量企业的运营绩效，如表 9-10 所示。

表 9-10　企业运营绩效量表

量表题项	题项编号
贵公司按时交货量明显增加	OperP1
贵公司库存水平明显降低	OperP2
贵公司生产过程中的废料率明显降低	OperP3
贵公司产品品质有明显提升	OperP4
贵公司产能利用率明显提高	OperP5

社会绩效（SocP），通常被认为是量化 GSCM 实践过程中企业关于提升产品和公司形象、保护员工健康和安全、确保客户忠诚度和满意度的概念，本章结合企业实际情况确定了 3 个指标用于测量企业的社会绩效，如表 9-11 所示。

表 9-11　企业社会绩效量表

量表题项	题项编号
贵公司的公司形象、社会声誉明显提高	SocP1
贵公司员工的满意度明显提高	SocP2
贵公司产品在国际市场上销售产品的机会明显增多	SocP3

第三节 制度压力、绿色供应链实践与企业绩效实证分析

一、数据获取及分析

（一）数据收集

本章聚焦于环保领域关注度极高的汽车制造业，其资源消耗、废物排放及环境管理均处领先水平，显示出在绿色供应链管理（GSCM）上的巨大潜力。鉴于中国汽车供应链的快速发展及其对国民经济的巨大贡献，该行业成为运营管理研究的热点。然而，尽管 GSCM 的重要性日益凸显，我国汽车制造企业在实施上的积极性却不高。现有文献虽多涉及我国汽车生产企业 GSCM 的研究，但多停留在理论层面，缺乏实际数据支撑，且鲜有针对该行业的专门研究。值得注意的是，不同行业在 GSCM 实施上存在差异。本研究针对汽车制造业中高层管理人员发放问卷，主要通过问卷星平台完成，共收集到 224份有效问卷。

（二）信度检验

数据的真实可靠是后续结构方程模型估计的基础，对量表进行信度检验就是为了保证调查问卷所得数据的有效性和可靠性，保证问卷在设计指标方面保持测量相关变量的可靠性、稳定性和一致性，保证问卷能够客观反映研究内容。信度检验结果如表 9-12所示。

表 9-12　总量表可信度检验

可靠性统计量	
Cronbach's α	项数
0.896	53

二、模型结果与拟合度分析

本节主要使用 SmartPLS 3.0 软件对有效答卷的数据进行路径计算，并对模型进行修正，最终对结果的拟合优度进行分析。

（一）PLS 路径计算及修正

评估制度压力对企业采取 GSCM 实践的影响及其对企业绩效的影响，建立了一个考虑二阶潜变量的结构方程模型，如图 9-2 所示。

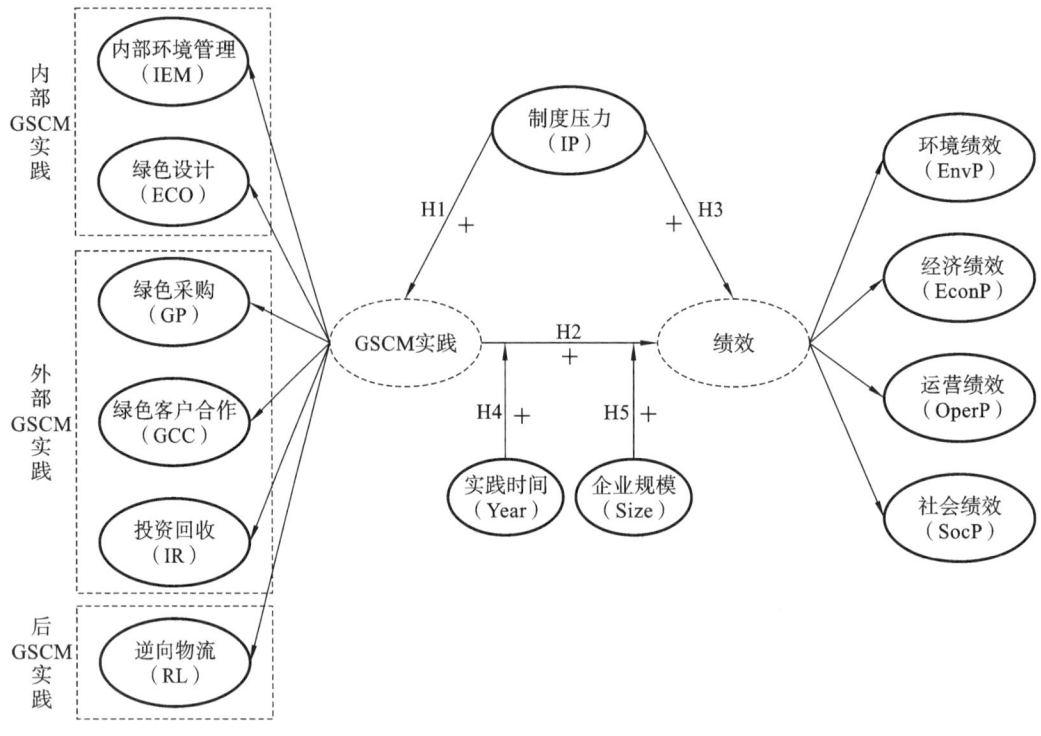

图 9-2　结构方程模型示意图

二阶潜变量 GSCM 实践是由一阶潜变量内部环境管理（IEM）、产品生态设计（ECO）、绿色采购（GP）、绿色客户合作（GCC）、投资回收（IR）、逆向物流（RL）形成的。IEM 和 ECO 是内部 GSCM 实践，GP、GCC 和 IR 是外部 GSCM 实践，RL 是后 GSCM 实践。使用二阶潜变量结构模型可以获得更大的理论价值并降低模型的复杂性。图 9-3 显示了所生成的初始结构模型。

现使用以下四个参数统计量来减少和验证结构模型中的观测变量和潜变量，即标准载荷、CR、AVE 和信度系数。初始模型的相关统计量指标如表 9-13 所示。

表 9-13　模型相关统计量指标

潜变量	标准载荷	AVE	Composite Reliability	Cronbach's α
IEM	0.75	0.66	0.76	0.80
ECO	0.72	0.68	0.79	0.82
GP	0.85	0.63	0.74	0.73
GCC	0.81	0.73	0.83	0.91
IR	0.58[a]	0.62	0.70	0.65[a]
RL	0.75	0.70	0.80	0.86
GSCM	—	0.42[a]	0.85	0.81
IP	—	0.40[a]	0.80	0.74
EnvP	0.79	0.58	0.73	0.71

潜变量	标准载荷	AVE	Composite Reliability	Cronbach's α
EconP	0.86	0.54	0.72	0.71
OperP	0.74	0.59	0.75	0.73
SocP	0.43[a]	0.63	0.80	0.85
Performance	—	0.36[a]	0.84	0.80

注：a 表示指标值低于需要水平。

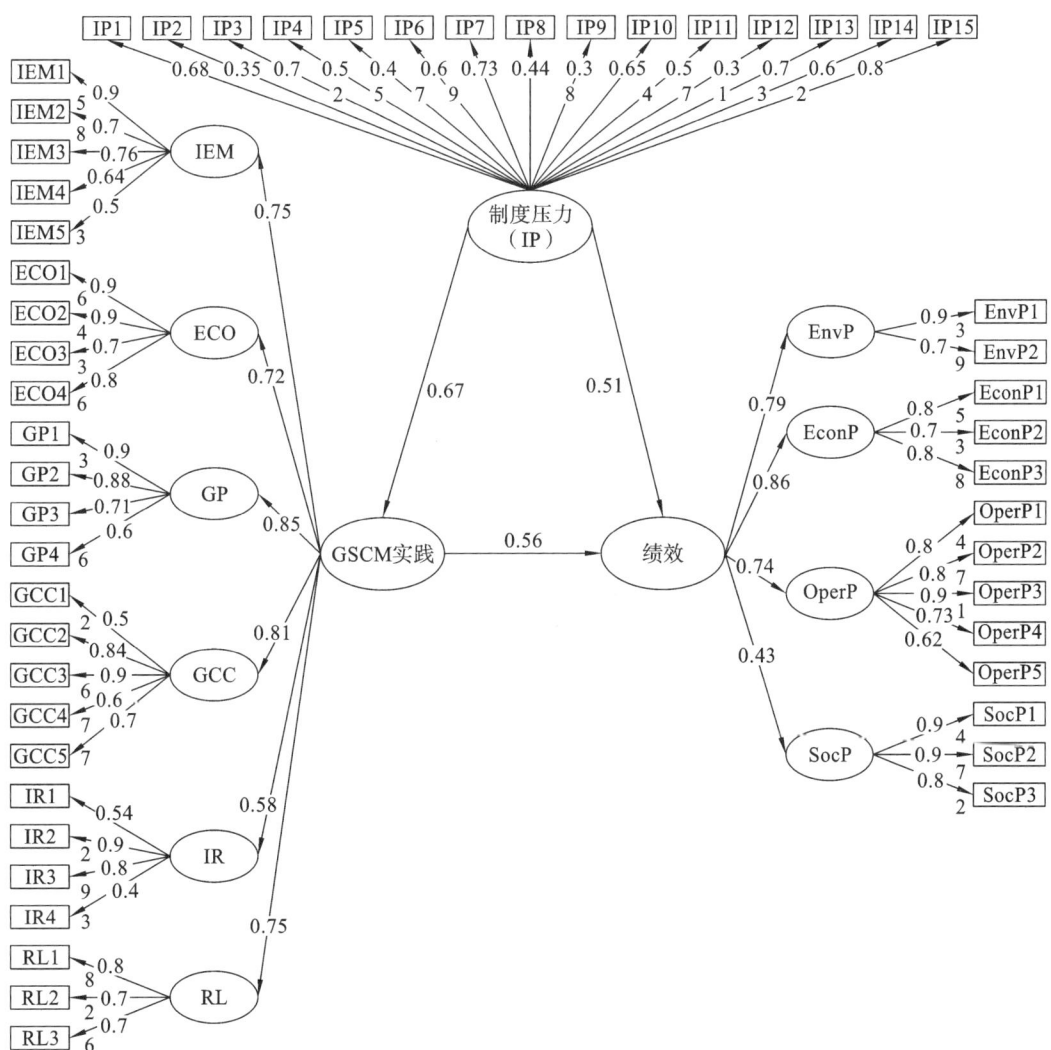

图 9-3　初始结构模型

表 9-13 显示了潜变量 GSCM 实践（GSCM）、制度压力（IP）和绩效（Performance）的 AVE 值低于 0.5，潜变量投资回收（IR）和社会绩效（Soc）的载荷系数低于 0.7。结果表明，修正后模型剔除了一阶潜变量 IR 和 SocP，此外还剔除了一些制度压力的观测变量（IP2、IP4、IP5、IP8、IP9、IP11、IP12、IP14）、内部环境管理

的观测变量 IEM4 和 IEM5、绿色采购的观测变量 GP4、绿色客户合作的观测变量 GCC1 和 GCC4、运营绩效的观测变量 OperP4 和 OperP5。通过变量剔除，确定了新的结构模型，如图 9-4 所示。

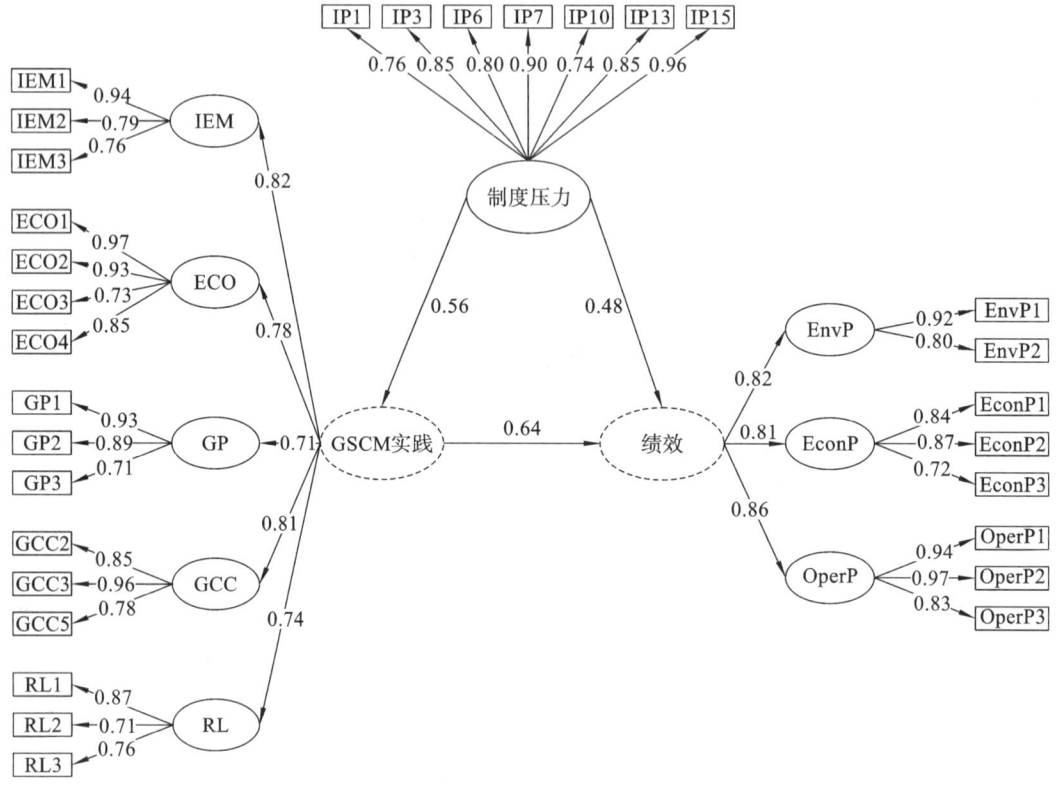

图 9-4　修正后结构模型

（二）模型指标拟合优度分析

表 9-14 列出了修正后的模型的相关统计量指标。表 9-14 显示所有观测变量的标准载荷系数都高于 0.7，每个潜变量的 Cronbach's α 值都大于 0.7，表明测量模型具有较好的信度，同时所有潜变量的 AVE 值都大于 0.5 且 CR 值都大于 0.7，表明测量模型具有较好的聚合信度。表 9-15 为变量剔除后的总量表的 Cronbach's α 系数，在 0.8～0.9 范围内，表明剔除变量后量表所获数据的可信度非常高。

表 9-14　修正模型信度与效度分析

潜变量	标准载荷	AVE	Composite Reliability	Cronbach's α
IEM	0.82	0.66	0.76	0.80
ECO	0.78	0.68	0.79	0.82
GP	0.71	0.63	0.74	0.73
GCC	0.81	0.73	0.83	0.91
RL	0.74	0.70	0.80	0.86

潜变量	标准载荷	AVE	Composite Reliability	Cronbach's α
GSCM	—	0.57	0.85	0.87
IP	—	0.69	0.80	0.79
EnvP	0.82	0.58	0.73	0.71
EconP	0.81	0.54	0.72	0.71
OperP	0.86	0.59	0.75	0.73
Performance	—	0.54	0.84	0.83

表 9-15　剔除变量后总量表可信度检验

可靠性统计量	
Cronbach's α	项数
0.857	31

三、模型检验及结果分析

本章基于 PLS 法进行建模，由于 PLS 没有假定数据是正态分布的，这意味着回归分析中使用的参数显著性检验不能用于检验载荷是否显著，需要通过另外的模型检验方法加以检验。本小节将通过 Bootstrapping 对构架模型进行参数显著性检验，并对模型最终结果进行讨论分析。

（一）Bootstrap 显著性检验

本节继续采用 SmartPLS 3.0 对模型的载荷系数和路径系数进行 Bootstrap 检验，Bootstrap 的值设为 1000，结果如表 9-16 所示。t 值的绝对值大于 1.96 认为在 5% 的置信度条件下显著，检验结果拒绝原假设，可认为这些模型系数都显著不为 0，模型中存在的关系都具有统计学意义。

表 9-16　模型的 Bootstrap 检验结果

关系	t 值	显著性	关系	t 值	显著性
GSCM-Performance（H2）	6.870	*	ECO4←ECO	8.688	*
GSCM→EconP	3.169	*	GP1←GP	7.825	*
GSCM→EnvP	3.185	*	GP2←GP	2.015	0.044
GSCM→OperP	3.355	*	GP3←GP	2.360	0.017
IP→GSCM（H1）	7.422	*	GCC2←GCC	6.786	*
IP→GCC	4.526	*	GCC3←GCC	3.095	*
IP→ECO	5.700	*	GCC5←GCC	4.510	*

关系	t 值	显著性	关系	t 值	显著性
IP→GP	5.038	＊	RL1←RL	2.861	＊
IP→IEM	4.871	＊	RL2←RL	2.767	＊
IP→RL	2.781	＊	RL3←RL	4.672	＊
GSCM→GCC	14.537	＊	EnvPl←EnvP	6.451	＊
GSCM→ECO	13.117	＊	EnvP2←EnvP	2.022	0.043
GSCM→GP	11.853	＊	EconPl←EconP	2.275	0.023
GSCM→IEM	16.565	＊	EconP2←EconP	2.647	0.010
GSCM→RL	5.064	＊	EconP3←EconP	5.530	＊
Performance→EconP	14.229	＊	OperPl←OperP	6.728	＊
Performance→EnvP	9.972	＊	OperP2←OperP	3.009	＊
Performance→OperP	18.432	＊	OperP3←OperP	2.688	＊
IP→Performance（H3）	1.970	0.049	Pl←IP	3.823	＊
IEM1←IEM	8.255	＊	IP3←IP	3.258	＊
IEM2←IEM	3.696	＊	IP6←IP	2.533	0.012
IEM3←IEM	9.847	＊	＊IP7←IP	4.813	＊
ECOl←ECO	9.077	＊	＊IP10←IP	3.268	＊
ECO2←ECO	6.770	＊	＊IP3←IP	3.431	＊
ECO3←ECO	5.311	＊	IP15←IP	4.520	＊

注：＊表示 P 值＜0.01。

中介效应的显著性检验，使用 Bootstrap 程序检验中介效应的显著性，GSCM 实践对制度压力与企业绩效关系的中介效应检验如表 9-17 所示。

表 9-17　中介效应检验结果

关系	t 值	显著性
IP→Performance（间接效应）	2.558	0.011

（二）模型结果分析

在结构模型验证中，我们发现所研究公司未实施 GSCM 实践的投资回收（IR），该回收依赖逆向物流促进产品再利用来降低成本。模型结果显示，受调查企业绿色供应链实践中逆向物流实施较弱，可能影响投资回收的推行。

尽管有研究指出 GSCM 实践对社会绩效的积极影响，但本研究未观察到显著证据。Geng 等的研究亦表明 GSCM 实践与社会绩效相关性不显著，仅内部环境管理对社会绩效有显著影响。Lai 的研究显示，我国制造商虽通过逆向物流提升环境和经济绩效，但社会绩效未明显改善。

推动受调查企业实施 GSCM 实践的制度压力中，IP1、IP3、IP6、IP7、IP10、IP13 和 IP15 最为重要。其中，IP1 和 IP3 属强制性压力，IP6、IP7 和 IP10 属规范性压力，IP13 和 IP15 属模仿性压力。鉴于汽车行业成熟度，在解释 GSCM 实践对运营绩效的积极效果上，规范性制度压力可能更具优势。

受调查企业主要采取内部环境管理、产品生态设计、绿色采购、绿色客户合作和逆向物流等 GSCM 实践。内部环境管理和绿色客户合作尤为重要，可能与 ISO 14001 认证有关，推动绿色采购实施。产品生态设计降低环境影响，符合闭环供应链特征。政府政策也促进产品生态设计和逆向物流推进。

探究 GSCM 实践对制度压力和企业绩效关系的中介作用时，发现其起部分中介作用，即制度压力不仅直接影响企业绩效，还通过 GSCM 实践间接影响。此发现为优化企业绿色供应链管理策略提供了重要启示。

四、调节作用检验

（一）实践时间对绿色供应链管理实践与企业绩效关系的调节作用

检验企业 GSCM 实践实施时间对 GSCM 与企业绩效关系是否具有调节作用，可在原结构模型中引入调节变量——实践时间。加入调节变量后的结构模型如图 9-5 所示。

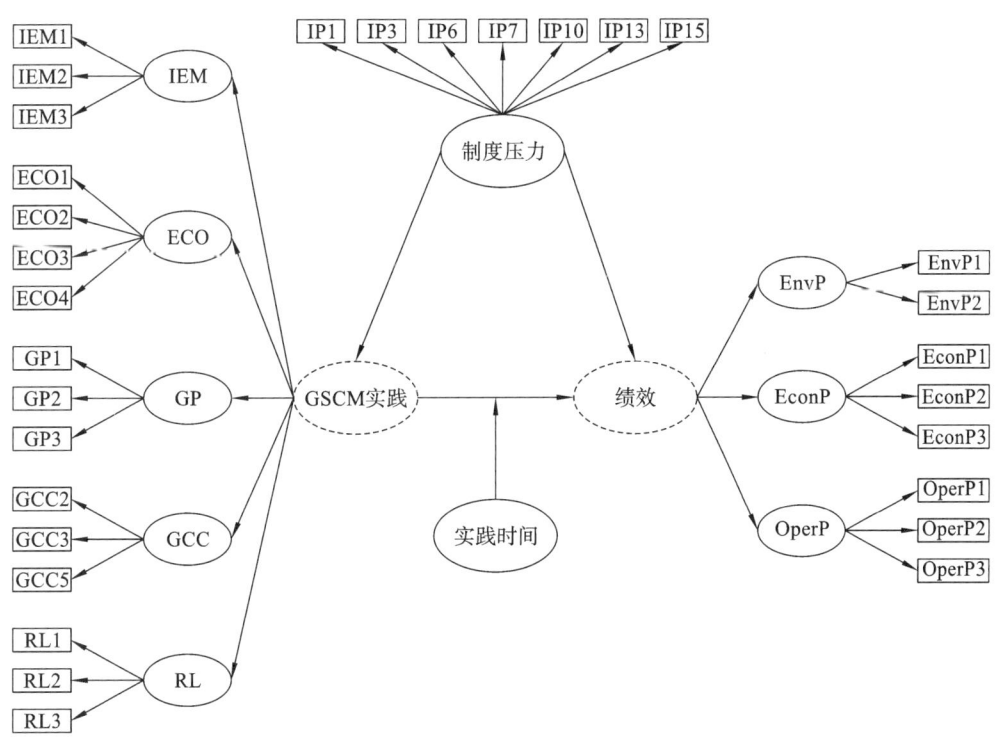

图 9-5　加入调节变量实践时间后的结构模型

使用 Bootstrap 程序检验调节效应的显著性，结果如表 9-18 所示。从检验结果来看，企业 GSCM 实践实施时间显著地调节了 GSCM 实践与企业绩效之间的关系。

表 9-18　调节效应检验结果

关系	路径系数	t 值	显著性
调节效应 1	0.579	3.239	0.001

从表 9-18 可知，调节效应 1 的路径系数为 0.579，为正，且满足 5％置信度条件下显著。这表明 GSCM 实践实施时间对我国汽车生产企业 GSCM 实践与企业绩效的关系具有正向调节作用，即企业 GSCM 实践的实施时间越长，其对企业绩效的影响越显著，则假设 H4 成立。

（二）企业规模对绿色供应链管理实践与企业绩效关系的调节作用

检验企业规模对 GSCM 实践与企业绩效关系是否具有调节作用，可在原结构模型中引入调节变量——企业规模。加入调节变量后的结构模型如图 9-6 所示。

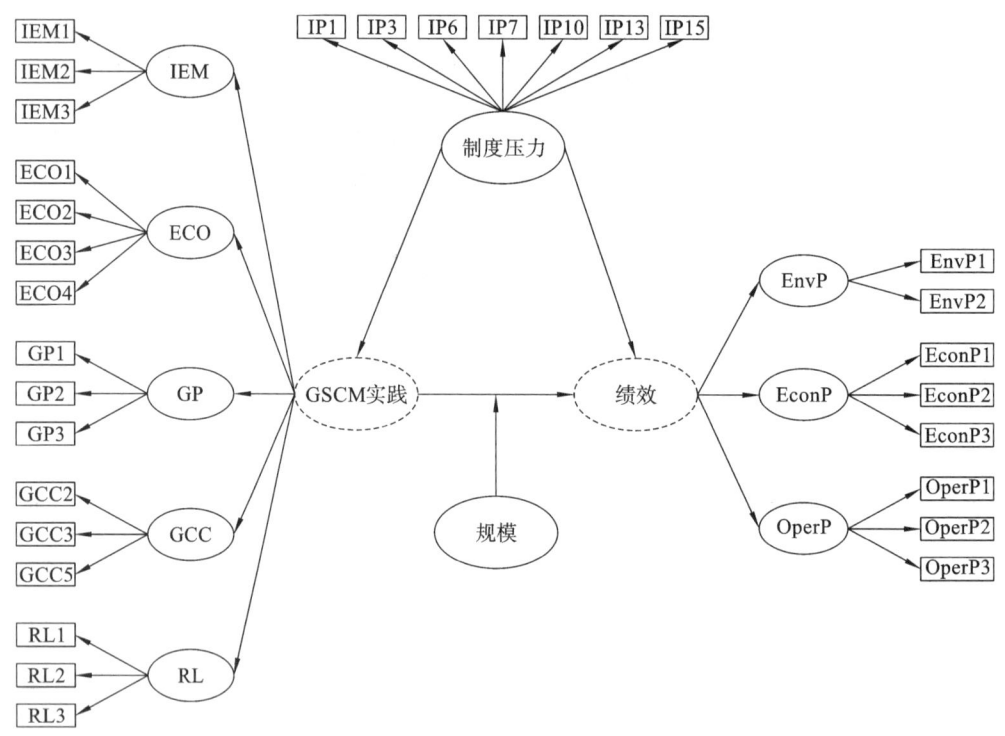

图 9-6　加入调节变量企业规模后的结构模型

使用 Bootstrap 程序检验调节效应的显著性，结果如表 9-19 所示。t 值的绝对值大于 1.96 认为在 5％的置信度条件下显著，从检验结果来看，企业规模显著地调节了 GSCM 实践与企业绩效之间的关系。

表 9-19　调节效应检验结果

关系	路径系数	t 值	显著性
调节效应 2	0.536	2.096	0.027

　　从表9-19可知，调节效应2的路径系数为0.536，为正，且满足5％置信度条件下显著。这表明企业规模对我国汽车生产企业GSCM实践与企业绩效的关系具有正向调节作用，即规模越大的企业实施GSCM实践对企业绩效的影响越显著，假设H5成立。

第四节　制度压力、绿色供应链实践与企业绩效研究结果

一、制度压力、绿色供应链实践与企业绩效研究结论

　　实证研究表明，制度压力与GSCM实践在环境、经济和社会绩效方面存在结构性联系，突显了推行绿色环保实践的重要性。基于PLS结构方程模型的分析，我们证实了制度压力对我国汽车供应链供应商有显著影响，推动其采纳GSCM实践。国家及区域环保法规、产品出口策略、企业绿色形象塑造、竞争对手的绿色生产动向及与供应商的环境合作，是促使企业进行GSCM实践的主要制度压力，同时这些压力也积极促进了企业整体绩效的提升。

　　调研显示，企业的GSCM实践主要包括内部环境管理、绿色设计、绿色采购、绿色客户合作及逆向物流。然而，这些实践与绩效的关系并非完全一致，主要对经济绩效、环境绩效和运营绩效产生积极影响，但与社会绩效关联不明显。此外，绿色供应链管理实践的实施时间和企业规模对GSCM实践效果具有调节作用。中小企业受限于资源和能力，在推行GSCM时更注重管理变革。而GSCM实践如绿色设计、内部环境管理等需大量前期投资，投资回报期较长，因此实践时间较长的企业往往能获得更显著的绩效提升。

二、制度压力、绿色供应链管理实践与企业绩效研究的管理启示

　　其一，企业的环境绩效、经济绩效和运营绩效将因实施GSCM实践而受到显著影响，当企业积极进行GSCM实践时，它们不仅能够有效减少环境污染，提升资源利用效率，还能在经济效益和运营效率上得到显著的提升。因此，对于企业的管理者来说，深入认识GSCM的重要性，将其视为提升竞争力的可行方案，是刻不容缓的任务。

　　其二，污染不仅是环境问题，更是资源利用效率低下的体现。将污染视为生产流程中的警示信号，意味着企业需要正视生产过程中的资源浪费和环境污染问题，并积极寻求解决之道。GSCM实践为企业提供了一个有效的解决方案，通过优化供应链管理，提升资源利用效率，减少环境污染，从而实现企业的可持续发展。

　　其三，企业高层领导在推动GSCM实践方面扮演着至关重要的角色，应率先转变思维，积极将GSCM实践纳入企业战略，确保环境意识贯穿每个生产设计环节。这不仅是企业履行社会责任的体现，更是提升企业竞争力的关键。同时，建立跨部门协作机制，提升内部环境管理实践，优化资源利用，从源头上减少污染，这将有助于企业实现真正的产品生态创新。

除了企业内部的努力外，领导者还需密切关注相关部门发布的环保政策、社会舆论动向以及竞争对手的环保战略。这些外部因素将直接影响企业的环保策略和实践。因此，本书根据研究结果提出以下四点建议。

第一，政府在推动企业实施 GSCM 实践方面也扮演着重要角色。鉴于 GSCM 实践的前期投资大、回报周期长，政府在制定相关政策时应充分考虑企业的实际情况和需求。通过制定强制性和激励性法规，政府可以推动企业积极实施 GSCM 实践，确保绿色环保理念深入产品设计、采购、逆向物流等供应链环节。

第二，政府还应实施针对 GSCM 的优惠政策，如低息贷款、财政补贴等，以鼓励中小企业积极参与 GSCM 实践。这些政策将降低企业实施 GSCM 的成本和风险，提高其实践的积极性。同时，政府还可以通过探索有效的经济激励方式，如设立环保奖励基金、实施绿色税收制度等，进一步提升企业实施 GSCM 实践的动力。

第三，为了提高工作效率和为企业提供便利，政府还应加快许可证审批和发放速度，开发自主办理的便捷渠道等。这将有助于缩短企业实施 GSCM 的实践周期，降低实践成本，提高企业的实践效率。

第四，政府应充分认识到自己在督促企业承担社会责任和环境保护方面的责任。通过严格实施现有政策和法律，政府可以维护市场公平和秩序，推动企业实现可持续发展。同时，政府还应加强与其他国家和地区的合作与交流，共同推动全球环保事业的发展。

参考文献

[1] Benita Beamon. Designing the Green Supply Chain [J]. Logistics Information Management，2013 (4)：332-342.

[2] 方炜，黄慧婷，刘新宇. 实施绿色供应链的成功标准与关键因素分析 [J]. 科技进步与对策，2007 (12)：125-128.

[3] 顾志斌，钱燕云. 绿色供应链国内外研究综述 [J]. 中国人口·资源与环境，2012 (S2)：204-207.

[4] 刘彬，朱庆华. 制造企业绿色采购实践对绩效影响的实证研究 [J]. 管理学报，2009 (7)：924-929.

[5] 李海燕，但斌，张旭梅. 关联供应链——面向可持续发展的新型供应链管理模式 [J]. 生态经济，2006 (11)：47-49，59.

[6] 张华伦，冯田军，董红果. 绿色供应链管理的绩效评价 [J]. 统计与决策，2006 (8)：57-59.

[7] 刘怡君，彭频. 比较视角下绿色物流制度的实施途径及效果分析 [J]. 生态经济，2013 (11)：160-162.

[8] 连捷. 基于供应链管理的绿色物流发展路径探析 [J]. 商业经济研究，2021 (9)：94-96.

[9] 李利辉. 基于绿色供应链的逆向物流系统运作模式探析 [J]. 商业时代，2014 (18)：22-23.

[10] 周云，尹露，贾岩亮. 以绿色供应链为依托的农产品冷链物流企业绩效评价 [J]. 商业经济研究，2016 (16)：102-103.

[11] 杜宇迪. "逆全球化"背景下我国农产品外贸产业供应链的重建与创新 [J]. 农业经济，2018 (1)：121-123.

[12] 高鹏，孙智君. "互联网＋"背景下的农产品绿色供应链优化管理研究 [J]. 农业经济，2021 (3)：141-142.

[13] 苏欣. 绿色供应链视角下的我国物流企业创新发展路径探讨 [J]. 商业经济研究，2021（8）：110-113.

[14] 毛涛. 我国制造业绿色物流体系构建初探——以碳达峰碳中和为视角 [J]. 环境保护，2023，51（Z2）：10-13.

[15] 江世英，李随成，王欢. 考虑风险规避的绿色供应链定价决策 [J]. 系统工程，2016，34（3）：94-100.

[16] 张红，黄嘉敏，崔琰琰. 考虑政府补贴下具有公平偏好的绿色供应链博弈模型及契约协调研究 [J]. 工业技术经济，2018（1）：111-121.

[17] 兰梓睿，孙振清，蔡琳琳. 低碳背景下上下游企业绿色创新投入的演化博弈 [J]. 科技管理研究，2019（16）：257-263.

[18] 王依婷，李芳. 碳交易规制下供应链上下游企业绿色创新博弈研究 [J]. 重庆理工大学学报（自然科学），2022（7）：238-244.

[19] 杨浩雄，杨阔，顾子跃. 政府补贴下考虑公平关切的双渠道绿色供应链定价决策 [J]. 产经评论，2022（5）：31-42.

[20] 林强，刘名武. 同时考虑政府补贴与企业成本分担的绿色供应链决策 [J]. 工业工程，2022（6）：29-38.

[21] 冯鲍，冯春风. 绿色供应链金融信贷市场主体行为策略研究——基于政府补贴视角下的四方演化博弈分析 [J]. 金融理论与实践，2022（12）：54-66.

[22] 刘振中. 我国供应链发展的现状与问题 [J]. 宏观经济管理，2019（5）：63-70.

[23] 吴玉萍，水源宋，原白云，等. 考虑大数据营销和风险规避的绿色供应链决策与协调 [J]. 运筹与管理，2022（2）：62-69.

[24] 潘锡杨，李建清. 科技伦理视阈下的绿色创新研究 [J]. 自然辩证法研究，2014（6）：82-88.

[25] 刘春香，张智光. 绿色科技与生态文明：供应链维的驱动与支撑机理 [J]. 中国科技论坛，2016（10）：122-126.

[26] 胡劲松，刘玉红，马德青. 技术创新下考虑绿色度和溯源商誉的食品供应链动态策略 [J]. 软科学，2021（1）：39-49.

[27] 毛涛. 绿色供应链管理实践进展、困境及破解对策 [J]. 环境保护，2021（2）：61-65.

[28] 颉茂华，王娇，刘远洋，等. 绿色供应链成本管理信息化的实施路径——基于伊利集团的纵向案例研究 [J]. 管理案例研究与评论，2019（4）：431-448.

[29] 陈秋俊，贾涛，王能民，等. 制度压力对绿色供应链管理实践的影响研究——创新能力的调节作用 [J]. 工业工程与管理，2021（3）：40-47.

[30] 刘海建，胡化广，张树山，等. 供应链数字化的绿色创新效应 [J]. 财经研究，2023（3）：4-18.

[31] 田一辉，常琦，夏楠. 我国汽车制造企业实施绿色供应链管理的驱动因素分析 [J]. 郑州大学学报（哲学社会科学版），2024（1）：59-64.

[32] 王洪刚，韩文秀. 绿色供应链管理及实施策略 [J]. 天津大学学报（社会科学

版），2002（2）：97-100.

[33] 但斌，刘飞. 绿色供应链及其体系结构研究 [J]. 中国机械工程，2000（11）：40-42，4.

[34] 蒋洪伟，韩文秀. 绿色供应链管理：企业经营管理的趋势 [J]. 中国人口·资源与环境，2000（4）：92-94.

[35] 朱庆华，耿勇. 中国制造企业绿色供应链管理实践类型及绩效实证研究 [J]. 数理统计与管理，2006（4）：392-399.

[36] 汪青松，程莉. 企业技术创新与企业经济绩效的灰色关联度分析 [J]. 中国科技论坛，2009（12）：64-68.

[37] 苏蕊芯，仲伟周. 企业传播、企业社会责任与经济绩效关联性研究综述 [J]. 经济管理，2010（7）：173-182.

[38] 朱勤，刘垚. 我国上市公司跨国并购财务绩效的影响因素分析 [J]. 国际贸易问题，2013（8）：151-160.

[39] 彭月芹. 产学研合作政策、企业协同创新能力与经济绩效的关系研究——以合作治理方式为调节 [D]. 杭州：浙江理工大学，2016.

[40] 常媛，熊雅婷，王美玲. 外部价值链视角下企业环境绩效评价指标设计 [J]. 财会月刊，2016（26）：41-43.

[41] 何利英. 面向客户的供应链优化模型研究 [D]. 成都：西南交通大学，2000.

[42] 赵萱. 企业环境责任信息披露制度绩效及其影响因素连证研究 [D]. 重庆：西南大学，2015.

[43] 姜雨峰，田虹. 绿色创新中介作用下的企业环境责任、企业环境伦理对竞争优势的影响 [J]. 管理学报，2014（8）：1191-1198.

[44] 王佳萍. 基于客户满意度提升的供应商关系管理——CDC 公司的分析 [D]. 上海：华东理工大学，2015.

[45] 杨宇希，叶军，白雪，等. 企业环境责任满意度的调查与分析：基于公众视角 [J]. 中国商论，2016（29）：107-108.

[46] Kenneth W. Green，Pamela J. Zelbst，Jeramy Meacham，et al. Green Supply Chain Management Practices：Impact on Performance [J/OL]. Supply Chain Management：An International Journal，2012（3）：290-305.

[47] 李怡娜，叶飞. 高层管理支持、环保创新实践与企业绩效——资源承诺的调节作用 [J]. 管理评论，2013（1）：120-127.

[48] 苏明明，叶云. 平台企业社会责任治理研究：内涵、动因与模式 [J]. 财会月刊，2022（19）：135-143.

[49] 周中胜，何德旭，李正. 制度环境与企业社会责任履行：来自中国上市公司的经验证据 [J]. 中国软科学，2012（10）：59-68.

[50] 宋歌. 我国宏观经济因素对企业社会责任的影响 [D]. 北京：北京交通大学，2015.

[51] 岳琴，刘晓丰. CSR 信息披露、新媒体关注与盈余管理 [J]. 财会通讯，2018

（12）：51-55.

[52] 王雁南，李自杰，张般若. "一带一路"下跨国企业社会责任的影响因素及机制 [J]. 经济问题，2020（10）：82-90.

[53] 彭本红，葛娇娇. 基于 QCA 方法的平台企业社会责任缺失的影响因素分析 [J]. 软科学，2022（1）：69-76.

[54] 曹海英，温孝卿. 零售企业绿色供应链动力系统的机理及构建途径 [J]. 山东社会科学，2012（5）：110-112.

[55] 陈怀超，梁晨，范建红，等. 组织特征和制度距离对在华外资企业社会责任绩效的影响——基于 fsQCA 和 NCA 方法的研究 [J]. 管理评论，2023（2）：280-293.

[56] 伊力奇，李涛，丹二丽，等. 企业社会责任与环境绩效："真心"还是"掩饰"？[J]. 管理工程学报，2023（2）：1-10.

[57] 马祖军. 绿色供应链管理的集成特性和体系结构 [J]. 南开管理评论，2002（6）：47-50.

[58] R. Edward Freeman. Strategic Management：A Stakeholder Approach [M]. Boston：Pitman，1984.

[59] M. Clarkson. Stakeholder Framework for Analyzing and Evaluating Corporate Social Performance [J]. Academy of Management Review，1995（1）：92-117.

[60] David Wheeler，Maria Sillanpää. Including the Stakeholders：The Business Case [J]. Long Range Planning，1998（2）：201-210.

[61] Ronald Mitchell，Bradley Agle，Donna Wood. Toward a Theory of Stakeholder Identification and Salience：Defining the Principle of Who and What Really Counts [J]. Academy of Management Review，1997（4）：853-866.

[62] 贾生华，陈宏辉. 全球化背景下公司治理模式的演进趋势分析 [J]. 中国工业经济，2003（1）：78-86.

[63] 曹景山，曹国志. 企业实施绿色供应链管理的驱动因素理论探讨 [J]. 价值工程，2007（10）：56-60.

[64] 牟晶. 绿色消费中的信息不对称问题探究 [J]. 中国财经政法大学研究生学报，2006（3）：60-64.

[65] 张洪波，李健. 企业社会责任与利益相关者理论：基于整合视角的研究 [J]. 科学学与科学技术管理，2007（3）：146-150.

[66] 李金龙，王宝元，张娟. 关于我国政府利益整合问题的研究 [J]. 学术界，2008（1）：149-154.

[67] 王文宾，达庆利. 考虑消费者利益的逆向供应链利润分配 [J]. 东南大学学报（自然科学版），2007（4）：726-730.

[68] 叶飞，张婕，张志利. 企业内部利益相关者、资源承诺与绿色供应链管理绩效关系 [J]. 工业工程，2009（6）：11-18.

[69] 张祖群，王波. 企业运营目标、环境伦理与股东利益最大化 [J]. 改革，2012（7）：112-121.

[70] Jinsoo Kim, Jongtae Rhee. An Empirical Study on the Impact of Critical Success Factors on the Balanced Scorecard Performance in Korean Green Supply Chain Management Enterprises [J]. International Journal of Production Research, 2012 (9): 2465-2483.

[71] Voon-Hsien Lee, Keng-Boon Ooi, Alain Yee-Loong Chong, et al. Creating Technological Innovation Via Green Supply Chain Management: An Empirical Analysis [J]. Expert Systems with Applications, 2014 (16): 6983-6994.

[72] 马小凤. 绿色供应链管理实施的绩效探索 [D]. 西安: 西安电子科技大学, 2015.

[73] 陶晓莹. 绿色供应链中绿色敏感主体间博弈分析与决策研究 [D]. 杭州: 浙江财经大学, 2023.

[74] 卢东, Samart Powpaka, 寇燕. 基于消费者视角的企业社会责任归因 [J]. 管理学报, 2010 (6): 861-867.

[75] Merrie Brucks, Valarie A. Zeithaml, Gillian Naylor. Price and Brand Name as Indicators of Quality Dimensions for Consumer Durables [J]. Academy of Marketing Science, 2000 (3): 359-374.

[76] Valarie A. Zeithaml, Leonard L. Berry, A. Parasuraman. Communication and Control Processes in the Delivery of Service Quality [J]. Journal of Marketing, 1988 (2): 35-48.

[77] Vincent-Wayne Mitchell. Consumer Perceived Risk: Conceptualizations and Models [J]. European Journal of Marketing, 1999 (2): 163-195.

[78] 赵冬梅, 纪淑娴. 信任和感知风险对消费者网络购买意愿的实证研究 [J]. 数理统计与管理, 2010 (2): 305-314.

[79] 井淼, 周颖. 基于模型和感知风险的消费者网上购买行为研究 [J]. 上海管理科学, 2005 (5): 5-7.

[80] 陈兴荣, 余瑞祥, 向东进. 企业主动环境行为动力机制研究 [J]. 统计与决策, 2012 (5): 184-186.

[81] 郭红玲. 消费者视野中的企业社会责任——关于企业社会责任的消费者调研 [J]. 生态经济, 2006 (2): 73-75.

[82] 刘佳刚. 消费者对企业社会责任的评价与响应研究 [J]. 消费经济, 2011 (1): 72-75.

[83] 李莉, 范叶超. 环境意识对大学生环境行为的影响研究 [J]. 当代青年研究, 2011 (9): 67-71.

[84] Xueming Luo, C. B. Bhattacharya. Corporate Social Responsibility, Customer Satisfaction, and Market Value [J]. Journal of Marketing, 2006 (4): 1-18.

[85] 宫敏丽, 田婕. 基于低碳经济的绿色供应链管理 [J]. 人民论坛, 2010 (11): 120-121.

[86] 朱淀, 王晓丽, 童霞. 工业企业低碳生产意愿与行为研究 [J]. 中国人口·资源与

环境，2013（23）：72-81.

[87] 曾文杰，马世华. 制造行业供应链合作关系对协同及运作绩效影响的实证研究 [J]. 管理学报，2010（8）：1221-1227.

[88] Kenneth W. Green Jr. , Pamela J. Zelbst, Vikram S. Bhadauria, et al. Do Environmental Collaboration and Monitoring Enhance Organizational Performance? [J]. Industrial Management & Data Systems，2012（2）：186-205.

[89] 王能民，孙林岩，汪应洛. 绿色供应链管理 [M]. 北京：清华大学出版社，2005.

[90] 陈璇，淳伟德. 企业环境绩效对经济绩效的影响分析——基于沪、津、渝三地百强企业的考察 [J]. 经济体制改革，2010（4）：77-80.

[91] Anthony Biglan. The Role of Advocacy Organizations in Reducing Negative Externalities [J]. Journal of Organizational Behavior Management，2009（3）：215-230.

[92] 孟庆峰，李真，盛昭瀚，等. 企业环境行为影响因素研究现状及发展趋势 [J]. 中国人口·资源与环境，2010（9）：100-106.

[93] 杜建国，陈亚琼. 企业环境创新行为的内涵界定与影响因素分析 [J]. 科技管理研究，2016（22）：1-6.

[94] 易丽君. 绿色酒店客户满意度研究 [D]. 长沙：湖南师范大学，2014.

[95] 熊中楷，胡金辉. 消费者低碳意识和政府碳税下低碳技术选择 [J]. 科技进步与对策，2014（15）：65-71.

[96] Paul Williams, Earl Naumann. Customer Satisfaction and Business Performance：A Firm-Level Analysis [J]. Journal of Services Marketing，2011（1）：20-32.

[97] Rajdeep Grewal, Alka V. Citrin, Murali Chandrashekaran. Customer Satisfaction Heterogeneity and Shareholder Value [J]. Journal of Marketing Research，2010（4）：612-626.

[98] 王毅，赵平. 顾客满意对企业财务绩效的影响研究——基于中国部分上市公司的面板数据 [J]. 中国管理科学，2012（1）：185-192.

[99] 李颖. 基于结构方程模型的绿色供应链管理与企业绩效关系研究 [D]. 苏州：江苏大学，2010.

[100] Sankar Sen, C. B. Bhattacharya. Does Doing Good Always Lead to Doing Better? Consumer Reactions to Corporate Social Responsibility [J]. Journal of Marketing Research，2001（2）：225-243.

[101] 李怡娜，叶飞. 高层管理支持、环保创新实践与企业绩效——资源承诺的调节作用 [J]. 管理评论，2013（1）：120-127.

[102] 杜建国，陈亚琼. 企业环境创新行为的内涵界定与影响因素分析 [J]. 科技管理研究，2016（22）：1-6.

[103] 常媛，熊雅婷，王美玲. 外部价值链视角下企业环境绩效评价指标设计 [J].

财会月刊，2016（26）：30-33.

[104] Rameshwar Dubey，Angappa Gunasekaran，Sadia Samar Ali. Exploring the Relationship between Leadership，Operational Practices，Institutional Pressures and Environmental Performance：A Framework for Green Supply Chain [J]. International Journal of Production Economics，2015（2）：120-132.

[105] Ruoqi Geng，S. Afshin Mansouri，Emel Aktas. The Relationship between Green Supply Chain Management and Performance：A Meta-Analysis of Empirical Evidences in Asian Emerging Economies [J]. International Journal of Production Economics，2016（183）：245-258.

[106] 曹裕，刘子豪. 无政府激励的绿色供应链管理的可行性分析 [J]. 管理工程学报，2017（2）：119-127.

[107] Susan L. Golicic，Carlo D. Smith. A Meta-Analysis of Environmentally Sustainable Supply Chain Management Practices and Firm Performance [J]. Journal of Supply Chain Management，2013（2）：78-95.

[108] 胡美琴，倪文洁，张雯. 制度压力、战略反应对企业绩效的影响机制研究 [J]. 工业技术经济，2016（12）：60-67.

[109] Ignacio Calleja，et al. Cleaner Technologies in Europe：Diffusion and Frontiers [R]. The IPTS Report，2002.

[110] Ari Huhtala. Promoting Financing of Cleaner Production Investments UNEP Experience [J]. Journal of Cleaner Production，2003（6）：615-618.

[111] Carlos Montalvo Corral. Environmental Policy and Technological Innovation：Why Do Firms Adopt or Reject New Technologies? [R]. Cheltenham，U. K. and Northapton，MA：Edward Elgar，2002.

[112] Carlos Montalvo Corral，Rene Kemp，Ignacio Calleja，et al. Cleaner Technology Diffusion：Case Studies，Modeling and Policy [J]. Journal of Cleaner Production，2008：1-6.

[113] Giuliana Battisti. Innovations and The Economics of New Technology Spreading within and Across Users：Gaps and Way Forward [J]. Journal of Cleaner Production，2008（16）：22-31.

[114] Ralph Luken，Frank Van Rompaey，Katarína Zigová. The Determinants of EST Adoption by Manufacturing Plants in Developing Countries [J]. Ecological Economics，2008（1）：141-152.

[115] 陈默，王晓丽，吴林海. R&D 投入能力、企业特征、政府作用与企业低碳生产意愿研究 [J]. 科技进步与对策. 2010（27）：112-116.

[116] 杨东宁，周长辉. 企业自愿采用标准化环境管理体系的驱动力：理论框架及实证分析 [J]. 管理世界，2005（2）：85-107.

[117] Nicholas Askounes Ashford，Gerard Zwetsloot. Encouraging Inherently Safer Production in European Firms a Report from the Field [J]. Journal of

Hazardous Materials，2000（1）：123-144.

[118] Neil Towers，Bernard Burnes. A Composite Model of Supply Chain Management and Enterprise Planning for Small and Medium Sized Manufacturing Enterprises ［J］. Supply Chain Management：An International Journal，2008（13）：349 -355.

[119] 林永居. 造纸企业减排行为的影响因素及其作用机理研究——以福建省为例 ［D］. 福州：福建农林大学，2011.

[120] 胡宇. 企业实施低碳供应链管理的激励模型研究——以云南 M 化工行业为例 ［D］. 昆明：昆明理工大学，2011.

[121] 朱淀，王晓丽，童霞. 工业企业低碳生产意愿与行为研究 ［J］. 中国人口·资源与环境，2013（23）：72-81.

[122] 王伟. 闭环供应链主体行为研究 ［D］. 大庆：东北石油大学 2012.

[123] 钟榴，郑建国. 绿色管理研究进展与展望 ［J］. 科技管理研究，2014（5）：245-250.

[124] 毛蕴诗，Korabayev Rustem，王婧. 绿色全产业链：中国管理研究的前沿领域 ［J］. 学术研究，2019（12）：96-103，178.